只要是人就能找到工作

再版

—当代大学生必备的98种工作经验能力

王继迎◎著

二十一世纪高等教育改革创新实践教材——“学习=工作”

世界上第一本最完整的“能力”之书

由万人实践、千人收集、一人汇总的社会就业最急需的“科研成果”

当代大学生就业和各行各业在职人员必备的“工作经验能力”

中国经济出版社
CHINA ECONOMIC PUBLISHING HOUSE
北　京

图书在版编目（CIP）数据

只要是人就能找到工作/王继迎著．—2版

北京：中国经济出版社，2012.8

ISBN 978-7-5136-1747-5

Ⅰ.①只… Ⅱ.①王… Ⅲ.①大学生—职业选择 Ⅳ.①G647.38

中国版本图书馆CIP数据核字（2012）第162166号

策划编辑　孙　岩

责任编辑　林香媛　王思思

技术编辑　常　毅

封面设计　白朝文

出版发行　中国经济出版社

印 刷 者　北京市昌平区新兴胶印厂

经 销 者　各地新华书店

开　　本　710mm×1000mm　1/16

印　　张　27.5

字　　数　406千字

版　　次　2012年8月第1版

印　　次　2012年8月第1次

书　　号　ISBN 978-7-5136-1747-5/F·9410

定　　价　48.00元

中国经济出版社 **网址** www.economyph.com **社址** 北京市西城区百万庄北街3号 **邮编** 100037

本版图书如存在印装质量问题，请与本社发行中心联系调换（联系电话：010-68319116）

作者简介

王继迎，中国教育家协会理事，中国教育学会会员，中国企业家协会会员，曾获“中国杰出教育家”荣誉称号。

他从小受到家庭四代教师的熏陶，处处为他人着想，尤其作为一名教师，一直把“教好学生一时，让学生幸福一辈子”的教育观念根植在心中。

从1986年开始工作至今，他教的学生从小学生、中学生、大学生、企业职工到大学教师、企业总裁、专家等共计16万多人，经历了“知识改变命运”，到“能力决定事业”，再到“厚德成就人生”的教育过程。

从2004年开始，他全身心投入到大学生就业的工作中，他指导大学生在校时成就学业，同时利用节假日按企业的高标准进行实践感受。让每个大学生在大学的四年中，既是优秀大学生又是社会潜在的合格职工或总裁，即致力于毕业成就事业的教育模式。

他带领他的团队通过对大学生进行“只有先让他人好，社会好，自己才好”的三好的行动职业规划中，“狗屎加花种子等于花”，“即使再不行，癞蛤蟆骑在雄鹰的背上也能吃到天鹅肉”，把那些自卑、迷茫、痛苦、令家人失望、社会瞧不起的一群人，培养成为社会的精英、富翁和专家。让700多位已规划的人深深感受到“规划改变人生”，许多人流着泪说“把我的痛苦、迷茫和恐惧变成了我的惊喜，规划一次，幸福一生”。

在竞争激烈的社会中，要想有一个稳定的工作、祥和的家庭，必须有超时代的人品、能力、素质，即当代青年工作和婚姻的素质标准 = 企业家的经验 + 教育家的艺术 + 科学家的创新 + 军事家的行动 + 艺术家的幽默。他以该标准培养了一批国内、国际上的顶尖人才。

他发明了国家专利“大学生工作设计仪”、“爱情测谎仪”。他正培养一批社会急需的规划人才，从传统的测量表规划，到人品、工作经验能力实训规划，升华到高科技专利规划，让每个人轻松快乐地创造工作、创造爱情。

目录
CONTENTS

第一编 》》厚德立业

第三编 》》优秀团队的速成——企业腾飞在于团队

(美国富翁“钢铁大王”卡耐基说:“如果把我公司的资金、设备、场地、客户、原料全部拿走,只留下我的管理团队;四年之后,我还是钢铁大王。”)

胜己者胜天下。人来到世间都一样,两手空空,为什么多年后有的人成为富翁、英雄?就是处处战胜自己。相反,为什么多数人在世上为了生存而挣扎?就是处处保护自己。怎样战胜自我,用人性的需求、感应、顿悟使自己形成一种科学的心态和决策,处处战胜自己这个世界上最大的敌人,那么世界上的一切都在自己的掌握之中……

理解万岁,在于沟通。沟通是用一种心灵的感应和工作的艺术,自然默契搭起心灵的彩虹。通过心理学家面对面地演练,怎样使职工在复杂的工作矛盾中、人群斗争中巧妙地架起工作的绿色通道,真正体现了“在传统的环境中,工作就是沟通”。

为什么现行企业平均寿命不足两年?根本原因就是缺少一个高素质的精英团队。针对这一代自负、自我、逆反、脆弱的青年职工,怎样像泥沙一样组成大厦的砖头?这就是用企业家的经验、教育家的艺术整合起来的过程。团队实训就是把零碎的沙子“串成”一条精美的项链……

人际的优劣决定工作的好坏,人际关系复杂、多变、细致入微,往往牵一动全身。然而,任何人际都有一套潜在的规则,掌握了这些规则,工作起来就绰绰有余。

第一编

厚德立业

一

谦虚力

★【目的】

一个人拥有了谦虚力，就能把他人的闪光点聚集到自己身上，使自己变得亮丽起来。人一谦虚，处处都能学到知识，能走出自我，能拥有新鲜的理论，能适应社会，成为社会的强者。而许多青年人很自负，把自己封闭在自我的小圈子里做事，往往难以成功。自负断了自己的知识源、能力源、人际源，只有谦虚，才能人际好、知识多、适应变化的社会，才能轻松地成长，各方面都好。

尤其是80后的独生子女青年职工，如果拥有了谦虚，不但人际好，而且能学到众人的工作经验，更重要的是，谦虚能使自己的专业技术创新不断、更加精湛，也就是说，拥有了谦虚力，青年职工就能由“不行”变得优秀。

骄傲使人落后，骄傲使人趾高气扬、目中无人，尤其引起周围的人厌恶。自古以来，大凡傲者没有好下场，庞涓死于马陵道下，项羽大败，袁绍失去了所有兵力，都祸根于傲。人一傲，就马马虎虎，人一马虎就会被对方钻空子，导致自己的失败。

★【存在问题】

一、有些青年人自负、瞧不起别人。如果能谦虚，就能从比自己强的人身上学到优点，能从比自己差的人身上得到醒悟，也就是说，与任何人相处，都能使自己进步。

二、谦虚不是留于口头形式，而是在行动中做到。

三、知道谦虚这个道理而做不到，怎样才能做到谦虚？比如，平时知道“认为自己是最差的”这个道理，但是做事的时候还是自傲，认为自己了不起，这时就要想到：自己一无所有，为什么还要瞧不起别人？自己就会醒悟，傲气就会减弱。这就需要热爱差的人，才能从差的人身上学到东西，尊重他人才能学到他人的闪光点。

四、有些人误认为谦虚就是自卑，其实，谦虚是意识到自己不行，就要认真、努力地学习，而自卑则是认为自己不行，全都不行了，就会破罐子破摔。

★【解决办法】

一、热爱生命，热爱世界上的一切人，尤其热爱比自己差的人，原谅他，才能孕育出谦虚力。

二、把自己放得最低，当成世界上最差的人，就能发现：世界上每个人都有值得自己学习的地方，尤其是被自己看不起的人、比自己差的人，如果能汲取到他们的优点，自己就能成为社会上的优秀者。

三、有一颗感恩的心，自己不属于自己，自己属于父母、属于世界，要回报他们。

四、理性的化解。比如，为什么世上任何最厉害的人一傲必败？世上没有一个值得骄傲的人。

五、从他人的身上感悟。从身边熟悉的人、熟悉的事观察。自负的人遭到别人的厌恶和远离，谦虚的人处处受人欢迎，能够开拓进取，因为人一谦虚，脑子就能冷静，心态就平稳，事情就能做好。而自负的人一遇到坏事就自卑,一遇到好事就得意忘形、目中无人,因而做任何事必败。

【艺术实训过程】

屏幕显示:一位大思想家获得国家奖励以后,突然感悟道:自己是世上最差的小学生,每个人都有伟大的力量,集体的力量才是最神奇的。当他发现一个青年眼高手低,找不到工作,他捡了一片垃圾,才发现:世上到处都是钱,只要干,没有找不到工作的人。

实训一

谦虚从这里而来

甲:"你有没有别人不服的地方?"

乙:"有啊!人无完人,谁没有啊?"

甲:"对,当别人批评自己的时候,要学会倾听别人的一切,人就变得谦虚了,然后反省自己到底错在哪里?即使别人冤枉自己,想一想别人为什么冤枉自己?为什么不冤枉别人?首先向自己开刀,就不会对别人发脾气,找出自己的不足,就能学到无穷的知识,自己就会变得神奇无比!"

乙:"哦!原来别人的批评、不服气、冤枉、打击能够结出谦虚的甜果啊!"

实训二

没事故意找事,谦虚就来了

甲:"世上有没有各个方面都非常优秀的人呢?"

乙:"没有,越追求完美、越优秀,本身就是一个缺点。"

甲:"哦!一个青年怎样才能真正地找到自己的不足?怎样才能挖掘潜能,使自己快乐地成长呢?"

乙:"就是没事找事,经常问别人,自己有哪些不足,有一位大作家,他经常拿着自己的文章问别人还有哪些不足。因为他明白,自己的诗篇不是完美无缺的,进步是永无止境的。我们要练谦虚力,就得在平时问身边的人,如自己的长辈、老师、同事、朋友，自己还有哪些错误，当你接受了，你就谦虚了。一位杰出的思想家说，他就是通过谦虚地学习而成长起来的，他时刻把身边的人甚至最差的人都当成自己的老师，有事没事就去问‘你感觉我哪方面不对呢？’他利用别人来挖掘自己内在的闪光点，使自己成为璀璨的明星。”

实训三

站在巨人的肩上，就能开出谦虚的绚丽之花

当自己不知道就自傲的时候，找那些厉害的人，尤其是自己所敬佩、崇拜的大人物，聆听他们的心声，感悟他们的虚怀若谷，自己无形之中就会受到感染，就会发现：越是伟大的人越谦虚，是谦虚使他们飞速进步。如果找不到这样的人，通过电视、书籍、动画、网络，把这些伟人的思想慢慢注入自己的心里，站在他们的角度来发现自己过去的自负、自傲，为什么不谦虚呢？

经常拿起伟人的“镜子”照一照自己，就能站在他的肩上，谦虚的花就开了出来。相反，那些越没本领的人，有一点好就傲得上天了，这个时候，拿起这面“镜子”照一照，里面有什么？有自己的“鬼影”，马上醒悟，在顿悟中，谦虚的源泉就会在自己的心窝里流淌。

【谦虚力的巩固模式】

第一，时刻记住人活到最后一口气也不能傲，人一傲千里之堤就有动摇。时刻要戒骄戒躁，在头脑中筑起谦虚的万里长城。

第二，人心再好，也不要说自己好，桃李不言，下自成蹊。说自己好，即使是为了教育学生、子女、职工，也会使别人感觉你在骄傲、自吹，以致引起别人的反感，会产生相反的效果。自吹的人就像癞蛤蟆，没有事就向空中吹几个泡泡，不但引起别人的厌烦，而且路边的人会把你砸死。

第三，谦虚不是自卑，谦虚是更大的自信。这种人把自信埋在心里，不是表露在言行中，越谦虚的人的行动不是谨小慎微，而是雷厉风行。但有的人因为谦虚而胆小懦弱，认为这不行那不行，这种才叫自卑，自卑与谦虚是风马牛不相及的事。而有的人就认为谦虚就是自卑，自卑就是谦虚，这是完全错误的，自卑是自己看不起自己，确实认为自己不行、不上劲、不努力，消沉、堕落。骄傲的人最自卑，骄傲是自卑的母亲，而谦虚的人思考问题以及做任何事情都考虑周全，有计谋、有策略，稳扎稳打，所以要做到谦虚就要赶走自卑的迷糊。

第四，要时常修炼自己，自己再好，认为是暂时的，世上没有永久的好，从而形成不自傲的心理；自己再差、再失败也是暂时的，世上没有永久的失败，只是暂时停止成功，形成不自卑的心理，从而形成一个不卑不亢的平常心的心理，这是形成谦虚的基础。

第五，努力奋斗，每时每刻向比自己强的人看齐，人向高处走，追赶太阳是形成谦虚的动力。

总之，谦虚是锻炼出来的，更注重自我教育，在锻炼和教育中，形成较强的谦虚力。

注：改掉给人感觉自吹的、又不影响自我激励的办法：

一、一个很普通的人问一个天才：你是怎么看书的，你几分钟之内就能把没学过的、没看过的、不懂得、高难的书学得十分精通。其实这个天才确实如此，如果天才说实话：因为我知识多、能力强，会一通百通，别人一枪打一只麻雀都难，我一枪能打一百只。虽然是实话，但听的人觉得他在自吹，会厌恶他。

二、如果这个天才既要说实话又不贬低自己，那怎么办呢？第一种说法：你暂时还小或没专这项，等你专了这项，你比我懂得还多。第二种说法：我不行，你没见过厉害的人，我就是向那个厉害的人学的（事实上，世界上就没有那个厉害的人，那个厉害的人就是天才他自己），我只是小马学得大雁的飞。第三种说法：天才对那人说：告诉你一个秘密，我就比你多学那么一点点，几乎多走了一毫米（其实相差万里），你跨过这一毫米就会明白，那些天才们就在于专。学习是世界上一种最美、最爽的幸福，他们是在这种幸福中一通百通，其实也不那么通，只会一通二通，以后就三通、四通、几十通、几百通，这样看起书来一看就会，做任何事没做就知道，其中的秘诀就比你多走一毫米（实话不能随便说，大巫在小巫面前说实话就是自吹，大海在小河面前呼啸，就会给人不自量力的感觉，实际上都怪小巫和小河，但是在艺术上，是怪大巫和大海不会隐含，不婉转，缺少艺术）。

谦虚就有运气，世上没有一个值得自傲、自负的人，越是有本领的人：越谦虚→抓住任何事物、任何人的闪光点（把自己放得最低，低调做人，就能看到别人的优点）→每时每刻留意身边的人，汲取优点，反省不足→在生活、工作的点点滴滴中，严格要求自己，倾听别人的意见，审视自己，随着时间的推移，慢慢地谦虚力就形成了。

二

忠诚力

★【目的】

忠诚大于能力，忠诚是道德灵魂的组成部分，忠诚是永久的坚持，忠诚是世界上最可靠的信赖，当一个人失去了忠诚，就好像树没有根、鸟没有翅膀、汽车没有发动机、人没有心脏一样。

要培养一个人，首先要培养这个人的灵魂，再讲这个人的特长、学历、专业技术水平、家庭背景等其他方面，这就好像一辆车一样，首先要有好的发动机，再讲其他的零配件。尤其对于刚毕业的大学生，来到一个新的单位，要成为合格的职工，就必须忠诚于单位、忠诚于领导、忠诚于同事、忠诚于自己的事业、忠诚于自己的行动、忠诚于自己的职责，有了一颗忠诚、负责的心，即使没有能力也能很快变得能力强，即使再苦、再累，也能变得轻闲、愉快，即使受到别人的冤枉、打击，自己也会幽默、洒脱地化解，工作也会越干越好，这种人走到任何单位，都能令单位腾飞。

★【原因】

当你忠诚于世界的时候，你会感到心里很踏实，你认为自己来到这个世界上，上天关上一道门，肯定就会为自己打开一扇窗，这个世界总会有一片属于自己的幸福天地。当你对世界忠诚的时候，你会感到世界绝对是公平的，付出多少苦就能获得多少甜；受多少冤枉就能得到多少运气；遇到多少困难就有多少机遇。即使遭到小人的打击、嫉妒或别人的嫌弃，因为你对世界忠诚了，外因只有通过内因才能起作用，小人的打击、嫉妒或别人的嫌弃反而促使你的能力越来越强、智慧越来越多，那些想毁掉你的人自然是自毁。

当你对自己所在的单位忠诚的时候，你会想：我既然来到这个单位，一切就要为了这个单位，单位就好比一个人的头脑，我就好像是这个人的腿一样，腿必须忠诚于头脑，否则是自己害自己。所以，不管领导说什么，肯定是为单位好，我要把整颗心都奉献给单位。这个时候，你干起事来心里也踏实。当领导批评你、同事冤枉你或笑话你时，你会幽默地笑一笑，因为你有忠诚于单位的顶天立地的擎天柱，它使你做起事来非常认真、有激情，使你承受各方面的冤屈时也能变得快乐，并且越干越好，这是因为你发誓与单位共生死。

当你对亲爱的人忠诚的时候，即使她是世界上最差的人，你也不会抛弃她；即使她冤枉你，甚至举起刀来砍向你，你也会无怨无悔地笑一笑。是啊！当你对所爱的人无怨无悔时，即使她对你恩将仇报，她手中的屠刀也是砍不下来的，因为你对亲爱的人忠贞的爱感动了天地。无论你走到哪里都有一颗坚强的心，做起事来顿悟的灵感四处闪现，使你原来愚笨的脑袋变得聪明，使你劳累的身躯变得轻松，有使不完的劲。当你遇到了困难，为了亲爱的人，心中就会爆发出火山一样的智慧和力量，燃烧大地！

当你对自己忠诚的时候，既然自己来到世上，就要相信自己有无限的价值，做起事来就有力量，就有一种说不出来的灵感包围着自己，使你遇到痛苦也感觉不到痛，迷茫的时候心里也有明确的目标。

一个人的能力再强，当单位遇到困难，如果没有一颗忠诚于单位的心，却把单位的秘密透露出去，这无疑是毁坏单位，这种人谁还要呢？所有的总裁、领导都说，宁愿要忠诚不要能力！有能力而不忠诚的人往往是不可靠的。忠诚的人自然会与单位患难与共，能使差的单位腾飞起来，面对单位的荣誉，他能感到无限的快乐，当然，单位的许多荣誉都能给予他。作为一个领导，最喜欢忠诚的人，因为领导要求职工的首要条件是忠诚，下面才是能力，有了忠诚就能做出事来。

聪明、能力无穷、智慧无穷、有很多钱的人，如果没有忠贞的心，当他的金钱、能力毁于瞬间的时候，他心中的灯就会熄灭，就会自杀，为什么？因为他没有忠诚于世界、没有忠诚于自己生命火花的一种伟大力量，面对打击，他自然会选择毁灭自己。

当一个人没有忠诚的心的时候，他的人际关系只是在虚幻中，光凭说好听话，或者花钱请客，这都是表面文章，别人见了他只是表面上应付，心里还是疏远他。当一个人对爱情不忠诚的时候，一旦爱情陷于痛苦的风雨中，他马上就会灰溜溜地顺着臭水沟溜了。所以说，没有忠诚的人，永远没有爱，没有一个互相体贴、可以亲近的人；没有忠诚的人，永远没有人际；没有忠诚，就守不住财富；没有忠诚的人，就没有事业，因为他不忠贞于自己的事业，在事业的道路上，一遇到困难、吃亏、生命遭受威胁的时候，他就退却了，认为自己不行，这就是对自己不忠诚。

忠诚于世界、忠诚于单位、忠诚于亲爱的人、忠诚于自己，这一切向世人证明：忠诚大于能力！

在98种能力中，不管是做一成一、策划、经验、决策、组织……一切能力都要通过忠诚来体现它们的价值。人活在世上，只要自己有了忠诚的心，一切财富都能留得住，一切人际关系都要靠忠诚来维护，爱情的灵魂就是忠诚，不管对方是有病了、贫穷了，还是冤枉自己了，只要对爱忠诚，爱的太阳永远在心中升起，温情永远。只有对自己的事业、理想忠诚了，人才能有无穷的动力，自己的智慧会像火山爆发一样，用自己的汗水挥汗如雨，用自动自发的无穷潜能使事业的荒漠变成绿洲。

忠诚是世界500强企业对优秀职工所要求的首要标准，尤其对于当代的独生子女来说，由于受中国传统环境的影响，很多人从小娇生惯养，比较虚伪、不敢说真话，一遇到困难就躲，导致他们失去了作为一名优秀职工的基本标准和最重要的灵魂，也就失去了做职工的资格。

【存在问题】

第一，许多人只想找一个可靠的、工资高、体面的好工作，他们忘记了对自己人生价值的忠诚，就是扎扎实实地做事，才能有扎扎实实的幸福生活，而他们一味强调机遇，或侥幸有好单位、好关系，导致这种人的爱情、事业、工作都处在渺茫之中。

第二，只强调薪水、强调单位气派、强调是否有三金，根本不去想工作岗位的要求以及自己是否胜任这个工作。

第三，刚毕业的大学生为了找到某个好单位，一味追求简历的修饰、仪表的修饰以及怎么应聘的技巧等，其实这些都是虚伪的东西，即使有了工作，也会因为不能胜任而被淘汰。

第四，诋毁原来的雇主，说原来单位的同事都不行，这是对同事的不忠、对领导的不忠，导致人际关系不好，到了新的单位没有利反而成了害。

第五，不忠于一生事业未来的发展，不知道脚踏实地地根据自己的具体情况，或许创业，或许到边远的地区，或许到国外，也或许考研，而只是看眼前、只想现在好，却没有踏实的脚步，对适合自己的职业、适合自己的要求不忠，导致自己失去未来。

第六，个人意识过强、自负、只顾自己，没想着他人、没想着团队，处处站在自私的圈子里，没有总体的利益的观念，使自己掉入陷阱里。

第七，个人保护意识太强，处处虚、怕、不敢说实话、不敢表露真实的想法，处处躲避责任、推卸责任，或者两面三刀、欺上瞒下，导致自己做不成大事。

第八，对自己的理想、事业没有坚定的信念，导致心里产生忧郁、恐惧等严重的心理障碍，一颗破碎的心在社会上飘浮。如果有了忠诚这个坚定的事业心，心里处处明亮，不管什么困难都能克服。

第九，在21世纪竞争激烈的社会里，处处要求适应恶劣的环境、克服困难。有些青年职工对领导不忠，一做正常的事也感到劳累，做事马虎，遇到正常的矛盾，就认为是困难的事，就躲、怕、推卸责任、没有主见，这些都根源于没有忠诚的心。如果有了忠诚，做事就专心、细心了，心也安了，尤其不会感到累、苦。

第十，领导布置的任务，不忠的人会认为是危害自己的利益，或者是误解领导的话，认为领导是害自己、骗自己或者是领导偏心。而忠诚的人能理解领导的心理，能站在领导的角度、单位的角度，领导发布什么命令、决策什么事，他都能迅速理解并积极响应。

★【艺术突破口】

一、忠诚的人是自己给自己创造财富、创造声誉、创造地位、创造爱情、创造幸福。忠诚是自己幸福的天使。那些不忠的人，处处受人讨厌，像过街的老鼠。而忠诚的人，人人都喜欢。但是，忠诚不是愚忠，对小人不能老实、死板、愚昧，忠诚是灵活、是自信、是一种与各种人相处的综合的神奇力量和感觉。

二、忠诚的人谈恋爱，即使跟别的异性睡在一起，他的爱人也不会怀疑，因为他的忠诚能消除爱人的多疑，让爱人感到可信，无论他走到哪里，都有一条说不出来的彩虹带把两人紧紧地拴在一起。这种人在单位里，能与大家风雨同舟、同甘共苦，让大家感到十分幸福，也能使单位腾飞。

三、怎样才能做到忠诚？第一，当自己的利益受到损害，而单位得利时，他选择的是维护单位，损失自己的利益，这就叫乐于奉献、无怨无悔。第二，忠诚的人不是在口头上而是在行动中默默无闻地拼命，用成果来回报单位。第三，遇到困难、坏事，其他人都躲，而忠诚的人是冲上前、乐意承担责任，他处处谦虚、向自己开刀。忠诚的人处处以单位的事业为自己的生命，处处维护单位，为了单位忘我地工作，自己再痛苦、再累也感觉不到，失败也无所谓，自己的家庭抱怨，他还是维护单位，想办法协调自己的家庭。第四，忠诚的人对单位始终有信心，也能处处提出建议。忠诚的人敢于说实话，别人不敢说的他敢说，别人不敢做的他敢做，但是有时候往往说话直来直去，会得罪人。第五，忠诚的人不会为了个人、亲朋或者私利而损害单位的利益。第六，忠诚的人不会利用自己的职权为自己谋私，尤其不会当面一套，背后一套，他表里如一、忠贞不渝，越在困难的时候，越能显示出自己的英雄本色。

四、当单位各方面不行，要倒闭了，忠诚的人就拼命地想办法，怎样跟老板、领导一起计谋，挖掘自己的资源，找朋友、找关系，自己劳累、痛苦甚至有病都不知道，因为他明白，忠诚于单位是职工的职责和义务，很多有能力的人都跳槽了，唯独他与老板生死与共、共同患难，一起创造出新的企业。即使外边单位给他高职位、高工资，有猎头公司来请，他也不走，领导叫他跳槽他都不跳，而很多一般的人都走了。忠诚的人为什么最理解老板的心理，与老板心心相印，不用语言沟通、不见面都能知道？因为这个时候，他们心中的想法是一样的，他们的劲往一处使，他与老板、领导一样热爱自己的事业，他们热爱单位就像热爱自己的生命一样，他们在失败中当然也不会抱怨。

★【艺术实训过程】

实训一

忠诚于工作

一个二十多岁的农村小伙子，非常喜欢电脑，想上网却没有钱，他就去网吧应聘卫生员，一天到晚把网吧的每一个角落都打扫得干干净净。试用期过后，老板不想给钱，就故意找他的岔子。

有一天，老板请朋友来看一看自己的网吧，这位朋友发现了这个小伙子，就感叹道：哇！天下还有这样干活的人！就对这个老板说："让这个小伙子到我的仓库里当装卸工……"

突然间，这个老板心里想："世上哪有像这个小伙子忠心耿耿、任劳任怨，被自己整了多少次，故意找岔子撵甚至辱骂，好像猪狗都不如，但是他依然无怨无悔地热爱工作，把卫生打扫得干干净净，他不像社会上有些人，一受点委屈或者挨批评就想着报复，我如果把他撵走了，像这种又有点子又肯干的人，何处去找呢？"最后，老板给这个小伙子定了工资，并加了薪，对小伙子说："只要我的网吧在，就有你在，这都是你劳动出来的，我以前故意刁难你，你可不要见怪！"

小伙子笑着说："没事，主要是我干得不好。"

老板说："你干得够好了，没事再学一学电脑，等到年龄大了，我再给你交养老保险。"

总结：当一个人忠诚于工作的时候，即使老板故意刁难，他依然拼命地工作，因为他有一颗忠诚的心，就好像螺丝钉一样，走到哪里就钉在哪里，任何人都拧不动，因为他工作的道德、拼劲、创新、技巧各个方面都非常优秀。

忠诚于工作的人有无穷的魅力，这种魅力使他不管干什么都能干好，即使在平凡的岗位，也能干出惊人的成绩，即使单位的人甚至领导想撵走他，他也不走，反而越干越好，为什么？因为他热爱自己这份工作，对自己的工作忠诚。

实训二

忠诚于单位

小品一：

总裁故意对手下的职工说出不利于大家的事，来考验职工到底对单位是否忠诚。总裁宣布："我们单位现在很困难，要倒闭了，现在也给大家发不了工资，大家能不能共患难或者借钱来？"当时让大家无记名投票，凡是走的，可以给一定的补助，不走愿意患难的，就可以留下来。

（这个演练考察的是，单位在患难的时候，正是需要大家出力的时候，这时，谁心里的意念首先是要和单位共生死。）

小品二：

空欢喜一场

一家招聘单位来了 A、B、C 三个员工，招聘人员问 A 员工："你以前在哪个单位干过？"

A 说："我在天皇有限公司干过。"

招聘人员说："你认为那个单位怎样？"

A 说："我感觉那个单位表面上好，背后不怎么样。"

招聘人员说："你为什么来到这个单位？"

A 说："我感觉你们单位很好，有发展前景。"

（然后A把他的材料递上去，这个员工刚走，招聘人员就在他的材料上打了个叉。）

B员工上来了。

招聘人员说："你在哪个单位干过？"

B说："我在某某单位干过。"

招聘人员说："你感觉那个单位怎么样？"

B说："我感觉老板不容易，由于市场的原因，老板说单位亏损了，就解散了，我的心里一直难受，其实我很想在那个单位干。"

招聘人员说："你为什么要来到这个单位？"

B说："只要单位给我机会，我们都是共赢，既能实现我个人的价值，又会为你们的单位增光。"他说话时的眼神给人感觉很真诚。

招聘人员说："好了，你回去等电话吧。"

（B刚走过，招聘人员在他的材料上打了个钩。）

C走到台上，自言自语："噢！我刚才发现了一个秘密，员工不能说自己原来的单位不好，要说好才能聘上。"

他就使劲地装着笑，说他原来的单位很好（招聘人员也在上面打个钩，聘上了）。

B、C这两个人几天以后就开始上班了，单位对他们进行了各方面的培训。因为公司认为这两个人很忠诚、很可靠，所以让他们掌握了单位非常重要的机密。领导让他们到外地去跟别人谈判，但是，他们在路上遭到抢劫，B身上的钱包被抢了，单位给的出差费也被抢了，B想着自己贴。B、C到那个单位与人进行谈判，那个单位背后做B、C的工作，让B、C把自己公司的商业机密告诉他们，他们就给B、C五十万，并且保护B、C。B坚决地说不行，C的眼珠子一转（屏幕上显示：我刚上班，如果有这五十万，一辈子就不愁了，公司又不知道，这个世道谁说话算话！只要为自己就行，这是天赐的机遇，五十万一拿，我就窜了，逮着也没办法，在法律上，他们没有证据。）。

结果谈判下来，B、C的公司输了，公司发现机密暴露了，就彻底查每一个人，B就把情况告诉老总，老总一想，C有嫌疑，老总再通过办公室的摄像镜头一看，C露出很得意的样子。最后，老总马上跟收买自己商业秘密的那个公司合作,并进行谈判,最后把C找了出来,C不但没有得到五十万,还被公司开除了,C空喜一场。而傻傻呆呆的B被提为副总,公司对B又是发奖金,又是给住房,B的生活一下好了起来。

C去问管理师说:“我这么聪明,跟B一起进入这家公司,我当时就是一念之差,没想到结果这么惨!”

管理师说:“对啊!因为你跟着利益走,对单位不忠诚,其实,在利益面前,也就是考验一个人是否忠诚的时刻。”

C说:“现在的青年人都是这样,谁都是见利就要。”

管理师说:“没有忠诚力的人,自己所在的单位一遇到困难,他一脚就蹬了,不是单位不要他,而是他自己不要单位。如果单位好了,这种唯利是图的人,总有一天是会露出马脚的。”

C说:“噢!原来我们跟着利益走、不忠诚,都是害自己呀!”

实训大师说:“是啊!”

C说:“那怎么办呢?”

实训大师说:“第一步,先明白忠诚是为自己好,忠诚大于能力,忠诚的人处处有好运,忠诚的人说到做到,忠诚的人无论走到哪里,给人感觉安全、可靠。而虚伪、跟着利益走的人都是自己害自己,凡是成大业的人,心中都有无私的爱,如果钻到钱眼儿里,是不可能成就大业的。真正的事业都是从患难中干出来的,而虚伪的人遇到一点儿困难就逃脱,所以他永远没有好工作。第二步,从小事练起,子不嫌母丑,狗不嫌家贫,对身边的朋友忠心,从点点滴滴的细小、无所谓的事中练说话算话、说到做到,逐步形成习惯。第三步,慢慢鼓励自己,再从一些大的、难的、不愿意的、吃亏的以及丢面子的事练起,自己要言之必行、说到做到、有坚定的信念,等等。时间长了,有较强的惯性,最后逐步形成固定的忠诚力。忠诚是一个人的灵魂,它不像其他能力那样好实训,这是人的本性,只有逐步优化。所以,对于这个能力,主要是自己在实践中逐步锻炼。”

实训三

忠诚于领导

领导故意冤枉甲职工，看甲职工听不听、抗不抗？如果甲抗了，证明不忠；当领导故意冤枉乙，乙一想：领导一切都是为了单位好、为了大家好，即使是冤枉，也少数服从多数，表明乙对领导忠诚。从此以后，领导对乙的偏见就化解了，让乙担当重任，乙即使一开始不行，由于忠诚加重担的磨炼，逐渐就会变成卓越的职工了。

实训四

忠诚于爱情

一个帅哥，他的人品、各方面都好，有甲、乙两个女孩都追求他。他对甲和乙说，他的心脏里有肿瘤，过不了几年就死了，并且把医生开的假药单给她们两个看，甲不吱声，而乙姑娘说："即使你死了，我也一辈子守着你的灵魂，不管你怎么样，我一辈子都爱你。"这个帅哥本来想跟甲结婚，但是算了，最后跟乙姑娘结了婚。

★【忠诚力的巩固模式】

1. 选定工作目标或相处的领导→2. 热爱工作和领导的优点，理解、接受他的不足，甚至对自己的冤枉→3. 做好自己本职的工作，大胆开拓，坚持到底→4. 形成忠诚力。

（注：忠诚力是人的灵魂力，很难在短时间内实训得到，它需要在长期的点点滴滴中修养自己的道德涵养，在时光的长河里，自动形成忠诚力。）

三

热爱力

★【目的】

工作的本质需要一个职工的热爱，失去了热爱，工作就好像失去了灵魂，任何工作都不会干好。有了爱，就能专心、精心，有了爱，任何工作的困难就能勇敢地克服，有了爱，干起工作就轻松、愉快。

★【存在问题】

第一，一个人热爱自己工作中的困难、曲折，他工作起来就不感觉累，自己有积极的心态。相反，一个人对工作失去了热爱，就会感觉工作枯燥无味，一遇到困难就会退却，推卸责任，怕苦、怕累、悲观、迷茫，就想逃脱。

第二，一个人热爱自己的同事，就能合作愉快，就会有极好的团队精神，能凝成一股劲，在一起工作也会感觉很快乐。如果一个人不热爱自己的同事，同事好了就嫉妒，同事差了就抱怨、排挤。自己在人际中疙疙瘩瘩，不但对团队不好，而且会对自己产生极大的压力。

第三，一个人热爱自己的单位，就像爱自己的家一样，不管是好是坏，他都有一种说不出来的感觉，为单位吃苦、奉献。相反，一个人如果不热爱自己的单位，发现自己的单位差了，就想跳槽；单位好又恐惧，怕被炒鱿鱼，整天神情恍惚，就在单位扎不下根。

第四，一个人热爱自己的老板，就会像对待自己的亲人一样，处处关心他、体贴他，能站在老板的角度，为公司着想，能同甘共苦。凡是与老板能同甘共苦、风雨同舟的职工，都能理解老板、热爱老板，能与老板齐心协力、开拓进取。相反，不热爱自己的老板，就会对老板挑剔，发现一点不足就抱怨，与老板无法沟通，甚至拒绝服从命令。不能与单位共患难，只是为了工资而工作，和老板斤斤计较，这样的员工不会自动自发，也没有执行任务的坚决力，更没有独当一面的潜力。

第五，热爱自己单位产品的人，就会自动自发、积极进取，就会想尽一切办法来挖掘自己的潜能，借助他人的力量，把任务执行好，交出优秀的成果。而不热爱自己单位产品的人，工作的时候就厌倦，不得不强迫自己，不想做事、马马虎虎。

【艺术突破口】

当一个人对某方面拥有了爱，就能像热爱自己的恋人一样，与他接触的一切都是轻松、快乐的，即使苦难，也感到是甜的。

【艺术实训过程】

实训一

一个是热爱工作、热爱单位的小伙子；一个是抱怨工作、抱怨单位的女孩，他们两人刚开始谈恋爱，一天，他们在一起谈话，女孩一提起单位，就抱怨说："单位那个领导小气、窝囊，真让人受不了！那个同事眼神怪怪的，哪像职工啊，让人看着不舒服；单位的环境，也不像别的单位有空调，有'三保'；工作任务干起来，处处都难，不像别人那样轻松、愉快。"

小伙子听了感到很惊讶。

女孩就问:“那你们单位呢?”

小伙子说:“我们单位的环境很差。”

女孩就问:“环境很差,你有什么感觉?”

小伙子:“我感觉单位就好像是自己的家一样,很温馨。”

女孩:“是吗?”

小伙子:“我一到单位,就有一种舒适、轻松的感觉,就好像到了你跟前一样。”

女孩:“那你们单位的领导呢?”

小伙子:“我们单位的老总虽然是一个民营老板,说话粗鲁,但是我看到他,就像看到慈祥的父亲一样,所以我尊重他,也有一种说不出来的感觉,就是想去执行他的命令,他批评我,我也主动去做。”

女孩:“那你们是干什么的呢?”

小伙子:“我们是在沙堆里冶炼一种矿石,在太阳底下……”

女孩:“那你不感到又苦又累吗?”

小伙子:“哇!我感觉我们是在沙里淘金,就好像一个女孩在收集夜空中的星星一样,好幸福啊!”

女孩:“亲爱的,你这么浪漫啊!你的工作这么差,为什么对工作的态度这么好呢?”

小伙子:“我也不知道,我感觉做任何事都需要克服困难,如果对待工作像对待亲爱的人一样,就会感觉工作很幸福,就像我对待你一样,如果你离开我,我会死的。”

女孩:“我怎样才能像你这样对待工作呢?我那单位也不好,怎样才能像你一样热爱自己的单位呢?”

小伙子:“那你就想办法热爱它吧,要对它拥有爱。”

女孩:“怎样才能拥有爱呢?”

小伙子:“你想一想,你们的单位不也像家一样温暖吗?找找它的优点吧!你的单位不是比我的单位好吗?”

女孩:“我的单位当然比你的单位好多了。”

小伙子:“任何人都有不足,领导也是,虽然他有不足,但是我们应该看到他的优点。”

女孩:“噢!是啊,亲爱的!”

小伙子:“当你感觉工作烦、累的时候,你要知道,工作就是克服困难,把困难当成一个个游戏去做,你不就会感觉很好吗?”

女孩:“是啊,我的工作比其他工作要好多了,噢!当我想通的时候,我就会产生爱;当我对比别人的时候,我就感到幸福;当我想到老板的优点、同事的长处的时候,我就知道一切都是美好的!”

他们走到一起,双目对视一笑,天更蓝了。

注:当一个人对待单位、同事、老板像对待热恋中的恋人一样,他就会拥有一切。对于一般人,怎样才能真正拥有热爱单位、热爱老板、热爱产品、热爱同事这种深深的爱呢?

第一步,要选好单位(**就像选恋人一样**),要尽量选择自己喜欢的、自己能胜任的单位。站在老板的角度,理解他、体谅他,尤其像拿破仑身边的士兵一样,做能超过元帅的士兵。第二步,热爱工作,工作的内容就是克服困难,事事是矛盾,解决矛盾、解决困难才能产生机遇,明白这个道理,然后把任务中的大目标分成小目标,借助力量,轻松化解,这样工作起来就会感觉轻松、愉快。第三步,热爱同事,宽容大度。人人都有不足,把对方的不足当成自己的镜子,热爱每个人的缺点,拿自己的短处与他的长处比。想象他是自己的手足,慢慢就能学会与同事合作,就会热爱同事。第四步,热爱工作的内容或产品,因为它是实现自己价值的最主要部分,工作的内容越繁杂,价值越高,遇到了困难就相当于找到了机遇,任务越重、责任越大,证明自己在单位的价值越高。所以,当你能找到复杂、高难度的任务时,你就被单位放到很高的位置了。第五步,明白工作的一切目标和实质,并用科学的方法,慢慢去体会。第六步,形成习惯,在别人的尊重中就能热爱单位,自己熟能生巧,就能热爱自己的工作内容。

实训二

当你热爱单位,单位就能腾飞

(青年职工是甲,总裁是乙)

乙幽默地说：当一个人热爱了单位，他在这个单位中不仅是幸福的，而且自己也会有无穷的魅力。即使这个单位很差，他用自己清泉般的爱，慢慢地就能把单位由衰败整起来。

甲：我爱单位，单位不爱我，单位好了就把我扔了，我差了单位就不要我了。

乙：领导需要热爱职工，他要把每个职工融进自己的单位中，许多总裁、老板把每个职工当成单位的一部分，非常热爱职工，与他们生死与共，而有些职工发现单位不好了，就不热爱它。听说你很爱你妈妈，你为什么这样爱她？如果你能像爱妈妈一样爱这个单位不就很好了吗？

甲：我感觉我妈妈很不容易，含辛茹苦地把我养大，她再错或者有什么不足，在我看来她都是对的，我无论如何也要报答她，这是一种无形的感情，像蕴涵在心中巨大的火山一样，是无法表达的。

乙：哦，我知道了，那你知道你来到这个单位，单位含辛茹苦地从创业、工商税务、产品竞争、社会关系、人员的选拔、培训员工，一步一步地成长起来，它容易吗？当你发现这个创业过程不容易，即使眼前对你没有什么利、没有什么恩，你也会跟老板一起为单位的壮大而努力，等单位腾飞了，以后老板、领导会给你很大的利益、广阔的前景，这样你能爱它吗？

甲：那当然！我爱它，因为我来到这个单位，领导对我很好，我知道创业各方面都不容易，能有今天这个样子已经非常优秀了，况且单位从经济、住房、保险等方面，都能让我安心，我怎能不热爱呢？

乙：相比其他单位，这个单位有不足的地方，你怎么办？

甲：当我想到它不容易，我就无所谓了。但是我们很多青年就是看到单位一点不好或眼前不好，就不好好干了，离开了单位。

乙：人要看单位的前景，领导以德立世，有德就能在社会上立根，再加上他那种拼搏精神，单位是不可能不腾飞的。所以，职工在这种前景下，以爱的道德与单位生死与共，这是职业道德。当自己发现单位有道德的时候，自己就扎扎实实地干，急单位之所急，和单位共生死，自己也就能在行动中热爱单位了。

甲：我们青年人在学校学的都是死东西，往往用不上，什么都不会，要想干出成绩，谈何容易？

乙：一开始，老板给刚进单位的职工一个宽限度，足够干出成绩了。例如，职工刚进单位的前两三个月，让他们摸索公司的规章制度、文化、做事的方法，当自己不会的时候，要虚心地向老职工请教，慢慢做，就什么都会了。这就是世上越是不会的事，越要去做，当你由不会慢慢去做一点，日积月累就都会了，就能胜任工作，这样就能成为优秀职工。因为心中有爱，自己就会感觉处处是运气、处处是快乐。

甲：但是你说的话我听不懂。

乙：你当然听不懂，当你做事的时候，你就会知道了。

（放录像：江苏某开发区一位老板，刚开始创业时，谁愿意跟他干，就一起在扬州包一片土地，建了一个柳编厂，凡是跟着他干的人，最后都成了富翁。）

后注：当单位热爱职工，职工就不会频繁地跳槽了，当职工热爱单位的时候，自己再苦、再累也不会感到累，自己眼前的处境再差也能努力地解决问题，单位腾飞了，自己也就慢慢腾飞了。任何个人的成功都是在与单位的患难中积累起来的。

青年朋友！当你选择一个单位的时候，先选择老板的道德，然后看看单位的前景，既然你选定了它，就要真心热爱它，即使它有很多缺点，你热爱它的缺点，就能和它一起腾飞，在拼搏中修养道德，就会为自己创下事业的大厦。

实训三

楷模效应

一个女孩（在舞台上表演，拿着一张报纸）说："据美国心理学家调查，大多数人一提起工作就烦死了，一提玩就高兴，现在人要干好工作必须要热爱工作，但是没有人热爱工作，那怎么办？"她一边看一边微笑着。（过后，她的男朋友上班回来了）

她说："你看看这个报道。"

（这个男的一看，就感觉这话说得对）他就问了："亲爱的，你说人怎么才能像喜欢打游戏、喜欢星期天一样热爱工作呢?”

她说:“你不知道吗?你在初中的时候最喜欢生物这门课,是因为你喜欢那个教生物的张老师,最后连他这门课程也就喜欢了。初三的时候,张老师调走了,换了一个老师,虽然你不喜欢这个老师,但是还是热爱生物,是吧?”

他说:“是。”

她说:“那不就有办法了吗?当你想热爱工作的时候,你先在工作中找一个你所敬佩、崇拜的人,他和你做同一专业的工作,把对他的敬佩转移到工作上来,这样你干工作就像吃蜜一样快乐,不但想做了,慢慢也热爱了。”

他说:“对。”

她:“比如说我,一开始工作,就是怕、推,就盼着下班、星期天快点到来,没想到我们单位来了一个副总,她做事娴熟,她那种幽默使人觉得轻松,她的胸怀使人感到海阔天空,我就像蓝天的小鸟一样,感到畅快,自己也说不出来,对她的一举一动就是喜欢,就想模仿她,没想到一模仿就爱上了工作,你看我现在做着钳工,都是在模仿她对工作的热情,而且我又加了工资,现在是一天不上班就感到难受。你不是想热爱工作吗?你先找一个这样的人。”

他:“这种人哪里找?”

她:“多了,其实这种人在单位、书本或者电影上都可以找,其实他们的思想、灵魂都是一样的,找到一个你就细心观察,用心模仿,慢慢地这种对工作的爱就灌注到你的心里去了。”

他:“对!”

注:当你热爱工作了,你才有工作;只有你热爱工作了,你才能在工作中轻松、幸福,遇到无数困难也不感到累、有压力,而且样样都好。怎样才能热爱工作呢?先找一个热爱工作同时又让你崇拜的人,你也就会慢慢地热爱工作了。

实训四

甲:“俗话说,一个人热爱祖国才能在国家有立锥之地;同样,一个人热爱工作,工作就能轻松、愉快,再难的工作也好像吃甜瓜,更好像花前月下逮蝴蝶、谈恋爱一样。如果你不热爱工作,那工作就像老虎、臭水沟,一看头就疼,那我们怎样才能热爱工作呢?”

乙:“热爱工作就是把自己当做工作的一部分,游戏就是工作,工作就是游戏。”

丙:“我当不了。”

乙:“那就是玩。”

丙:“玩、玩、玩,不就完蛋了吗?你认为你说的对吗?”

乙:“这只是一种方式而已,比如你去工作,最重要的是想着这个工作不是为你自己干的,而是为那些关心你的人、爱的你人干的。”(注:表演动作要幽默、滑稽)

丙:“工作!我不想听这些大道理,我就知道,有的时候我不工作、不干活,全身骨头都难受,我一工作就像点钱一样,一工作钱就来了,我点钱当然舒服了,对吗?”

乙:“在有些地方是相通的,可以转化一下。你还没找老婆吧?想不想要呢?”

丙:“想要。”

乙:“哎呀!你知道那些美女为什么不要你?”

丙:“因为自己什么都没有呀!”

乙:“你要热爱工作,一工作就有钱,房子、轿车……美女来不来找你呢?”

丙:“当然。”

甲:“原来工作就是找老婆,那工作起来……哈哈哈哈!好!”

丙:“但是我工作,就是三分钟热度,为了找老婆吧,一天好苦啊!就指望这找老婆、买车、买房子,根本不可能,那怎么办呢?”

乙:“我们老师说过,工作越苦、越难,点的钱越多。”

丙:“我的目的就是享福,何必受苦去点那几个烂钱呢?不如坐在这儿微风轻轻地吹呀,小鸟咕咕地叫呀。”

乙:“你受得苦越多,老婆离你越近。你愿意受苦,还是愿意要老婆?但是只有愿意受苦才能有老婆。”

丙:“道理都懂,做起来难。我怎样做才不难呢?怎样才能做到热爱工作呢?”

乙:“做自己的兴趣、特长、所爱好之处。”

甲:“嗯!发挥自己的最长处,慢慢地把大困难化小,一天做一点,鼓励自己,明天再做一点,幽默一下,后天再做一点,慢慢地培养兴趣,自然就会熟能生巧、巧能生灵,工作高手点的钱自然越来越多了。”

注:幽默、情景、音乐、配着笑容,几个人在一起噔噔噔,跳那种舞步,那种动作,想美女、想钱,以找美女和点钱来刺激他们热爱工作。

★【热爱力的具体做法】

鼓励自己、鼓励他人,行动出成果,有了成果就得到加薪,就能实现自己的价值。这就是你热爱单位的表现,也是单位热爱你的表现。如果只是说热爱而不去开发自己的潜能,不去踏踏实实地做事,这种爱是空的,是骗人的。

★【热爱力的巩固模式】

一、选定单位,选好单位的领导→忠心、扎扎实实地干,用心去爱单位,与它生死与共→用自己的模式拼搏,鼓励自己、鼓励他人→选好做事模式,并用爱的模式使自己的不足和他人的不足婉转艺术地化为动力→用爱的快乐使自己不断成长→不仅自己成长、他人成长,单位还腾飞。

二、先热爱自己的生命→热爱自己的父母、爱人→热爱自己的朋友→热爱单位,与单位共生死。

四

诚信力

【目的】

诚信就是说话算话，值得人信赖，它是人际的根本，也是工作中必备的素质。对于刚步入社会的大学生来说，在与工作单位履行合同期间，如果失去了诚信，一给单位带来影响；二违反了道德、法律；三给别人感觉这种人不可信，导致以后难以找到稳定的工作。

【存在问题】

一、跟着利益走的人肯定说话不算话，即使想说话算话，一旦失去了利益，就做不到了。

二、受社会上不良风气的影响，某些地方的人认为：现在的人有几个说话算话的？导致有些青年人认为说话不算话也很正常。

三、有些青年对说过的话、答应过的事觉得无所谓，好像闹着玩儿一样，这种人对单位、对自己极端不负责。

四、自己说过的话、答应的事，遇到一点儿困难就逃脱了，导致自己不讲信用。

【后果】

一、没有诚信就没有人际，没有人愿意跟说话不算话的人真心相处。而诚信的人言之必行、行之必果，值得别人信赖。

二、失去了诚信，任何事都难以做成。因为任何事都有矛盾、困难，都需要付出，没有诚信的人，一遇到无利益的事或者吃亏的事就逃，导致任何事都难以做成。有些职工只是为了钱而工作，而不是为了把工作做好，导致工作起来没有力度、磨洋工。而诚信的人，不管有没有利益、吃亏还是困难，依然坚持到底，导致吃亏得大福，克服困难给自己带来运气，这种人不管做什么事都非常优秀。

三、失去了诚信，导致说话不算话，眼神怪怪的，人的气色也不好。尤其到陌生的单位，别人一看，心里就有一种说不出来的反感，甚至提防，导致自己的人际陷入困境。而诚信的人，眼神正直、气质洒脱、令人可信，与陌生人交往，心一下就能系到一起，走到哪里都有好的人缘。

四、失去诚信的人，做事心里没有底、空虚、恐惧，一遇到困难，就对自己失去信心，认为自己是不可能成功的，导致做事没有力度，这种人对别人是不可能诚信的。而诚信的人说话算话，潜意识相信自己做什么成什么，遇到困难无所畏惧、势如破竹、事情必成。

【艺术突破口】

凡是有成就的人，都是说话算话的人，而说话不算话的人反复无常，欺诈别人，即使外在条件再好、内在头脑再聪明，未来最终也是渺茫的。这就是说，不诚信是害自己，诚信就是成就自己。

诚信力就是砸碎自己跟着利益走的思维怪圈，锻炼自己去吃亏，面对困难要坚持到底，慢慢地就能拥有诚信力了。

★【艺术实训过程】

两个恋爱中的青年：男青年说："我的单位起诉我，要我赔款。"

女青年问："亲爱的，这是怎么回事啊？你不是工作好好的，单位为什么要起诉你呢？"

男："你不知道，在那个单位里，我实在受不了，我看其他的单位好，就跳槽了，结果，这个单位拿出我所签的合同书，要起诉我。"

女朋友没说话，过了一会儿，问："你到了那个好单位，感觉怎么样呢？"

男（唉声叹气）："没想到还不如原来的单位。"

女："那怎么办呢？"

此时，又过来几个青年，其中的甲安慰道："没什么！现在的人都这样，哪里好就往哪里去。"

男："我跟小乙是一起进入原来的单位的，当时他还不如我，现在已经被提拔为主任了，我如果早知道的话，拼命坚持下去多好！"

女："谁让你不坚持下去，见好就变呢？"

男："我的心里想好嘛！"

演练师笑着走过来了，他们相互点头问好。

几个青年问："我们怎样才能找到一份稳定的工作呢？"

演练师说："就是要讲诚信，请问大家，现在青年有多少拥有真爱？"

有的说不多，有的说早就死光了。

演练师："现在很多青年人在谈恋爱的时候信誓旦旦，为什么时间不长或者一毕业就分手了呢？"

男："因为工作原因，或者经济原因，或者感觉还有更好的，两人就变心了。"

演练师："都是因为自己没有诚信，曾经的信誓旦旦，现在却无所谓，导致两人没有真爱。诚信是做人的根本，有了诚信才有真爱，诚信的人说话算话、言之必行、行之必果，大家想一想，诚信的人的人际怎么样呢？"

大家："人人都喜欢与说话算话的人交往。"

甲:“现在的人,谁还说话算话?说话算话的人只会上别人的当,你说话算话,别人说话不算话。”

演练师:“别人说话不算话是害自己,你再学着这种人说话不算话,会有什么后果呢?大家看一看,自古以来,凡是有成就的人,都是说话算话的人,而表面上聪明、见利就想要的人,遇到对自己没有利的事或者自己受不了的时候,就说话不算话,这种人能做成什么事呢?”(屏幕上显示出诚信的好处和不诚信的坏处)

★【诚信力的巩固模式】

对于自己的行为(说的话、定的合同……)负责→维持或实现自己的行为(吃亏、战胜困难也要坚持到底),从小事逐步练起,使自己拥有言之必行、行之必果、说话算话的一种品行和行动的状态→从小事守信,到大事、难事也能守信→形成诚信力。

五

工作就是生命
——“丢了眼前的工作，就丢了自己的命”

★【目的】

80后的青年，对于工作干得好不好都无所谓，这个干不好再找一个，做事马虎、拖延、被动、没有积极的心态、干着这个想着那个、推卸责任，等等，如果能把眼前的工作当成自己的生命，干不好自己就丢了命，他就能专心、精心地投入，拼搏、不怕苦、不怕累，自己的潜能也就能全部发挥出来。

★【存在问题】

一、由于青年职工做事不专心、不细心、被动、推脱责任，尤其不会潜能开发，挖掘一切力量，不能坚持到底，导致一遇到困难，不忠诚、不创新、不团结、不认真、不坚持，干什么败什么；如果他们能把工作当成自己的生命一样对待，那么一切就将不一样了。

二、任务不等于结果，许多人认为工作就是完成任务，导致没有好的结果，如果以自己所能做成的最好结果为目标，结果导向思维，自己潜意识地去想办法，完成得最好。如果在完成任务时，迷迷糊糊地把时间消磨掉，还说尽力了，其实不会有好结果，这就是工作的误区。改正的办法就是严格执行领导下的命令，要对单位负责，就要出最好的结果。

★【艺术突破口】

一、不管干什么，每寸时光都是自己的生命，如果马虎、拖延，就是在浪费自己的生命。

二、无论干大事还是小事，都必须用生命投入，集中精力，否则就没有工作了。任何工作都需要专心、细心、不要命地搏击，借助别人的力量想办法，行动到底，有了这种做事的思维模式，才能在21世纪竞争激烈的社会中拥有真正的工作。第一种情况，过去那种马马虎虎就能拥有工作，就能长期工作下去的时代已经过去了。因为地球上的人口猛烈增长，竞争特别激烈。第二种情况，对于最差的工作、最令人讨厌的工作、受冤受屈的工作，认为对自己是大材小用，其实只要拿命拼，认真去做，就能学到很多东西。过了这一关，以后什么工作都能干好，工作的灵魂就把握在自己的手中。像南存辉开始修了三年鞋，像美国最伟大的将军格兰特，一开始是失业的农夫，又是失败的商人，然而，他们对于上级下达的命令，不管欠缺任何条件，都拿命去拼，这就是把工作做到最好的潜在规律。

三、对于那些所谓的有关系或者家庭背景，要明白那只是暂时的。依靠别人，靠什么，什么倒，从长远来看，还会害了自己，而真正能在社会上立足的人都是依靠自己、处处拼命的人。

★【艺术实训过程】

一个小伙子唱："工作多烦、多累，也没意思，你看比我差的人靠关系找到了好的工作，而我……唉！这是什么单位。我可不想留在这个单位，像我这样的大学生，学这么好的专业、这么聪明，真是凤凰掉进鸡窝里面啊！"他这不干，那也不干，最后到处流浪。

他突然看到一位盲人（演练师蒙着白布走路），这个盲人一边走，一边唱着歌,脸上挂着幸福的微笑,好像在卖东西,“盲人推销”?他感到很好奇,就走了过去,看见盲人一点一点地用彩带在编东西。

小伙子想:一个人看不见该有多难受啊?要是我,立刻死了算了,可他为什么还那么高兴呢?他忍不住,就问:“大叔,你为什么会感到这么幸福呢?”

盲人:“我也说不出来为什么,就感觉自己还活着,能踏踏实实地工作,就特别快乐。”

小伙子:“可是你看你的眼睛……”

盲人:“噢!那没什么,因为我心中有了美丽的世界,我通过编织,获得别人的赞美和尊重,甚至还有很多青年崇拜我,我感觉很幸福。我就感觉他们的眼睛就是我的眼睛,让我看到了一个美丽的世界。说我不渴望光明那是骗人的,假设给我一分钟的光明,我就幸福死了,所以,小伙子啊,你比我幸福得简直无法形容!”

小伙子:“大叔,真的是这样吗?可我……”

盲人:“小伙子应该非常幸福吧?事业宏图大展……”

小伙子:“不!我现在什么都没有了。唉!”

盲人:“小伙子,你真的什么都没有了吗?你把眼睛蒙起来看看。”

小伙子:“为什么?”

盲人(马上拿一块布让他蒙眼睛):“现在你什么也看不见,就这样往前走走看看。”

小伙子:“往前走?可……”

盲人:“不要怕,走走看,你感觉痛苦吗?”

小伙子:“我感觉真痛苦!”

盲人:“现在你把布摘下来。”

小伙子:“哇!真幸福。”

盲人:“如果这个时候再让你工作,那些不如意你还会感到烦恼、痛苦吗?”

小伙子:“这……再工作起来好多了!”

盲人:“噢!工作不想干、痛苦、烦恼,都是因为没有真正体会到生命的价值，其实眼前的工作就是自己的生命啊！尤其在竞争激烈的社会中，如果自己不坚强，谁会可怜你，只有自己坚强地站起来，才能幸福地活下去。”

小伙子：“那不能自杀吗？”

盲人：“自杀？古人云‘身体发肤，受之父母’，身体是不能轻易损伤的，尤其对于生命是不能轻易放弃的，否则会像神话中传说的，被打入十八层地狱，以惩治其不孝之罪，死后会比活着更痛苦！”

小伙子：“但是像我这样的高材生，让我做那些差的、累的工作，简直就是大材小用，当然会苦闷。”

那个盲人哈哈一笑：“你知道吗？我会唱歌，而且唱得不比那些歌唱家差；我会算命，是心理学高手，但是谁用我呢？我去找这样的工作了吗？我啊，就踏踏实实做这个，在别人看来确实大材小用，但是却发挥了我的价值。你看我得了这么多奖励，国家将我评为劳动模范。如果按事实，我是真正的心理学高手，去给别人算命，被别人说成‘瞎子算命’，各个都会讨厌我。小伙子，其实社会上有才的人多了，他们却不以才子自居，自然活得幸福，工作快乐。”

（演练场的音乐响起来）小伙子突然意识到：如果……

总结：一个人要干好任何工作，必须抓住两点：动脑，想好点子，加上拼着干。无数成功人士都有这种共同的感悟，遇到问题就会有办法，拼搏就会把办法变为成果，这样，无论干什么都会很优秀，并且越干越神奇。

【工作就是生命的巩固模式】

怎样使青年人做任何工作都能细心、专心，快乐地做到最好呢？

找自己认为无所谓的、细小的事，当成生命去做好（两个月的时间）→找自己不愿做的、讨厌的事，当成生命去做好（半年时间）→在已形成做任何事都能当成生命的基础上，大胆创新，慢慢就形成工作高效、做事快乐的生活状态，每做起事来就有细心、专心、精心的自然心态。

六

信仰力

★【原因】

没有希望就等于死亡,没有信仰人生就会迷茫,就好像蒙着眼睛在黑夜中到处乱撞。

当一个人拥有了信仰力,就等于拥有了幸福生活的氧气。信仰可以使人绝处逢生,信仰使人无所畏惧,信仰能使死了的心重新燃起火热的希望。

人活着就是一种精神,当一个人的精神没有信仰支撑的时候,就好像无水的鱼,在痛苦的煎熬中,随时都有死亡的危险。当一个人在创业中做什么败什么时,指望他人资助不可能,亲朋也远离,自己拾破烂也拾不到,多年所学的知识放在眼前几乎是废物,然而吃、住、行都要钱,这就好像陷入泥潭,越挣扎陷得越深,稍不注意就会发生悲剧。如果一个人有了信仰,在迷茫、困境中,心中就会充满希望,身上就有一股无穷的力量。

★【目的】

对于现代人尤其青年职工来说,在竞争激烈的社会中,当经济、人际、情感、事业都陷入重重困境的时候,如果没有信仰,只是自己拼命地奋斗,越奋斗反而越惨，稍不注意，心底的防线就崩溃了。其实并不是外界的困难把自己摧毁了，而是自己把自己扼杀了，原因何在？就是因为自己的心中没有信仰，当代青年普遍缺乏信仰。

如果一个人有了信仰，他就会坚信，只要生命在，一切都是美好的。一个人可以信仰宗教，有了信仰，就会感觉这个信仰时刻保佑着自己，尤其当自己陷入困境时，就会把这些痛苦倾诉给佛祖、菩萨、上帝等，在信仰的依托下，自己就有了生存的希望，心中就会产生无穷的力量，就能激发自己巨大的潜能，使这些困难变成腾飞的翅膀。

【存在问题】

第一，传统的封建陋习，导致自己没有信仰。很多父母从小就教育孩子怎样有钱、怎样做官、怎样考出好成绩、要找一个体面的工作，以后就不用受苦了，父母给孩子的心灵灌输的全都是“金钱主义”、“享乐主义”，使他们被钱、被享乐迷住了双眼，心中根本就没有科学信仰。

第二，光想好、好胜心强，导致自己自负、以自我为中心，不会借助他人的力量，一遇到困难就迷茫。解决办法：人生真正的幸福不单单是钱、官，“梅花香自寒苦来”，在困难中有了信仰，就好像心中有了指路明灯，人生就会变得丰富多彩，那才是真正的辉煌人生。

第三，不懂得什么是信仰。第一种错误的观念，认为是各种党派的事，自己很粗俗、达不到，产生自卑心理。第二种错误的观念，认为信仰是搞迷信，是那些“妖魔鬼怪”，觉得很恶心、排斥。第一种的解决办法，让他们知道，为了人类、为了实现某种伟大的理想，每个人都有资格、有能力追求自己的信仰，使自己的人生变得充实、有意义。第二种的解决办法，让他明白信仰某种宗教，不是相信那些“妖魔鬼怪”，如果自己能够很纯洁地信仰某个宗教，自己的心灵就能得到净化，就能支撑自己的精神，这是很体面、很光荣的事。

第四，人活着是一种精神，只有精神有了依托，人才能活得自由。就好像鱼在水中一样，如果人离开了信仰，就好像鱼离开了水一样。在竞争激烈的社会中,各种烦恼、痛苦、压力都来自于精神,解决精神压力的最主要途径就是拥有信仰。当一个人有了信仰,一切烦恼、压力都会被信仰吸收,自己就会变得轻松、快乐。在困境中,因为有信仰的光辉照耀,就会使自己消除恐惧、忧虑,并且越挫越勇,所以说,信仰是消除心理障碍的最佳途径。

★【艺术突破口】

信仰是支撑一个人生命的精神力量,如果一个人没有信仰,就会天天追求金钱,追求享乐、体面,然而世界的真正面目是:人生所能享受的快乐和付出的痛苦是相等的,不可能不付出就能得到金钱、享乐、体面,不劳而获是人生的陷阱。当这种人没有付出痛苦的能力时,他们就会无意中依赖他人,把自己的心架在空中,导致心灵空虚、压抑、痛苦,好像是热锅上的蚂蚁,坐立不安。一旦失去了依赖,就会像盲人骑瞎马——自毁。但是,当一个人有了正确、科学的信仰,他就处处有无穷的力量,不会被金钱所诱惑,不是财源滚滚,也能丰衣足食。那么信仰到底从何而来呢?

第一,信仰就是热爱生命,从身边点点滴滴的小事做起。比如,我活着,最起码要报答父母的养育之恩,以此来激发自己做事的动力。

第二,信仰就是要争口气。人活着最起码要争一口气,为了这口气奋斗到底。

★【艺术实训过程】

人怎样才能消除心中的痛苦,减轻心中的压力呢?

实训一

有几个青年人,其中一个说:“我的心里好痛苦、好烦啊!你看,我这样做不行,那样做也不行,活着真没意思!”

艺术大师说:“真的吗?请你看一下录像”,(把子尤的录像放给他看)“子尤在患绝症时,为什么感到幸福呢?因为他感觉自己来到这个世上,就是一个幸福的精灵。每一个活着的人,想一想天地造人,为什么不把自己造成一株小草,或者一头猪,而是变成人,人类是伟大的,自己是伟大的。当自己热爱生命的时候,即使有一些疾病、生活的压力,都是无所谓的,有了热爱生命价值的信念,你们还痛苦吗?"

几个人不说话,青年 A 说:"这确实有些道理。"

实训大师又问:"为什么同样是人,有的人却有无穷的力量、智慧和财富呢?"

几个青年说:"一切都是为了钱,没钱的日子实在没法活,没钱还谈什么理想、信念、希望、为了亲人的爱,那都是假的、骗人的;肚子都吃不饱,还有什么信念呢?"

艺术大师放一段录像:"你看,在清朝晚期,国家处于水深火热之中,许多华人两手空空地流浪在国外,最后为什么成了巨富呢?当他们饥饿难耐、痛苦迷茫的时候,他们想的是自己的民族还处在水深火热之中,所以他们甘愿受苦、受累,从最底层做起。有了这种力量,再加上自己头脑灵活,灵感就像清泉一样不断涌现,虽然开始什么都不会,慢慢做,就能出现奇迹,就能成为富翁。"

青年 B 说:"我没有这个期望,我们没有那些人'热爱人民'的伟大理想,我是一个粗人,只想着自己怎么才能活下去,可现在无论如何都活不下去,到这个单位干不下去,到那个单位也干不下去,干什么败什么,被逼得好像只有死路一条。"

(录像上面马上出现"水饺皇后")艺术大师说:"她一开始做水饺时,这边自己不会包,那边警察又来追,但是为了自己的孩子,她的心中拥有'一定要活下去'的信念,有了这种信念,她带着自己的孩子一起干,让一个十岁的孩子和面,一个四岁的孩子擀面皮,慢慢地,她终于卖出了第一碗水饺,找到了自己的人生价值,最后成了富翁,这个事实对我们青年人有什么启示呢?作为一个平凡的人,只要对生活充满信心,为了亲人,自己一定要坚持下去,即使陷入没钱、各种压力都向自己袭来的困境中,经受无数失败的风风雨雨,也能变成富翁,成就人生,这是为什么呢?"

总结:信仰是一种信念,信仰是希望的寄托,有了信仰就有运气,有了信仰就能使自己产生无穷的力量，有了信仰，就能在厄运当中绝处逢生、柳暗花明。

实训二

青年A问艺术实训大师："人如果勇敢、死都不怕，就不会感到恐惧了，不管做什么事都厉害死了，可是，怎样才能做到呢？"

艺术实训大师："请看录像'刘胡兰'，她热爱人民，从骨子里恨透了敌人，所做的一切都是为了打倒日本鬼子，拯救被侵略和压迫的穷苦乡亲，这在她小小的心中形成了一种无形、伟大的信仰，她虽然年纪轻，但无所畏惧，敌人见到她吓破了胆。"

青年A说："我现在也想拥有这种信仰，但是没有日本鬼子来侵略，也没有生在那个年代，要怎么做呢？"

实训师："要热爱人类，为中华民族腾飞而努力拼搏，这就是信仰。像科学家袁隆平，他为了解决全人类的吃饭难题，自己不怕苦、不怕累，不讲任何条件，全身心地投入到工作当中，这就是信仰科学。"

青年A："我不是科学家，我怎么信仰科学？"

实训师："在平凡的岗位也要有信仰，像那些下岗工人，他们为了亲人，不管多么困难、多么痛苦，无怨无悔，绝不倒下去。"

青年A："我是青年，我连自己都顾不了。"

（屏幕上马上出现：山东济宁一个小姑娘，为了给义父治病，为了几个哥哥上学，她无怨无悔地挣钱，当她遭遇车祸不幸身亡时，全村的人都被她这种不讲自己多难、多苦，一切为了亲人的精神所感动，纷纷为她送葬。）

青年A："我也不是女的，我也没有送给人家，我现在只想找一个老婆，生活得幸福就行，但是我现在什么也不懂，身体也不好，长得又丑陋，也不会动脑子，不管做什么事都做不成，人家都讨厌我。"

（屏幕上出现：有一个青年，他有病，家里又失火了，他为了争一口气，无怨无悔地活着，在外面流浪，自己也走不动，想着不能就这样死了，马上就来了精神，他跑到河里逮鱼，逮不到还坚持，在路边找野枣子充饥。由于他对命运的抗争，病痛消失了，身体锻炼好了，他去找工作，因为身上有一种浩气、志气，使别人感到震撼，别人让他做些零工，搬石头、拉沙子，慢慢地挣点钱，最后当上了总裁。）

★【信仰力的巩固模式】

先从小事培养自己信仰力的感觉，慢慢地随着知识、经验、阅历等的增加，就能找到自己的信仰了。

第一步，先信仰自己的生命价值，为了自己的生命价值，再苦、再累也无怨无悔→第二步，为了亲人，不管再苦、再难，一切都是为了他们→第三步，热爱国家，找到一种神奇的力量，形成信仰力。

七

涵养力

★【目的】

一、一个人以自己的气度、风度所形成的魄力，给人带来无声的感觉震撼，尤其在某些对人不对事的环境中，这种拥有较高涵养的人，不但处处受人尊重，而且在看人做事的环境中，工作起来效率高、轻松愉快。

二、有了较高的涵养，就好像无底的湖，不会因为波折、困难、冤枉而轻易波动；又好像青松一样，在狂风暴雨中愈加挺拔。然而，当代青年职工，遇到一点事就脆弱、迷茫、沉不住气，给工作、人际、生活都带来阴影……没有涵养的人，走到任何地方，都给人一种粗俗、低下的感觉。作为一名职工，如果缺少了涵养，会对他的工作有什么样的影响呢？可想而知……

★【存在问题】

一、认为涵养是人的知识、阅历、道德品质等综合的体现。有的人认为自己太差，没有素质，不可能训练出涵养来。突破口：人好像蓄水池一样，点点滴滴聚成涓涓细流，慢慢就能汇聚出自己的涵养来。

二、认为自己知识浅陋、本性太差。尤其对于处处自私的人，在做人、做事中斤斤计较、贪多、小气、害怕吃亏，等等，这些不利的因素是涵养的大敌。突破口：要从“心底无私天地宽”入手，抓住主要的突破口，就会打开涵养的大门。有的人认为涵养是在读万卷书、走亿里路以及与无数人相处，是在做事的风雨中，一点一点地磨炼出来的，在短时间内不可能有突飞猛进的效果。其实，一方面，找到科学的方法，把涵养的“敌人”转化；另一方面，从生活、工作中的点点滴滴入手，运用科学的方法就能迅速培养出较高的涵养力。

【艺术突破口】

一、将心中集聚的苦难、饱经风霜转化成快乐、幸福，就是涵养的最大聚集地。

二、面对他最难堪、最不能原谅的人，最不愿面对的打击、痛苦、脆弱，用艺术、幽默的方式告诉他解决的方法，让他自己转化，他就能体会到自己很潇洒，感觉身体舒爽，再照一照镜子，感觉自己的形象不是那么难看，涵养力就逐渐形成了。

【艺术实训过程】

（屏幕上把“涵养力”简单地解释一下）

涵养是人的能力、素质、品行等素养的综合体，它是一个人各方面的综合体现。

当一个人拥有了涵养，即使遇到别人的冤枉、打击、扰乱，也能稳如泰山、微笑面对，甚至能使“敌人”放下“屠刀”。当他遇到强大的竞争对手时，能不卑不亢，有一种平稳、积极上进的心态。涵养差的人，遇一点事就脆弱、毛躁，遇到别人一点不对就发怒，对差的人不能原谅，导致自己成了孤家寡人，没有合作力量，处处树敌；对于比自己强的人，又自卑不如，心里嫉妒、伺机打击，天天在沉不住气、自私、懦弱、自卑、自傲等处境中自我折磨。遇到事不是事情本身把自己摧垮，而是自己把自己摧垮；遇到竞争对手，不是对手把他摧垮,而是自己倒下了。

涵养如此之重要,有的人说:"涵养是多少年风风雨雨,用知识、阅历聚集起来的,一时是得不到的。"下面请看我们的演练,这些都是真心实意的感受。

实训一

宽以待人、海阔天空

几个青年职工在一起工作,其中一个小伙子喊:"他怎么这样呢!天天在工作中捣乱,他捣别人也就罢了,还捣自己,做一些损人害己的事,怎么又傻又坏……"

实训大师过来,说:"这种人确实可恨!但是想一想,在一个单位里,一百个人中有八十个这种人,单位就指望那二十个人来做事,其他都是陪衬,甚至有的人的'职责'就是捣蛋,你知道吗?"

小伙子:"那这叫什么单位?"

实训大师解释:"现在的单位几乎都是这样,你这样生气对自己有什么益处吗?"

实训大师问同台的几个,他们都说没有好处。

小伙子说:"但是,我实在受不了,这成什么了!凡是有思想、有理性的人,谁不生气?人的忍耐都是有限度的!"

"哈、哈、哈……"那几个人都笑了。

实训大师说:"现在我们来实训,假设有个捣乱的人,你对他生气,大家认为你对还是不对?是否能瞧得起你呢?大家说。"

大家说:"这样不对。"

小伙子:"那我应该怎么办呢?"

实训大师:"应该沉着,以静制动,不要当回事。"

另外一个说:"如果你越生气,他就故意惹你更生气,他就更高兴,他的'职责'就是心里一难受,就故意扰乱你。"

小伙子说:"那怎么办呢?"

实训大师说:"现在开始实训,你在工作中最讨厌的是什么人?"

小伙子:“我最讨厌的人就是你正做事,他就捣乱你、气你,害单位、害同事、害他自己,这种人是三大害。”

实训大师对另一个人说:“下面,由你表演‘三害’。”(大师指示另一个人扮演)

实训大师对小伙子说:“你正在做图纸,稍不注意,他故意把这图纸撕坏了。你正在用电脑,他故意把你电脑里的文件删了,你生不生气?”

小伙子:“生气!”

实训大师说:“他把文件删了,你应该装作不知道,甚至还微笑。你说‘哎呀!这个文件正好不太好,现在也找不着了,我重新写了一份,没想到写得更好。’那人一开始认为你是装的,你让他删,自己好好做,心里再提防他,笑眯眯地应对他,这样就原谅他了,慢慢地工作干好了,他却不捣乱你了,反而佩服你、敬畏你。你现在有没有这种感觉?”

小伙子:“对!你说的对,我有一点感觉。”

实训大师:“这样,你不但能化敌为友,人际好,而且工作效率高。”

总结:人的涵养往往体现在心地宽广,尤其是在形形色色的人际当中,对于很差的人要以宽容的心对待,容纳他们,自己的心胸要能容纳百川。如果自己的心里只容纳自己喜欢的人,对于自己不喜欢的人就讨厌,这样心胸狭窄的人,涵养水平高吗?

怎么才能心胸宽广、宽以待人呢?就是找那些最令自己厌恶、烦恼的人,慢慢锻炼自己难得糊涂,最后再达到喜欢。我们虽然不像世界伟大的诗人泰戈尔说的,向小人磕头,也不像耶稣说的,原谅你的敌人72次吧!我们就是以平静的心对待形形色色的人,自己做好自己的事,防人之心不可无,机智、勇敢、幽默地对待,自己的涵养就像海水涨潮一样,慢慢就涨起来了,自然就达到了高水平。

实训二

面对失败、痛苦、烦、累的事,能快乐地对待

一个姑娘上台:“现在做什么事都难,钱不好挣,工作处处烦、累,我怎样才能不烦、不累,又有效果呢?”

演练大师幽默地过来："呦！只要心里有了……自己就会将一切失败、痛苦都转化成平凡甚至是快乐的事。"

姑娘问："真的会吗？"

演练大师："真的会，你看屏幕上：自古以来，幸福无比、做大事的人，都是经历了常人所不能忍受的苦难、失败，他们在失败中以自己的勇气、胆量来面对。这些人一开始面对困难，也是烦恼、害怕、恐惧，但是慢慢地在失败中磨练，鼓励自己、激励自己，对这些困难也就无所谓了，对待失败也就很平淡了，再慢慢地，他们就热爱困难、寻找困难，面对失败也很高兴，因为找到了大困难，就找到了成功的阶梯。所以，英雄都是磨炼出来的，不经历磨难不是英雄。凡是成功的人，都是寻找困难、寻找痛苦、寻找别人不愿做的事，这是人间的秘密。"

姑娘说："我不是英雄，我不想做，这太恐怖了，你说的这些使我更怕、更烦。"

演练大师说："你平时不是怕工作累、烦吗？"

姑娘说："对！我感觉工作枯燥无味、烦、累，无论做什么，一做就错，经常遭到领导的批评。"

演练大师问："你干什么工作？"

姑娘："我是做打包的，不是打歪了，就是打斜了，反正我就是不想干。"

演练大师："噢，打包，现在告诉你，你把问题每天化解一点，打包是太难、太费劲了，下面我们就先打包纸箱，先练这一点。这是纸箱（演练师拿过来一个纸箱），打包这个纸箱就好像打开钱包一样轻松、快乐，你想想很多人失业，没有工作，你还能打包这个纸箱，你做这件事，就有钱了，是吗？"

姑娘："干好这个，能拿工资，当然有钱。"

演练大师："那么每次打包的时候，就感觉是在打开钱包，发现里面有钱，很兴奋，跟原来相比还累不累？"

姑娘没说什么，笑一笑。

演练大师："对，就练这一点，就像打开钱包一样，嗯！到一定程度就娴熟了。好，这样很娴熟，快了吧，抬起头来，不要看着打。"

姑娘眼睛不看，试着打包。

姑娘:“呀,不感到累了,也快了,也感觉好多了。”

演练大师:“然后再做下一个分点,怎么安上包装带,就像系红头绳一样。这些烦、累要一点点地化解,慢慢由不会变成会,由会变成娴熟,所以,工作是因为自己不会而导致的烦、累。当自己做得好了,得到别人表扬了,又加薪了,工作当然就干得更好了,自然就轻松,更想干了,是吗?”

姑娘:“是。”

实训三

怎样面对工作的失败?失败的原因自己能自省自悟,慢慢给别人感觉做起事来有风度,面对困难、失败、劳累的那种风度、气度,不但引起别人敬佩,自己也感觉欣慰、轻松、愉快,工作干得好又体面。

实训步骤:第一,把那些烦、累、差的事化小,然后融进工作中,一步一步练,练熟了,自然就能干得好,又表现出自己有经验、有气度。第二,人的涵养是把痛苦、烦恼以及人与人之间难堪的、不愿做的事,放进心里,然后加工,使之变成快乐,自己就会迅速拥有高雅的涵养,如果人只是把事产生的烦恼、苦累、不好的东西放到心里,就会感到空虚。

自古那些英雄,浩气冲天、气壮山河,他们就是把无数的敌人、艰难、甚至失去生命都放到心里,无所畏惧。对于那些工作中气派、卖力、有较高涵养的人,就是把工作中最难堪、最失败、最不愿做的事放到心里,踏实地面对,慢慢地就转化成自己的气度、风度,令人敬仰。

把众人的涵养聚到自己的身上,拿出自己的特色,创出涵养的品牌。(具体的做法是:见到每个人,观察他的言谈举止,甚至一丝眼神,把这些优秀的亮点融到自己的身心意念中,慢慢地就能把众人的涵养都聚集到自己的身上来,根据自己的长处,经常修养、感悟,自然就能使自己拥有震撼人心的涵养力了。)

要汲取大自然的魅力,如见到大山的巍峨,瀑布的含笑,雪松的忠诚,清泉的清秀,把这些都融到自己的心里,通过眼神闪现出来。哇!自己的魅力又像画、又像诗,更像一首醉人的曲子,与人相见,让人三月不知肉味。

实训四

较好的礼仪是一个人涵养的外在表现

屏幕上:在工作中的礼仪,如服装、吃饭、走路、待人接物、说话以及站在别人的角度等这些规则,平时怎样做才有涵养呢?

涵养通过外在形式到内心来修养,外在形式如衣着、言行、头发、走路及举止,走到哪里,到什么地方穿什么衣服,要适合大众的心理,穿得花花绿绿,人家感觉你没素质。说话幽默,使人心里舒坦,别人感觉你涵养高。通过培养娴熟的待人接物礼仪的技巧,把自己的涵养水平包装起来。涵养主要是内心有无限的美好,有宽大的胸怀,浩气冲天,气壮山河,众人仰慕。

【涵养力的巩固模式】

有一个涵养的最高目标→内心富贵,胸怀宽广→方法:把那些苦难化成细小的,先从小的慢慢锻炼→外在,不停地学习各方面的礼仪知识,修养自己的品性、仪表→内外完美,逐步在工作中不断地积累→形成高雅的气质。

八

美感的汲取力

世界上处处都有美的东西,一个人如果能发现处处的美,最重要的是把美汲取到自己的身上,那么你就会变得最美。

大自然到处飘动着美的音符,如果你在每寸时光里,能把碧绿的水融进你的心中,把蔚蓝的天融进你的眼中,能把逶迤的山融进你的意志中,你就成了自然界美的精灵、美的天使。社会中处处飘动着美的芳香,勤劳的人手上的老茧散发出勤劳的香味,你要慢慢地用心体会;老人脸上的皱纹里流动着人生的小溪,你要把这小溪写成诗、作成曲;在孩子的哭声中,你会捕捉到爱的渴望;在人际斗争中,你会捕捉到市场竞争中的烟火风采。如果你能把每个人的优点都汲取到自己身上,即使你是一粒灰尘,也能变成明星,这就需要美感的汲取力,这种汲取要分析别人的优点来源,在自己的言行中慢慢体会、慢慢学习,使别人的优点变成自己的优点。

生活是美的,你感觉美它就是美,这就是雨果说的,生活是一面镜子,你对它笑,它就会对你笑,你对它哭,它就会对你哭,就在于你会不会对生活笑,你笑得怎么样。有的人在寒风中笑出春天的花朵,有的人在苦难中充满幸福的渴望,这就是美的感觉。

人间处处是艺术,时时是艺术,关键是要以艺术的眼睛来发现、来挖掘。那么怎样形成美感力呢?

第一,要从意识和心态上时时处处把大自然、社会的艺术细胞融于自己的头脑中，日积月累形成艺术系。

第二，要追求美、酷爱美，对于珍惜生活的人来说，处处都是美，即使最冰冷、最黑暗的冬夜，也有许多温馨、希望的音符，越是痛苦越有幸福，越能迸发出奇特的艺术的浪花，要陶冶成艺术家，必须在痛苦、磨难中历练。

第三，处处汲取美，凡是事物都有美。

第四，处处把丑的、非艺术的东西反差为优，找出弱点的对立面，把它转化成艺术。例如，把令人烦厌的苍蝇的嗡嗡声转化成音乐家的合音，把厕所里小孩的小便转化成青山流水。

第五，人要拼搏、正直、以苦为乐、勇敢探索，这样，艺术的细胞处处伴随他的脚步，遍及他走过的每个角落。

九

爱的促进力

一个人失去了爱就失去了世界，女人为了爱而活着，男人因为爱而成功，人非草木，孰能无情？无情的人好像动物一般，这种人活着无滋无味，即使轰轰烈烈也好像光打雷不下雨。自古中外的名人、英雄，无不充满着火山爆发般的爱，对事业的狂爱，对亲人的深爱，对异性的苦爱，就是这种爱产生无限的巨能，使它创造一个美好的世界。

爱是美好的资源，多少恩恩怨怨、苦痛、幸福都来源于它。它有神奇的魔力，有超脱世界的感悟，拥有爱的人，好像拥有一切，它能使人的无限潜能无限地开发。男人成功的一半来自于女人的爱，女人幸福的背后有伟大的男人。这就是英雄难过美人关，男人在女人的爱的激励下变成了英雄，自古才子配佳人，一个普通的女子得到才子的爱，就被激发成佳人。红花因为绿叶的爱而含笑世界，绿叶因为红花的美而变得潇洒。

世上的爱有无数，可惜纯美、永恒的爱几乎凤毛麟角，不足千分之一。这是为什么呢？

其一，爱的误区。例如，男女的生理感觉不是爱。这就是很多少男少女的错误的爱，等感觉没了爱也没了。

其二，潇洒浪漫不是爱。人一旦老了，爱就随之跑了。

其三，金钱、权力不是爱。人不是商品，把金钱当成爱的人，其实是变相出卖肉体、出卖灵魂、出卖青春的时间，那真正的爱是什么呢？

爱是说不清、道不明的,共同志向、共同理想、共同爱好、心心相印的一个综合的、活生生的精灵(爱的核心是心与心永恒碰撞,并产生星光)。这个精灵的生命就是创新。不会创新,情爱就没有生命,爱情就会老死。请你纵观世上无数的爱,为什么时间不长就没了呢?就是因为缺少创新的生命,创新就是创造,每天让情感在新的大地见到新的星空。

然而爱的促进力的培养对于一般的人来说,谈何容易。这就要求:

首先,要有丰富的知识,即天才育美女,美女育天才。

其次,要有高超的艺术,即永恒的潇洒度、幽默力,这就是女人爱潇洒,男人爱漂亮的根源。

再次,天天要有新的想法、新的观念,学会逆反过去。

最后,对待爱情要比保护眼睛重要,不能马马虎虎,绝不能轻易伤害。其实,最难处的人就是最相爱的人,并且还要有高超的糊涂力。

那么一个人怎样获得爱的促进力呢?

第一,要选好伴侣。许多男人说,美女太少了,男人得到一个贤惠的妻子,就会妻贤夫祸少,事业腾飞,人财两旺。许多女人说,世上的男人几乎没有一个好人,女人找对象是第二次投胎,是第二次生命,比拥有一个博士还重要,比拥有一座金山银山还美好,选不好对象就是选不好人生。这就是说,男人找对象不找一只猫,猫又懒又馋,有事无事还嗷嗷叫,女人找对象不找一条狗,狗会狗仗人势,只会在狗窝里吃和咬人,咬外人又咬家里人,对它再好,它一翻脸便不认人。如今时代,只有高素质的人才才能适应社会,这种"狗"男人确实不少。二十一世纪,垃圾人太多了,许多人大学毕业,只拿一个空文凭,学点陈旧无用的死知识,没能力、没素质,走到社会再拼搏、再奋斗也挣不上吃,又怎么有能力去爱别人呢?没有经济基础的爱是空中造楼的爱,空中造楼是永远建不成楼的。

第二,要挖掘爱。事业中、生活中、人际中处处充满爱,就在于自己会不会爱,以苦为爱,以痛为爱,这种爱是黄连里加蜂蜜。在事业中,对事业执著的爱是永不停止的发动机,这种爱是高山流水,小溪唱着大河的歌走向成功的喜悦。挖掘大自然的爱,用雨中的情来康复心中的病痛,用青山的美来改变目光中的渺茫,用山沟里的风来舒畅沉闷的心。时刻挖掘人际的爱,在势利的人群中，反弹他们的虚伪，变成自身的幽默，用勤劳人的呼声来增添自己行动的力量，用善良的人的苦难为自己作一首黄连树下的歌。

第三，把爱化作创业的力量。爱是事业的能源，是智慧的源泉，是人的能力培养的发源地。自古以来，人类因为有了爱而成功，而有的人因为失去了爱而事业失败，这就要求要把爱转化成动力，为了别人而活着才有意义，爱别人等于爱自己；反之，爱自己也是为了爱别人。把这些爱都变成经济的色彩、人际的色彩、事业的马达，当遇到困难和失败时，当自卑时，当在病痛中不能自拔时，想一想亲人，为了亲人，再苦再难也要奋斗到生命的最后一息，那才是自豪、光荣、神圣的。

第四，培养爱、利用爱。但是不要把自己弄成情痴，天天为了爱而无所事事，到头来是一个爱的白痴，进入棺材时，只有几个空的气球。爱情鸟飞过坟头时，从不停止脚步，更不会鸣叫一声，只有乌鸦在坟头上“哇、哇”两声，再拉两排屎。哎！世上这种人为数不少，爱是在事业中产生的，在奋斗中拥有的，女人要得到爱，必须能独立。而有的女性没有事业，依靠男人，好像男人的宠物，这种悲剧来源于不懂得爱、不会爱，是对爱的践踏。

总之，爱是人类的风采，关键就在于你会不会采，采来以后是披在脸上变成佳人，还是放在屁股后见不得人。爱转化成人生的动力，需要艺术的努力、科学的实践，这样一步一步才能把爱转化成巨大的动力。

十

消除自我精神垃圾力

每个人在每寸时光中，都会产生自私、胆小、懦弱、静止看问题、懒惰以及烦恼和痛苦等精神垃圾，稍不注意就会积一大堆，如果不及时处理，会压得心脏喘不过气来，导致自己消沉、堕落甚至毁灭。清除这些精神垃圾的办法是：每分钟产生的垃圾每分钟消化。具体方法阐述如下：

其一是自我教育的办法。要时刻提醒自己，产生垃圾是正常的，要在思想、言行上杜绝或减少这些垃圾的产生。这就教育自己要积极向上，越是保护自己即自私，越是毁了自己，只有每天向自己猛地开几炮，使自己走出自小的我。

其二是转化的办法。要把这些烦恼、胆小、懒惰、静止的观点转化为前进的动力，反向转化即向其对立面转化，反差为优。

其三是存放的办法。要把这些精神垃圾找一个时刻能存放的地方，即把痛苦、烦恼、自私融进大自然的绿波中，融进小鸟的叫声中，融进天空的白云里，融进太阳的光线里。二十一世纪最大的疾病就是心理障碍，心理障碍是产生精神垃圾的机器，要消除心理障碍还要从健体、健脑、增长智慧、乐观心态、奋斗、搏击、人际关系良好等方面下工夫。这样就能更好地减少或消除精神垃圾的产生，使自己形成较强的消除精神垃圾力。

十一

消除嫉妒力

在一些人群中流行红眼病,只要你比他强,他心里就难受得痒痒;只要你比他漂亮,他的眼睛就冒红光;只要你比他官大,他就把你骂。红眼病即嫉妒病,嫉妒是看不见、摸不着的无声枪炮,你自己不知道,它却时刻向你开炮。嫉妒使无数的能人变成废人,使许多干部难以工作,使很多富翁不敢露脸,使很多美人不敢在世界现身。嫉妒使人与人之间的关系恶劣,是单位滋生的毒瘤,要消除嫉妒,就要把握一些技巧。

第一,美脸不外露,好歌不张扬。你比别人强,要学会隐藏自己,你比别人富,给人看起来穷得叮当响,你是西施脸,要扮演成东施出现(当然,在自己的爱人面前,要把西施的真面目展现)。

第二,说话、做事、领导、管理要讲究一个适度。居庙堂之高,不以己高,居江湖之远,不把自己嫌,为人不卑不亢,到什么人群,要适应什么人群。在平庸的人群中,当时要练出中庸之道的绝招(内心还是逆反平庸人,是猪鼻子插葱——装相),有时,学会“与小人为伍”(可不要直性子,正直的人会必死无疑,没有退路)。做事要委婉,学会隐身、隐话、隐情,这都是一个适应环境的问题,尤其自己的言行以及自己各方面的事实,要适合所处的心境,他人心理平衡,就不会嫉妒。

第三,消除别人的嫉妒,要像战斗一样,在看不见的硝烟弥漫中使用各种计谋。别人起了红眼病,你会用强烈的白眼光把他治成灰暗的眼;别人刚举起枪对准你，你早已把子弹打进他的脑袋。先下手为强，你要心狠果断，该出手时就出手，不要让红眼的敌人露出头，有时不该出手也出手，使别人不敢嫉妒你。

第四，要把嫉妒转化成动力，自己嫉妒他人时，要把自己这种嫉妒转化为积极向上的动力，以至于超过你所嫉妒的人。

第五，对嫉妒的人，分析其根源，从其他方面给他好处，让他在好处面前消除嫉妒心理，这是许多领导的工作方法。别人越嫉妒你，你越不能摆架子，然而对于嫉妒成疯的毒蛇，不能采取这种方式，你要利用其他的力量，把这毒蛇引跑或打死。

第六，当你在一个环境中被众人嫉妒，那你就要想办法升迁，自动走向另一天地。这不是怕嫉妒而逃亡，而是何处黄土不埋人，换一种环境，改一个面貌，使自己更好地生活下去。

人啊！世上是不可能没有嫉妒的，尤其对于思想保守、懒惰、奸诈的人来说，嫉妒是他们的癌症。要消除他们的嫉妒，需要全方位的计谋、胆量，小嫉小妒是天上的毛毛雨，不要把它当成什么了不起的事，干好自己的工作，做好自己的事，自然就消除了嫉妒。

十二

独立力

只有独立才能自主，社会变化复杂，人情变化多样，靠谁都靠不住。孩子依靠父母，等父母老了，就依靠不住了，后悔自己没有自食其力。工人依靠大锅饭，锅里的饭没了，自己就没有吃的了。农民依靠土地，随着人口的增加，土地的逐渐减少，依靠土地吃不饱肚皮，只有携着包袱涌向城市。个体户依靠门面守株待兔，市场竞争激烈，兔子少了，只有坐吃山空。干部依靠后台，后台倒了，他也倒了。女人的悲剧是依赖男人，男人没用了，她也没用了。妻以夫为贵，夫贱了，她也贱了。子以父为荣，父不荣了，子也冷落了。父以子为福，子不争气，父也就没福了……世界上什么人都靠不住，唯独能靠得住的就是自己，自己要靠得住，就要独立，经济独立、情感独立、意志独立……

独立是指不依赖别人，外国人十八岁就独立，自己养活自己，父母不但在经济上，而且在事业关系即人际关系上也没有什么支持。而我们国家的传统是，农民把自己的孩子养大，帮盖房子、娶媳妇，背了一屁股的债，一直还到老，苦楚不堪。结果儿子不但不成才，不能回报父母，反倒因为长期依赖父母，形成了没有主见，没有素质，没有能力，不能吃苦，不能克服困难，胆小、懦弱的性格，成了社会的废人。他们不但不能报答父母，反而埋怨父母，有的痛恨父母，极个别的甚至杀害父母，这都是因为没有独立的观念、独立的行动酿成的恶果。一个人要形成较强的独立能力，务必做到以下几点：

第一，从思想、观念上倾注独立的意识，一切依靠自己，一切以自我的内因为主，利用外因的社会关系，使每一件事情的解决都能发挥自我的主动性、创造性。

第二，遇到什么困难不要想着依赖别人，要开发自己的潜能，从自我身上找动力，借助外界力量顺利克服困难。

第三，父母、亲朋、经济环境、社会环境越优越要警告自己，富人育浪子，穷人的孩子早当家。外国的富翁让儿子去当乞丐，是儿子成为富翁的最捷径的途径。这里的内在根源都是独立，在条件好的情况下，务必要亲自动手动脑，要寻找一些困难，以苦为乐，只有这样，环境变了，暴风雨来了，自己也能潇洒地生活。

第四，无论学习、工作，还是编织人际关系网，不要讲这个原因、那个条件，不要怨天怨地，要从零开始，从一无所有开始（眼前再有，那是别人的，不是对自己有利，往往对自己有害）。用自己的双手向天、向地、向社会要财富、要智慧、要关系（人在有本领的情况下，只有想不到的，没有做不到的，这就要求大胆地幻想，在拼搏中磨炼自己，提高素质和能力，坚持到底，想当富翁就是富翁，想当名人就是名人），独立能实现自己的理想，这就是说，独立是学习和磨炼出来的。

第五，独立还要记住一句话，忘掉自己，死都不怕。这样，独立的能力能创造出其他更高的能力，人无所畏惧的情况下自然就能独立了。

第六，独立不是孤立，要更好地建立各种关系，用别人的手和脑为自己劳动，用别人的马为自己拉东西，这是独立性的另一个体现，也是更好的独立，独立不是保守，开放是为了更好地自主。

总之，在未来的社会中，人只有独立才能更好地生存。

十三

平凡的日子承受巨大的挫折力

当你在温暖的被窝里甜甜地酣睡，突然有一条大毒蛇窜进你的被窝，猛地咬了你几口，并迅速死死地缠住你，要把你咬死，此时你该怎么办？当你过着幸福的生活，有美满的家庭、舒适的工作，突然你下岗了，或者亲爱的人病死了，又发生了一场火灾，把你的家烧得一贫如洗，此时你该怎么办？你可能会愤怒地回击：不可能出现这种情况。可是社会飞速发展、人际变化复杂，在众多人口竞争中，地球几乎容纳不了人类的多种需求，许多事逆反常规，今天一切美好，明天可能会掉进地狱，这也是很自然的。

当今无数的下岗工人、失业人员在经济中挣扎；无数科技人员被新科技淘汰；无数昔日被喻为铁饭碗的企事业单位竞争上岗，优胜劣汰，砸破了铁饭碗，哪有铁饭碗？多数的农民种地不挣钱，甚至赔钱，一大家人吃喝拉撒靠什么；更多的个体户累死了也挣不到钱；许多企业生产滞销，资不抵债；莘莘学子走到社会上找不到工作，从天堂的梦进入现实的流浪的困境……这一切都证明了这个事实，就是说人要活着必须能承受在福中进入苦难深渊的打击，才能从深渊中走出来，进入幸福的天堂——即平凡的日子也需承受巨大的挫折力，那么怎样才能具备这些能力？

第一，要从观念、意识、心态上认为，今天在天堂、明天在地狱是平常的，早上在温暖的新房、晚上进入冰冷漆黑的恶狼洞也是自然的发展。

第二，人虽处在地狱中受折磨，但心态积极，想着明天会进入更美的天堂，那就拼命干、用智慧干，有英雄虎胆，不畏惧一切，用自己的汗水和智慧点起黑夜的明灯。

第三，要懂得生活幸福的本质是寻找困难，寻找痛苦，越苦越难，越难越练，越痛越甜，要以苦为乐。

第四，即使在温暖的被窝中被突然来的毒蛇咬死，也要笑着死，心里荡漾着甜蜜去死。因为这就是人生，人生就是有苦有乐，就是曲折的山路，就是自然的天气，有春暖花开，也有狂风暴雪，被毒蛇即将咬死时，应该想到："啊！我的人生是从温暖的太阳升起时出生，在冰冷残酷的夜中死去，这是我的人生，也是人生的自然。人间的幸福我品尝到了，人间的最痛、最难我也享到了，我的五味俱全的人生是个完美的人生，是真正的人生，体现出我人生的价值，体现出我生命的价值，我无怨无悔。"

第五，对于大多数的人来说，感觉上面一点很可笑，根本做不到，那么就要培养人超前的苦难的意识、超前挫折的感觉力，就是在温暖的被窝里有时想着毒蛇来了怎么办？今天有工作明天流浪怎么办？今天有亲人的温暖，明天亲人离去、自己孤单痛苦怎么办……记住一个秘密就是忘掉自己，死了都不怕，还怕苦难地活着吗？广大群众就有一句口头语：好死不如赖活着。

第六，要拼命地奋斗，全面提高自己，把自己锻炼成天才、英雄、超人，自己是一只小小鸟，在风雨没来之前，就长硬了翅膀。

第七，时常磨炼心理素质，锻炼健康的体魄，改变观念，天天向伟人学习（自古英雄多磨难，不磨难成不了英雄，不经历风雨怎能见彩虹），经常教育自己寻找磨难、寻找困难、寻找痛苦，切记不要自私、胆小、平庸、保守，要打破常规，超前社会，在社会的浪尖上做一个驾驶浪头的艺术家、幽默家，这样，即使早上在新房，晚上到了冰冷、漆黑的狼洞的人生，也能比在新房更潇洒、浪漫。

十四

选择力

卡耐基说,人最伟大的力量是选择。人一出生,就要选择理想空间,人生的幸福在于选择。青蛙选择了一口井,永远看不到太阳的光明;狐狸选择了狡猾,它永远得不到真诚的爱;海燕选择了大海,它一生聆听大海的高歌;小草选择了大地,它有强大的生命力,一年又一年,祖祖辈辈,送给人间绿的世界。

人呀!如果你选择了贫穷,就永远在黑暗中摸索;如果你选择了富有,就会在经济的天地里腾飞;如果你选择了自卑,就在头上套了一个铁桶;如果你选择了自信,你眼前就是鸟语花香、春江月夜。理想也就是观念,选择也就是人生的追求。

朋友啊!你的观念和选择决定了你的一生。如果你现在重新选择,你的命运也将改变。记住!有所得必有所失,当你在贫穷中选择富有时,你就会自豪地走过黎明前的黑暗;当你在堕落的环境中选择自信,你就会从一棵枯树,逐渐在寒风中迎来了春天,枯叶变春芽;当你在失恋的情愫中选择爱情,你就会发现潇洒的爱情鸟紧追你来;当你在痛苦中抹去泪水,大地的微笑等着你的倩影。

朋友啊!请记住!人间的好事可变坏事,坏事可变好事,这其中关键的关键就在于你的选择。

十五

安全力

在社会的急流中，贫富差距越来越大，人的素质、道德、能力也两极分化，生存成了一部分人难以解决的问题，再加上其他许多复杂的原因，导致社会的治安很复杂，抢劫、凶杀随时可能出现。而许多人对这一点马马虎虎，引不起足够的重视，虽然重视了，又没有足够的防范措施，这样不仅会失去财产，更可能失去性命。这是当代人生活道路上的无形炸弹，不是令人担忧、忧虑，而是令人恐怖。

据某些报纸刊登，有的人为了抢劫四毛钱而杀了人；有的人一句话也不说先把人杀了，从身上才搜出十几块钱；有的向亲朋借钱，借不来就杀了他们；更有甚者，有人竟然花钱雇人把自己的亲生父母杀了，目的只是为了钱；有的人从银行领出几百元钱，刚走出银行门口就被抢了；还有很多女孩大白天正走路，就被拖进出租车里……这一切现象说明，每个人必须要有有效的防范能力和确保自己安全的能力，否则就像一头小羊，随时会被披着羊皮的狼吃掉，那么怎样才能形成自我安全防范的能力呢？

第一，在意识中、思想上要绷紧一根安全的弦，无论跟什么人相处，无论到什么地方，都要有安全意识。

第二，要采取防范措施。如财产防范方面，要注意防盗、保密等；人身防范方面要锻炼自己认识人、分析人的能力，更要培养自己机智、勇敢的能力，使每个人形成一套独特的防范措施。

第三，最难防范、最不引起注意的就是了解你的人，如你的亲朋，这些人是你最危险的敌人。有的犯罪分子就是利用友情、亲情作为掩护，人面兽心，这一点尤其要注意。千万不要被友情、亲情所迷糊，子不嫌母丑，但个别败类的孩子不是嫌弃父母而是杀害父母。兄弟姐妹都是同根生，相煎不是太急而是仇敌，如果能揭开亲朋的面纱，就人论人，你就可以防范这一方面的天敌。

第四，要会预测未来，切记不能说没见过、没遇到就不可能发生。社会复杂，你只要遇到一次谋杀就完了，所以说，对安全问题要往最坏处想，不能经验主义，更不能老观点，也不能马马虎虎。要学会预测，遇到最凶残的事怎么办？要想出一套灵活的方案。

第五，要培养自己高超的预感力。有些事没发生就能感觉出来，这个能力的培养需要有丰富的知识，较强的观察力、分析力、运筹力，能够未卜先知，就能使人免去很多不测之灾。

第六，在日常工作、生活中，要注意一些琐碎的安全问题，必须学法、用法，还要多交一些朋友，建立关系网，失火了有人来救，闹灾了有人来帮。这样，人在智高、胆大、人和中就会少灾少难，处处平安幸福。

第七，安全来自于自身，要分析自身的特点。有钱了要学会低调，没钱了也不能摆阔，平时注意自己的言行，少与坏人接触，少去坏的场所，不去有火的地方当然不会被火烧。然而要注意，在无火的地方也会有人放火，他不但能毁了你的财产，你的生命也难以保证，因此不仅要处处防止不幸的发生，还要防微杜渐，防患于未然。

第八，不仅要练出一套防范的措施，更要练出一套防范的本领，还必须有一些防范的工具。在自己的住所，不论是门窗还是屋顶，要制成“铜墙铁壁”；对于自身，必须准备一些防范工具，防止人身被侵害。

第九，安全问题需要在实践中不断摸索，病从口入，祸从口出，要注意自己的一言一行，你说的无意，但小偷听的却有心，会引来不必要的麻烦。

总之，防范措施要在实践中不断地摸索，使自己变得越来越聪明。

十六

积极心态的培养力

积极心态就好像一个人生命的活力,失去了积极心态就失去了活力。心态不积极的人,做什么事都是客观条件统治着主观因素,一遇到困难就妄自菲薄,甚至消沉堕落。而对于心态积极的人来说,每遇到困难,越难越上,每遇到失败都充满成功的希望,他们看到的不仅是失败而且是成功之母。在他们眼中,世界没有失败,只是暂时停止成功,只要努力,借助外界力量,世上没有做不到的事,这也是世界心理策划大师拿破仑·希尔说的心态决定命运。一个人失去了积极的心态,就失去了成功的真理,也就失去了成功的希望,在迷茫中做事,什么事都难成。消沉的人做任何事都是被动、消极的,被外界所左右,处处碰壁,碰得头破血流还不知道原因何在。心态是一个人的发动机,是自我潜能开发的激发器,是刀刃的刚度,是石头的硬度,是锤子的硬度。一个人要具备积极的心态,必须要长期培养,培养的途径需要注意以下几点:

第一,世上没有失望的事,只有失望的人。做任何事要充满希望,充满力量,失败再大也要点起希望的灯。例如,失败时,要真正"糊涂",认为失败就是成功。这样,失恋的人会马上感觉到爱神重新降临,生命垂危的人心里充满生命的火光。总之,积极心态来自于希望。

第二,做任何事要往好处想。虽然做任何事要往最坏处打算,但也要往最好处努力,这是一种特殊的积极心态,在这种心态下做事更完美。这就要求做任何事,胆子越大,心态越积极,在考虑周全的情况下,越冒险心态力度越强。这种心态的培养还在于不以物喜,不以己悲,失去了今天还有明天,失去了鲜花还有绿叶,失去小的会拥有更大的,不要患得患失,更不能胆小、懦弱。

第三,知识越多心胸越广,越会充满自信,自信的人心态非常积极。这就要求自己要努力学习、丰富智慧、拓宽事业、开阔心胸,把自己培养成博学多才的智慧人。

第四,改变思维方法,用美好的眼光看待世界,世界的一切都是美的,当然自己也是美的。

第五,积极心态的人不要嘴上积极,行动消极,更不能在别人面前外露,不能让人感到狂妄自大、不自量力,虽胸怀世界也要谦虚、谨慎、戒骄戒躁,让别人感到和蔼可亲,融于各类人群中,当然包括消极人群。

第六,当一个人遇到不可能做到的事、不可思议的困难,切记不能说"不知道、不会、不能",这是消极心态的体现。应该从观念、心态、行动上坚信没有办不到的事,这就是积极的心态。心态积极的人往往做一件事成一件事,把不可能、不可思议的变成可行的。奥秘是创造、开拓,借用天时、地利、人和。这个创造就是把没有的创造成有的,不可能的创造成可能的,可能的创造成可行。古今中外无数的富翁都是从一分钱起,创造出金山、银山,中外的革命家、领袖都是从无立锥之地创造出人民群众的世界,无数的艺术家、专家都是从平凡中创造而成为那个领域的佼佼者。

总之,心态是一滴滴汗水集成的小渠,是一滴滴心血染红的血脉,需要长期的艰苦努力。

十七

坚持力

坚持就是胜利，穷和尚因为坚持就能到达南海；蠢材因为坚持学习，积累到一定的程度，量变到质变，滴水穿石就能变成天才；一个乞丐坚持拼搏到最后一口气，如同西天取经坚持了八十一难，取回了真经，也就变成了富翁；二万五千里长征就是因为坚持到生命的最后一刻，用小米加步枪打败了国民党的飞机大炮……

世上有些人不是不努力、不是不争气，也不是不聪明，而是九九八十一难，走了八十难，就因为少了那一难而前功尽弃。别人坚持滴水能穿石，他坚持不了，用钢刀往石头上戳，戳不了一个洞，不但刀断了，自己还气得要死。坚持能使铁棒磨成针，不能坚持的人再细的铁棒也磨不掉锈。贵在坚持，这就是成功的秘密，这个秘密告诉人们，做任何事要坚持到底，不能坚持就是失败，就好像回家的路走了一半就停止了，他永远也到不了温暖的家。

人在创业中风风雨雨，困难越大，离成功越近，风险越大，机遇越多。而有些人在创业中一遇到困难就三心二意，像西天取经的猪八戒总想回高老庄，更有甚者，他明明知道创业艰难，越难越坚持，坚持就是胜利。嘴上说坚持，然而在行动中，一遇到亲人的误解、能力的不足、资金匮乏、无关系无门路，就用不上坚持这句话，行动脆弱，导致一生一事无成，不但害了自己也害了亲人。

在情感、恋爱、婚姻上，坚持就是爱情，这是当今有些男的找不到女朋友、女的找不到男朋友的原因,大学生谈恋爱的成功率不足1%的原因,除经济原因之外,还有坚持的根源。坚持是一个综合、复杂的因素,坚持不到底的原因很多,这就要求创造坚持的条件,如果失去了最基本的条件,也就失去了坚持的意义。

做任何事只要目标已定,就不能受次要矛盾的干扰。不要这山望着那山高,其实山山都有木柴烧,条条大路通罗马,只要能坚持,走哪条路都会到罗马的,只要坚持,干哪个行业都能当富翁。

在情感上,人无完人,坚持磨合,冷被窝也能暖出热被窝。这就是说坚持需要创造、创新,在情感上不创造、不创新很难坚持到底。在事业的困境中,不开拓、不奋进就失去了坚持的力量。

在人际中,不委婉、不灵活,人际关系就不会持续长久。在花花世界里行走,你向世界问好,世界向你问好;你向世界愤怒,世界就给你冷漠。你向世界问好,要问一生,世界才回报你一生,不要当世界把你忘记的时候,你才在困境和悲切中怨恨世界,那就前功尽弃了,这就是笑到最后才为笑,其中的奥秘也就是哭的时候要等到笑的到来。

这几句话的意思是当现实使你不能坚持的时候,其实他是在磨炼你,这就是自古英雄多磨难,不磨难成不了英雄。而百分之九十以上的人在困境中如经济的崩溃、亲朋背叛、人力耗尽等时就说:不能坚持了,不是我不坚持,而是天叫我不坚持啊!不是我不努力,而是努力一点用也没有。用诸如不要在一棵树上吊死等错误的借口为自己开脱。

西天取经九九八十一难,已经走过八十难了却认为回头是岸,这种人听起来很聪明、很机灵,其实是一个可笑的大笨蛋,比蠢猪还蠢。蠢猪虽然蠢,他却不考虑这不考虑那,能蠢着走下去,这就是猪八戒最后也到了西天成了神仙的原因。有些人笑话猪八戒却不如猪八戒,有些人再聪明,一辈子连"一句经"也取不到,一生一事无成。这几句话的意思是在坚持的过程中,不要耍小聪明,一定要什么都不考虑,往前冲,即使天塌了,也要顶着天往前走,这一点常人难以做到。而比较笨、头脑比较简单的人往往能做到,聪明的人一遇到这种事就回头,这就是聪明反被聪明误。愚公移山感动了神仙,结果真的搬走了两座大山,而智叟再聪明,笑话愚公却不如愚公,愚公被千古传诵,而智叟却被世人笑话。

人啊!大智若愚,"愚"能使自己坚持,其实这里的"愚"是最聪明的。另外坚持力的锻炼要求要为别人而活着,为别人活着才是真正的活着,这样再苦再累也能乐观地对待,自然而然就能坚持成功。而自私的人一旦自私就胆小,胆小就懦弱,一懦弱遇到困难就坚持不下去,压制了能力,使自己一遇到困难就唯唯诺诺、患得患失,就会停止不前,导致失败。

最后,坚持的人是一个目光远大的人,是一个大公无私的人,最重要的是无论做什么事只要目标确定,对什么恐惧、伤残甚至死亡不是无所畏惧,而是以此为乐,认为这是自然的事。例如,据报道,狼之所以能爱羊,是因为羊能选定了狼作为伴侣,用自己的真情、真义来感动狼,长此以往,与魔鬼打交道,与凶恶的天敌同床共枕,真情在时间的土地里感化了天敌,使天敌变为最爱他的人。如今有些女孩找不到对象,其实天下好男人凤毛麟角,如果她能学这只羊去感化具有狼心的男人,也许能相依为命。相反,有些女孩发现男朋友一点儿不足就分手,她没有坚持考察男朋友,这种人是永远找不到对象的。

坚持不是固执,坚持就是那位老太婆看中了那根铁棒,无论如何也要磨成绣花针,不是没目标、没计划、没头脑,大事、小事、乱七八糟的事胡乱坚持,如坚持吸毒、坚持玩乐,固守自己的缺点,这些不但不可取,而且可恶。

十八
保密力

保密不仅是一个道德要求,而且是一个法律要求,保密不仅能保住财产安全,更主要的是能保住自己的生命安全。许多人就是因为保不住自己的秘密,被坏人抓住了秘密的信息,不是赔了夫人又折兵而是赔了周郎命又失去了东吴土。

保密首先要防于口,口乃万恶之源。一言既出,驷马难追,有的人就是因为一张破嘴而导致一贫如洗、举目无亲,所以说,防口胜于防毒蛇、猛兽。

其次,对于任何人要留有后手,不能轻易相信人,做人要外援内敌,而有些人往往就因为相信了自己的亲人却被亲人所害。

再次,保密要舍得放弃,因为保密可能失去眼前的经济和人际,但是消灭了人生之路的祸根。保密不是保守,保密是防止坏人侵入,是更好地开放,对于自己的隐私及有关信息,当别人知道时,要往最坏处想,如果最坏处没有什么大的问题,可以大胆表露。而保守是一种封闭,是把自己装在一个井底的洞里,永远见不到日月星辰。保密不是孤立,而是能交往更多的人,只要不让人知道,什么人都可以交往,这就扩大了人际圈,这就要求走到哪里,都不能露出真身份、真姓名、真能力,要让别人雾里看花、水中赏月。

最后,要注意自己的形象,有财不表露于衣着,还要注意,在不同的人群中学会不同的隐身术。在复杂的人群中,会时刻变换自己,抓住人群中最坏的人的心理，从而保卫自己。在有的人群中，千万不能随便好心，这种情况不是好心当驴肝肺，而是好心会失去性命。交友时要看清对方的真面目，最主要的是变换角度看对方，跟亲朋相处时，不要被亲情的布蒙住了双眼。

总之，保密是人的一个基本素质，要在言行中形成良好的习惯。

第二编

工作就是做出成果

一

决策力

★【原因】

人的竞争就是点子、智慧的竞争，尤其在如今竞争的年代，任何事都要巧干，都要有科学的决策，才能化解人际的矛盾、才能创新、才能解开诸多困惑，把事情做到最好。

决策即做事的点子、方法，决策好比开门的钥匙，又是做任何事情成功的路子。再难、再大的事通过决策，也能找出问题的根本，做起来便顺水推舟、游刃有余。处于竞争越来越激烈的社会中，成功的最佳途径就是决策，事事决策，便事事成功。通过决策，省力、省财、省时，效果最佳，并且使人轻松、快乐，难事变简单，大事变小事，原本看来不可能、做不到的事也能通过决策，让自己心中有方向、力量足、愿意做，结果是只有想不到的，没有做不到的。

★【目的】

任何事应先决策后做事，有决策加上大胆做，做任何事都会效率高、成果惊人。那么怎样才能做到事事决策呢？通过感性实训告诉他们决策的思维、决策的过程，利用抛砖引玉的方法引导他们决策的模式，平时加强巩固，就能形成事事决策的习惯。

★【存在问题】

一、做事不是动脑子想办法，而是想着赶快做完，或者怕难、怕做不成而不去做，尤其不想出力，被事情牵着走，躲一时是一时。

二、大多数人不知道什么叫决策，即使知道了，在做事时也不去想办法，始终按自己的感觉做，用自我的感觉代替决策，或者凭以前做事的经验，或者照搬别人的方法做事，不会因事而变，在变中创新，导致做什么败什么。（经验往往过时，任何事都要随时随地寻找新的方法。）

三、每次决策都纠缠在次要矛盾中，一想办法就被其中的小事绊住，撕不开，不会大胆放弃，更不会吃亏或承受小的失败以成就大的成功。

四、他们决策是走一步看一步，没有系统的想法以达到目的。

五、本来不决策事情能办好，但是一决策，事情的头绪太多，不知道该怎么办？不会抓两头，即不会往最坏处想怎么杜绝，又不会往最好处想怎么努力达到。有的人往最坏处想了，就按照结果最坏去做。原因是他以结果最坏为目标去做，能减轻心中的压力，不用往最好处努力，而决策的目的是狂想最好处，怎样达到最好。

六、不知道自己的最坏处，也狂想不到最好处。最坏处如自己生病、生意赔本，再到被人冤枉坐牢；最好处：自己要求什么样就是什么样→世上这一点最好是什么样→自己狂想最好的又是什么样，狂想到自己力所能达到的→制定出决策，如果不去执行，不会用做事来承诺，遇到新的情况，出于追求完美的心理，就会把原来的决策抛弃，导致事情越做越差。

★【艺术突破口】

做事决策表（见72页表），经过二十多年对青少年的心理实验，研究出的决策表。

青年职工怎样才能想写决策表？如果他们写决策表了，所做的事就会心中有数，做起来就会轻松、简单。因此，要让他们认清这个决策表的重要性，可以通过行为刺激来实现。

用幽默、对比的小品让两个人来演练，一开始就给他们设置难题，两个人对比做，一个人运用决策，另一个人不做决策，不做决策的结果让体验者感到惊讶，"为什么自己学历高、能力强，做出来的事情这么差，而别人相对自己来说笨手笨脚的，却做得那么优秀呢？"原来是决策。这就是用争强好胜的心理激起他们的感觉。

（如果别人给实训的职工出难题，他认为是预先设计的，还不如让他自己出难题，或者台下人出难题，让会决策的人现场表演，想出点子。）

（屏幕出现：世上没有做不成的事，任何难事、做不成的事、痛苦的事、不可能的事，只要运用决策就能快乐、轻松、高效地做出来。）

★【艺术实训模式】

世上没有做不到的事，只有想不到的。想不到是因为没有正确的方法，方法总比问题多，只要用对方法，没有做不成的事。要做到就要把任何事化成简单的小事，找到顺序，用自己快乐的心态把它们变成快乐、轻松的事情来做。

怎样变成轻松的事？把难事化小事，就简单了。怎样变成快乐的事？自己有快乐的心态，先有目标，有了目标，找到解决问题的各种办法，按照自己设置的"做事地图"，大胆行动，任何事自然而成。

决策首先就是要进行高超的分析，怎样才能具备高超的分析力呢？

首先，做任何事要抓住本质，与任何人交往，要看其需要，看其目的。学会从源头分析，顺其本质，全面考虑，矛盾运作，就会产生高效的经济性、艺术性、人际性。这就需要丰富的知识、智慧的头脑。丰富的知识从灵活的学习中得到，处处是知识，处处有智慧，并且还要学会思维革新，练出特殊的思维，才能看出特殊事物的本质。

其次，还要进行大胆的革新，积累丰富的经验，更重要的是要会超前的预测，许多事物没出现，自己就能预测出来，这样才能练就高超的分析力。

其实，高超的分析力在于平时的锻炼，向那些思想家、伟人学习，逐渐地磨炼自己，就会自己养成习惯，熟能生巧，巧能生灵。

【艺术实训过程】

甲唱（据《心太软》改编）：“事总是这么难，样样难，让我什么事都不能干，一天到晚缠在‘难’中，头痛眼花，不知道干什么？”

这个小伙子在工作中做什么事都感觉难，摸不清头绪，就抱怨：“人生真痛苦啊！我干什么错什么，读了这么多年的重点大学，我是研究生啊！为什么还不如那些农民工？问题到底出在哪里？”

乙在那里也唱：“生活多快乐啊！生活多快乐！你看这个工作就是很快乐！世上无难事啊！世上无难事……”

甲：“哟，你还在唱‘世上无难事，生活多快乐’，你看看……”

乙说：“哪有难的？我跟你比一下看。现在大学生干营销工作感觉是最难的，现在这种电子产品是最难营销的吧，不认识人，也没有关系，这个东西又没有人要，那怎么营销呢？先决策，第一，是营销人员就要注重本人的心理、仪表、气质，拥有快乐的心态，像原一平一样，虽然很丑，但是他用快乐来震撼人；第二，要把这产品变成别人最急需的；第三……”

甲说：“你不要说了，什么第三、第四烦死了。你就说怎么给我卖成钱就行了。”

乙：“用自己的气质、快乐的心情，一步一步地满足别人的需求。一开始碰壁是经常的，有时唱着歌感动别人，慢慢就把自己锻炼得很厉害了，产品就卖出去了。即使卖得不怎么样，挣不到多少钱，终会慢慢地成功，做其他事也就厉害了。”

甲：“你就是会说，哼！这个难事你给我怎么解决？”

乙：“你现在还有哪些难事？”

甲：“比如说，这过不去的山，你给我想办法过去？”

乙：“先拿出决策表，我就想，难道这是火焰山？不是火焰山。那么凡是有人走的地方，我就去调查信息，收集信息。过不去的问题在哪里？然后慢慢找，我不能像穿山甲一样挖洞穿过去，也不能坐飞机飞过去，只有走哪个小道穿过去；另外，还要带一些工具；最后借助别人的力量，把这些问题写在纸上。”

甲：“你说的啰里啰嗦，谁想听啊？”

乙：“这就叫决策啊！决策就是想办法、想点子，收集信息，怎样把这个问题解决，你找出来解决了，不就行了吗？”

甲：“不听你那一套，你就说这山怎么过去？”

乙：“很简单，在这山边找当地的人问一下，先一步一步找脚印，让他引导，给他一点钱或者与他交朋友，自然就过去了，或者带着东西……”

甲：“山爬不过去怎么办？”

乙：“身上扣绳子。”

甲：“扣上绳子也不行怎么办？”

乙：“我先练练呗，总是有办法的。”

甲：“我不听你那一套，这个地方又没有高山，也没有办法试。那你现在先解决这个难题吧！老板说我做错事了，说我很傲、很自负，单位让我走人，同事也这样说。我现在就看准了这个单位，因为这里有个女孩很不错，虽然我们这里面不准谈恋爱，但我们两个暗中传情，这样既能得到事业，又能得到爱情。但是老板就故意找我的茬子，叫我花一千块钱买两万块钱的酒，这不是故意叫我做不成吗？做不成就要把我赶走，你说怎么办？这个问题你给我解决！”

乙：“万事都有解决的办法，你先把我这张纸（决策表）拿去。”

甲：“我拿这张纸？我现在是要在这个单位……”

乙：“你听着，一步一步来。”

甲：“好，我拿。”

乙：“只要你听我的，到时候就有办法。”

甲拿着这张纸。

乙：“写上你有什么事，你的要求，你的问题是什么。”

甲：“要求：在这个单位要工作好，问题：老板故意刁难、找茬子，想炒我鱿鱼,故意让我自己结束合同。”

乙:“这件事最坏的结果是什么呢?”

甲:“最坏是不管我怎么做,老板都赶我走,并且我的女朋友也不要我了。”

乙:“那你认为这件事产生的原因是什么?”

甲:“他们认为我太傲,不听话。”

乙:“那改掉傲、不听话不就行了吗?”

甲:“这叫我怎么改?”

乙:“先相信自己能改,世上一万个问题,总有一万零一个解决的办法,你先抓住问题的突破口。”

甲:“我现在急得难受,怎么去找问题的突破口?”

乙:“问题突破口的发现,就是抓住这个问题,往最好处想怎么去办,有多少种办法。”

甲:“最好处是:第一种,老板能原谅我;第二种,我能借到两万块钱买酒。”

乙:“第二种办法不可取,你这次就算掏钱,但老板总是要撵你走的,这个不是最好的办法。怎样让他能原谅你呢?你要知道他对你生气的根源是什么?”

甲:“我不认真工作,太自负了。”

乙:“这不就出来了吗?那你自负的原因是什么,它的相反面是什么?”

甲:“是谦虚。”

乙:“好。”

甲:“可我现在就找老板道歉也不行。”

乙:“那是你道歉的方法不对,你到那里说‘老板我错了,你留下我吧’,烦死了,谁理你啊!那你能不能摸透老板各个方面的心理呢?”

甲:“他那个人做事很认真、很细致,各方面非常精明。”

乙:“对,这种人非常精明,那你怎样才能让他原谅你呢?你的长处是什么?”

甲:“我喜欢画画。”

乙："好，有了，你知道你的老板最怕的是什么？"

甲："老板最怕是自己违反道德。"

乙："好！有两个办法，第一，你用漫画的形式，表达出自己忏悔的心理，以及忏悔后的那些行动，然后下面打上字，装成一本小册子，跟老板手下最信任的人交往，让他拿着册子给老板看，让他说情。第二，你亲自找老板道歉、哭，你一哭，老板从道德、良心上受不了，自然就会原谅你的，你会哭吗？

甲："不会哭。"

乙："你想到你的女朋友走了，自己的工作也没有了，想到自己流浪的时候，你最悲伤的时候老板整你，难道你不悲惨吗？"

甲："是够伤心的，虽然有的时候男人不掉泪，但是这也够苦的了。"

乙："你就练掉泪，到那里哭，说'我错了，确实像我们这些青年……请您原谅我，以后一定改……'他如果一直不理，那你就跪在他面前，他最怕的就是别人给他跪着，你给他跪着，从你自己的人格等各个方面反省自己的不足之处，虽然违反了一个道德范围，但是既然自己想要这份工作，那么大丈夫就要能屈能伸，此乃屈也！"

甲："你这个点子不科学，教我跪着，那不是丢人格吗？"

乙："哦，你真不识趣，你自己自负，道德不行，那就必须用道德来弥补。这叫以毒攻毒，效果是最好的，百分之百的保险。"

甲："如果老板不见我，即使跪着，他也看不见。"

乙："你的单位不是有摄像头吗？他肯定能看见，那有录像，你对这个过程相信吗？"

甲："确实起作用，从各个方面都起作用。"

乙："对，然后你再好好工作，认认真真地去做。"

甲："哦，这样，问题竟然都化解了，你的这个办法到底从哪里来的呢？"

乙："现在拿笔写这个'解决问题的地图'，也就是做事的决策表，先把事情写上去，再找出其中的问题，问题往最好处想怎么去办，挖掘自己的潜能，借助别人的力量，慢慢行动下去，世上没有做不成的事，这就是人类常说的'不怕做不到，就怕想不到'。"

甲："这个决策表有这么神奇吗？不过，听起来确实感觉挺厉害的，那怎样才会用这个决策表呢?”

乙:“平时任何事按照下面三个步骤:第一步,像美国管理学家、心理学家勒温所说的,拿纸,把所要做的事写上去;第二步,找出问题,往最好处想,有什么办法;第三步,用自己的潜能或借助别人的力量,考虑怎么实现,最后行动到底,这样形成习惯,你就成为做什么成什么、想什么就成什么的人了!也就是会用决策表,就是心想事成的人。”

屏幕上总结:世上的事都像打不开的门一样,一个门有一把钥匙,那么,“钥匙”是哪里来的呢?是决策。任何“钥匙”,只要自己想找,总是能找到的,这个钥匙怎么找?就是决策表,这个决策表用得习惯了,就能解决任何事,用决策表不要怕麻烦,平时先从小事练起,到一定程度,就喜欢写了,写到一定程度,脑子就聪明了,收集信息,借助别人的力量,事事就会决策成功了。

实训师拿出决策表,然后讲解使用的方法,以及怎么形成习惯。

★【使用方法】

每次做事前把事情写到纸上,当自己不想写、怕烦,想一想自己的亲人,以及做不成事的痛苦,自己鼓励自己写,第一个星期是鼓励,第二个星期得到决策表价值的刺激,第三个星期自然就想写决策表了,以致以后就形成习惯了。

★【效果评估】

找台下的几名对决策表有点质疑的青年职工,让他们自己说出难事,然后拿出决策表写,他们会自然惊奇地感觉:用决策表,任何事简单容易,不用决策表,一遇难事,就迷茫、困惑……

★【决策力的巩固模式】

做任何事想着结果(最好拿决策表或一张白纸)→向最好处头脑风暴

（即狂想），向最坏处想与实现目的所产生的问题→对于问题，挖掘潜能、借助外界力量，怎么一点一点解决→从琐碎的事练起，形成习惯。

事情目标计划表

（不决策不做事）

这是任何单位的决策官、智囊团做的事情。没有目标，什么事情做起来就乱，耗费精力，难以做成；有了这个，做事必成，一做就知道了。

事情	存在问题 及解决办法	最好处努力 最坏处杜绝办法	挖掘自己的潜能和 借助别人力量途径	具体 执行人	做的 时间	备注 （处理与其他人、事矛盾）

二

没有任何借口

★【目的】

任何单位都不要有借口的职工，因为人一旦有借口，什么事也做不成。世界的秘密是：凡是有借口的人，自己堵了自己的路，拖延、推诿、懒惰、疲惫、痛苦，而没有借口的人，只要领导一布置命令，即使眼前再不可能、再难，哪怕刀山火海，自己唯独有一个想法：现在立即行动，拿命冲！

★【存在问题】

一、对于80后的青年职工，很多人都依赖别人，领导一布置任务，他就有“自己不行、怕、恐惧”的心理。消除这个心态的办法，就是先做，像玩一样先冲，然后动脑。

二、做事时，不是想着克服困难，做出最好的结果，而是一遇到困难就想办法找借口，把任务推掉。

三、没有把事做出来，不管什么理由都是借口，许多职工不懂这个道理。

【艺术突破口】

一、为什么富和尚到不了南海，而穷和尚能到南海？富和尚虽然有很多的钱，但是一遇到困难就掉头；穷和尚虽然只有一个钵，但是一直往南行，遇到任何困难，还是往南走。世界的秘密是：只要没有借口，一切点子、一切灵感就都出现了，行动也更有力。

二、美国的将军格兰特，前面的几个总司令只是找借口、找原因，而格兰特就是冲，最后成为伟大的将军。

【艺术实训过程】

实训一

一位女职工，她是机械专业，老板让她进行企业经济合作，她说行。

其实，她不懂经济，又不懂社会人情，时间又紧，自己又没经验，又没人帮助，她先是短时间内在网上查找有关的信息，然后找出类似的广告来回研究，中午吃饭时也想着，又请教有经验的人，她写了报告，改了又改，试了又试，然后再找专家参考。

当她把报告拿给老板看的时候，老板感到非常惊讶，就问她是怎样做出来的。

她说："其实，你所布置的任务，我什么也不懂，感到很难，但是我一想，我一定要把这件事做好。我就去挖掘材料，挖掘天、地、人的材料，用积极心态，带着激情想办法，一步一步地把大问题变成一个一个小问题，慢慢地，那些不懂的有一丝门路了，逐渐就产生奇迹了。"

老板问："那什么原因使你不找借口呢？"

她说："以前，我一做事就到处找借口，连自己也不知道，就想'我就拿这一点工资，为什么不让厉害人去做？'我只想着钱、想着自己，又没有足够的时间，我也不懂，就抱怨、推脱。最后，我在痛苦中才明白，借口都是自己找出来的，找借口会使人变得懒惰、头脑痴呆、心里难受，人际关系差，找借口是处处害自己。我发现，遇到任何事，立马去做会使人的精神变得爽快，头脑也聪明，人际关系也变好了，遇到任何难的问题也能慢慢地化解了，奇迹就出现了。"

老板说："那你是怎样消除借口的呢？"

她说："第一步，领导布置任何事，先动手去做，这个时候千万不要去想。第二步，在行动过程中，想办法把那些问题化小。第三步，借助别人的力量，一步一步地鼓励自己，没有做不成的事。第四步，先从小事练，慢慢地再从最容易找借口的事练。再从不愿意做的、讨厌的事练，逐渐形成习惯。就会发现，表面上时间不允许、经济不允许、别人捣乱，这些都是假象，就好像有一个人骑自行车行七十多里路，平时用两个多小时，但是当他顶着寒风大雪，却用了一个多小时。当一个人没有借口的时候，就拼命了。一拼命，任何客观原因都会败在自己的脚下，我想这也就是身体残疾的马文仲，学历低、又没有钱、生活也不能自理，却能创办一所学校的秘密所在。"

实训二

青年甲对乙说："听说那些厉害的人能把不可能的事变成现实，我不相信。"

乙说："走，我带你去看一看。"

他们去找那个没有借口的厉害人丙。

甲单刀直入："我感觉人都差不多，其实，我们的条件比你们还优越。但是，像你们这些条件不行、身体不好的人，遇到不可能的事、难的事一做就成，并且还很快乐。而我们这些人，也不知道是什么原因，一听什么事，头就蒙了，心里就害怕、恐惧，就想推脱。如果推不掉，就等着别人帮，如果做不出来，领导一批评，我们就找这原因、那原因。"

丙笑一笑，说："其实你们很优秀，只是我们先做了一步，就是只要领导一布置任务，或者是不可能、很难的事，就想这是自己的命。如果做不出来就丢命了，不管眼前是刀山还是火海，第一个意念就是冲击，在冲的过程中马上决策，在干的过程中逐渐把大困难化小，然后再借助他人的力量，这样，就没有做不到的事。遇到难事、令人恐惧的事，你越觉得难、越怕，它越欺负你。如果你不怕它，它一下就倒了。首先是用勇气冲倒，想办法去冲。”

甲说：“谁会拿命去做事呢？”

丙说：“对！关键就在这里，做任何小事，或者差事、难事，只要拿命拼，如果做不出预期最好的结果，自己就丢命了，英雄往往都是逼出来的。你们青年人这么多年，干不干都一样，也不愁没有饭吃。其实，我们不一样，我们如果不干，就没有饭吃了，就会饥饿、痛苦，只有冲击！另一个方面，任何做事的时间都是生命组成的部分，要当成自己的命，只是有些人还没有理解罢了。”

乙说：“噢！等到没吃、没穿，饿倒在路边，就能冲击了。”

丙说：“对，背水一战，只给自己前进的路，如果给自己留有退路，前面就没有路了。”

甲说：“我的一些朋友，从小到大没受过苦，他们宁愿待在家里饿死，也不会拿命拼，这种人多了。”

丙说：“你说的也是，他们还没有被逼到一定的程度，当他没有吃、没有住、病痛交加的时候，人的本能就闪现出激情，就自愿去干了。”

【没有任何借口的巩固模式】

锻炼一天没有借口，到一星期没有借口，这个过程是做一般的事、容易的事→在工作的办公室里贴上“没有借口”，在自己的床头贴……慢慢地暗示自己、督促自己、鼓励自己→找那些比较难的、不愿做的事做，练没有借口，习惯成自然，逐渐就成为没有借口的人了。

三

绝对服从

【目的】

一、对于任何员工，绝对服从是最基本的职责。然而，现在很多青年职工，一方面表面服从，内心抵抗；另一方面是想服从，但是不知道怎么服从，平时道理都懂，决心很大，但是在执行过程中无意中就拒绝、抵抗、捣乱。

二、怎样使现在青年人从心理、行动上都能严格执行命令，并且做出结果呢？要求从心理、意念、行动上处处服从，即使领导错了也认真执行，形成一种惯性的执行力。

【存在问题及解决办法】

一、想执行也想听，但是一到做的时候，就是拒绝、抵抗甚至处处捣乱。这是最难解决的，因为他凭自己的感性，自己抵抗，连自己也不知道。尤其是看眼前，自己的潜意识认为不对，可就始终按自己的观点，走不出自己的思维圈子，导致做的时候，远离执行的目标、制度、方案，因而处处背离命令，这是青年人普遍存在的一个问题。解决办法：要在平时训练他的思维，在娱乐、开会、课余的时候，在他心情好的时候训练，领导故意说错，让他按照领导的错误思维去做，这样就能打破平时的惯性思维圈子，形成惯性服从，如果做到这一点，慢慢就能服从到底了。

二、绝大多数青年职工都自负，不想听从别人的指挥，即使领导全都是对的，他也不想听。解决办法：谦虚刺激，执行是自己的生命，服从就是自己的灵魂。

三、很多青年一听到命令感到难、怕、不想做。解决办法：遇到问题先找目标，然后找方法，把问题化小，自然形成惯性，就能服从命令了。

四、有的职工不服从，认为领导说的话无所谓、价值不大，所以做起事来马马虎虎，妄图糊弄过去，导致做的结果很差。还有一个方面，领导一做错了，这个领导在他的心中就没有威信，不管领导怎么说他都不执行，就抵抗，这是青年人的本性。作为领导，要尽量少出错，但领导说的往往都是对的，青年人想的都是领导的错，其实到头来都是自己的错。虽然意识到自己的错，但是每次做事的时候，始终认为别人是错的，认为领导说的无所谓，跟自己提高工资无关，因为他看问题光看眼前、太片面，这个问题怎么解决？对于这一点，要把领导布置的任务看做是自己的生命，要认真执行，不然自己就被自己毁掉了，给自己一些压力，然后细心、专心地做好每件事。

五、只看到眼前一点，看不到事情的各种矛盾，导致一听到任务，凭着眼前的感觉就抵抗。一方面，单位的规章制度暗示领导永远都是对的，为什么对？领导就是抓全盘，而自己只看眼前，平时提示自己明白这个道理。另一方面，作为领导，在职工做事的时候提示，领导总是对的，职工在做的时候力度不够、磨洋工，要让职工知道这样是做不出工作来的，任何命令都要坚决执行，即使错了也要执行到底，这就是执行命令的一种思维和惯性。尤其在平时，职工要坚信领导是对的，即使领导不对的也要听，认真做好工作。

六、有些青年职工认为领导没有威信，暂时受点委屈，就不想干了，好像自己是条龙，被这“毛毛虫”来领导，感到窝囊、受不了。面对这种情况，一个是从理念上实训，世界上任何差的领导，既然是自己的领导，自己哪怕再好，也要服从领导，这是职工最起码的道德和素质，如果没有这个素质，自己将永远是废人。然后反问：自己为什么不当头呢？为什么现在还在人家的手下干呢？人在屋檐下，不得不低头，低头才能抬头，怎样低头？第一步，要学会谦虚，要有“服从领导”这个基本的道德和素质。第二步，尊重领导，子不嫌母丑，狗不嫌家贫，单位再差也要热爱单位，热爱领导，自己才是一个合格的员工。第三步，平时学会倾听比自己差的人讲话，才能提高自己，形成一个惯性思维。

七、有些职工表面上听、背后抗，做事力度不够。解决办法：利用奖惩刺激，凡是做不出结果来的，惩罚、开除。而精心、用心、全力以赴、做事效果好的，奖励提升。

【艺术突破口】

一、立马执行就能服从。

二、认为领导不对就故意抵抗，找各种借口等，只要执行了，全部就消失了。

三、惯性的感性刺激，要让自己的感性慢慢升华到理性，消除自己跟着感性走、认为不对的就抵抗，了解单位整体的观念，让自己不会因为自傲、只看眼前而产生抵抗。

【艺术实训过程】

实训一

（领导正在批评一个青年）领导：“这个事我跟你说了多少次，为什么反复出错？”那青年一听领导批评，脸色就变了，不停地找借口和理由来保护自己……

这个青年被炒了鱿鱼后，垂头丧气地找实训师：“我的领导怎么如此不讲理！他指挥的也不正确……”

实训师推心置腹分析原因：“领导再不对，职工必须听，这是自古以来最基本的道理，也是对职工最起码的要求，如果不听领导的命令，就没有资格做他的职工了，领导即使是错的，先服从，执行后再提建议……”

青年："他错就错了，他还天天批评我，谁能受得了？"

实训师："我们青年人一听到别人批评，怕丢面子，不想按领导命令的方法去做，即使做了，不知不觉又转到自己的思维里，领导越批评，他越怕、越破罐子破摔，就好像薄冰一样，一下就碎了，导致他即使想听从命令也听不了。原因是跟着自己的感觉走，但当他陷于恐惧当中，别人说的话他都听不见了。这个时候，作为领导应该离他远一点，或者给予鼓励，而有些领导一看职工错了，无意之中就是发怒，导致同事都瞧不起这个职工，对他而言是雪上加霜。对于这种情况，作为职工，自己先想着：领导批评我是为我好，是在拯救我。如果领导批评得正确，自己改正缺点，用'我是优秀职工'来鼓励自己、暗示自己；如果领导冤枉自己，大家都瞧不起自己，自己更要争气，更要好好干，使别人的笑话变成赞扬，把那种不服气的逆反变成动力，这就是"逆商"，经常实训，形成习惯。

第一步，领导批评自己，刚开始的时候，自己装着没听见，好好做事。第二步，当领导批评的时候听见了，自己还是做事，转化思维。第三步，领导批评自己，想着是对自己好，自己要好好干。第四步，领导冤枉、同事笑话、自己实在受不了时，更要争气，锻炼自己的'逆商'，挖掘自己的潜能。"

青年："我明白啦！职工的首要职责就是服从，在服从的过程中，相互协调，把工作做好……"

实训二

"绝对服从，领导都是对的"观念演练

扮演职工的人，领导叫他做什么，他就做什么。

领导在前面演青蛙跳，他就青蛙跳。然后，领导学着乌鸦叫得难听，他就学着乌鸦叫得难听，他不能创造，先练绝对服从领导，领导永远是对的。先从体力实训，有时领导在设计这种演练的时候，故意叫职工做也做不到的，故意逆反他、刺激他，形成条件反射。

绝对服从命令，可以先演几个执行迅速的。

领导让大家笑，大家都笑，领导让大家哭，即使哭不出来，也要"呜呜"使劲哭。领导说："大家现在跳楼，走到这悬崖开始跳，预备"，大家就开始预

备，领导不可能说漏嘴“跳”的。如果说漏嘴，领导在悬崖跟前说“大家预备向后跳”，没想到有的人不服从命令，向前跳，摔死了。

这不是思维倒错，领导叫“预备，准备跳”，或者是领导说，“开始向后跳”，而有的人向前跳了，一个是思维定势，第二个是他按自己的感觉，不按领导的感觉，不服从命令，没有应变能力，以及太自我了，导致自己倒霉。

或者有的人说“我就是不跳，一跳不就摔死了吗?”他就不知道领导是热爱职工的，领导是不可能叫人跳楼的。

【绝对服从的巩固模式】

（观念:命令如山倒）领导永远是对的→任何问题，想办法坚决执行，即使领导错了也要执行→形成一种倾听力、执行的力度，做到最好→实训内容:领导错了，看眼前、自以为是，也让自己去倾听，去执行→从细小、无所谓的事，做到最好（做事方法:做事专心、细心、精心、积极主动、开拓创新，把命令做出最好的结果）→自然服从命令，拥有服从力。

四

工作就是快乐
——积极心态的人总是有运气的

★【目的】

许多职工认为工作就是苦、累、烦的事，他们一遇到点事，就痛苦、脆弱、悲观、失望。其实不论工作、生活还是人际，都是在痛苦中才能真正酝酿快乐和幸福。那么，怎样使现在的青年职工把工作中的一切苦难、烦躁、无味变成幸福、快乐呢？

★【存在问题】

一、对于体面、高工资的工作，自己才能感到幸福快乐，如果是一般的事情，就感到无味，受一点委屈就感觉迷茫、痛苦。尤其自己生活在幸福之中，忍受不了别人一点好，如果别人比自己强，就难受至极；

二、在困难、痛苦中自卑、破罐子破摔，不知道越是困难、倒霉的事越孕育着运气和机遇。

【艺术突破口】

一、把烦、累、无味的工作加进自己的兴趣,工作就会快乐起来。

二、为什么好运的人始终好运?原因是:在好运中,他能看透事物的本质,谦虚谨慎,所以更好运;在倒霉的时候,他能吸取教训,沉住气,注意观察,拼命搏击,反而能得到十倍、千倍的大运气。根本原因是:倒霉孕育着更大的运气,不管好坏都能促进自己成长。他永远是以积极的心态、向前冲,去适应社会。

三、为什么在有的人面前,没有好事、坏事之分?因为不管他遇到什么事,总是快乐着、说自己行,当遇到差事、烦事了,激励自己;看到更差的人,关心他、热爱他;发现自己太好了,更加谦虚地努力学习;在倒霉、坏事中,自己寻找原因,向自己开刀,发现哪方面不行就改变哪方面,自己慢慢地就成长为非常优秀的人。

【艺术实训过程】

《谁动了我的奶酪》和《一分钟经理》的作者斯宾塞·约翰逊,写了一本书叫《为什么幸运的人总是幸运,倒霉的人总是倒霉?》。

演练大师幽默地出现在几个青年人面前,说:“请问,这其中的秘密是什么?”

有人说不知道,有人说幸运的人品德好,有人说幸运的人有能力,有人说幸运的人向自己开刀,有人说幸运的人会做事,有人说幸运的人适应社会……

演练大师说:“其实,只有一个小小的秘密,那就是‘如果你把生活中的一切变成幸福快乐,所有的一切都是幸福快乐的’。你认为一切都是好运气的,那么,你就能享受到运气的福气,而且能谦虚、谨慎,不会乐极生悲。即使遇到令自己痛不欲生的事,自己还是感觉幸运,能沉住气。任何事往往是灾中有运气,痛苦中有最醇的甜美,大难不死,必有后福,拥有这种积极的心态就能鼓起信心，等到好运气的到来。”

有的青年说：“你说的这个道理我们都懂，但是在现实中，为什么一遇到倒霉的事就越倒霉，不是你说的那么回事呢？”

演练大师说：“这需要练一种心态，下面我们就实训，你们提问，不管什么痛苦，我都能把它变成幸福、快乐。”

甲青年问：“我找的工作又累、又差，我的学历高，很多同学原来都比我差，但找的工作各方面都很好，他们都是靠后台，工作舒服又轻松，我感觉他们好幸福，我好难受啊！我受不了！”

演练大师：“你知道整个社会的变化吗？社会越来越需要依靠自己的本领站住脚的人，尤其在青年时期，最好的工作就是能使自己成长、锻炼自己的能力的工作。人在艰苦中最能锻炼自己、迅速提高自己，你认为他在舒适的工作中能锻炼自己吗？温室里的花朵跟风雨中的花朵，哪一个更适应环境？”

甲青年答：“当然是风雨中的花朵厉害，但是我就是受不了风雨。”

演练大师：“自古英雄哪一个不是在青年的时候受了很多的苦？‘有钱难买少时贫’，你要慢慢鼓足劲，认为自己是幸福的，那么对于现在的工作，慢慢就感到幸福了，在工作当中不想做、不会做时，就把困难化成小的、一点一点的。”

甲青年说：“我知道把问题化小，但是做的时候总感到痛苦、难受，我也克服不了自己的这种感觉。”

演练大师说：“你做的时候，就想着那些比你更差的人、比你更痛苦的人，对比一下，你做这工作还很好，不就感到幸福了吗？做人要向下看，做事要向上看。”

乙青年问：“我到那个单位，他们都是帮派，欺压人，我受不了，怎么干都不行，他们是对人不对事，我拿的工资又少！我沉不住气，好难受啊！我出去再找工作也难找，你说我能不痛苦吗？”

演练大师幽默地笑了一笑：“请看录像，李敖说‘自古英雄都是逼出来的’，他们拉帮派欺压你，你就找自己的原因，如果是自己的能力差，就拼命地学能力；如果是自己不会说话，好好改，努力提高，发现自己的哪方面不行就努力变成行；如果最后他们还是要把你撵走，那你已经成长为一个非常厉害的英雄，到任何地方都肯定非常好。像你现在那样的单位是不会长久的：一方面，个别铁饭碗单位中，被人欺压、挤压而出来的人，往往很多成为富翁、名人；另一方面，铁饭碗单位都要进行改革，不可能一直那样下去。那么，你在那个环境中，不是意外的有运气吗？拥有这个'运气'你不感觉很幸福吗？"

乙青年说："那也是，但是当时就是沉不住气、受不了！"

演练大师劝他道："当然喽！当年的黄连树下，加点音乐、加点糖，自己鼓励自己，认为自己都是好的，就像雨果说的，'你对生活笑，生活就对你笑'，你确实感觉生活美，自己还有一口气，这算什么！"

大家都感到很幸福。

演练大师总结："世上的一切事都是幸福的，不停地随着社会而变，哪方面不行，用积极心态去争取，慢慢地，自己就会变得非常优秀，也很快乐。"

下面放几段录像：

一、重庆那个擦皮鞋的人，一边擦皮鞋，一边听着贝多芬的音乐，动作好像跳舞一样，很优美，他感觉幸福快乐，几年以后就成了富翁。

二、策划师王健中，在当兵的时候，上面派他养猪，他把床搬到猪圈里，训练猪"起立"、"坐下"，他感到无限的幸福，这就是任何工作越是苦难越幸福。

三、苏明尼达的一个鱼市中，工作幸福就是挖掘工作里幸福的基因，把它转化成幸福，这个鱼市又臭又腥，但是他们利用团体在一起喊着口号，感觉很快乐，团体力量是最伟大的幸福。

【工作就是快乐的巩固模式】

认为任何事都是幸福、快乐的→把无味、烦、累的工作转化成自己爱好的娱乐→抓住痛苦、困难当中的机遇，沉住气→鼓励自己，好好坚持→对一切事加上幸福快乐的方式，像音乐、幽默→慢慢地形成一种心态→做起任何事，就感到生活的每一分钟都是幸福、快乐的，也就是好运的人总是好运，倒霉的人总是倒霉。

五

工作魅力
——任何苦、累、难的工作变成轻闲、高效率的“娱乐”

★【原因】

当代青年职工尤其是独生子女，在工作中常常怕苦、怕累、要面子、做事马马虎虎、找借口、推卸责任，其根源就是他们感到累、苦、不想干，也就干不下去。怎样把这些苦、累、不想干的工作变成喜欢的事，像打游戏、谈恋爱或者玩一样呢？当一个人热爱工作的时候，他工作起来就会专心致志，从不会到会，再苦、再累也不会感觉累，再加上尤如打游戏时那种快乐的心境，自然都能变成高效率、轻闲的“娱乐”。

★【存在问题】

一、对工作的认识问题。一听到“工作”这个词，就认为劳累、紧张、呆板、有压力、受人管，如果干不好，就会受到领导的批评，就认为工作是苦的，像奴才一样。其实工作并不是他所想象的那样，真正会工作的人认为，工作比玩、谈恋爱、旅游等还要心旷神怡、洒脱、快乐。这就好像有些学生一听“教育”这两个字，就以为是受批评或者强压，岂不知具有高超的教育艺术的教育家，能把任何难的、累的、深奥的知识变成娱乐一样，让人感到很轻松、很愉快，其实，真正的教育是平等的，是用爱来感化、在幸福中进行的。为什么会产生“一提到教育就感觉头疼、有压力”的现象呢？以前没有受到“工作就像娱乐”这种高科技方式的熏陶，就好像有些学生从小到大没有亲身感受过创新教育、艺术教育，只是受到古板、填鸭式的教育方法的影响，所以一提到“教育”就头疼。

二、做事时的心情问题。自己遇到事，就把烦躁的情绪带到工作当中，导致不想工作。比如生气，或者没有睡好觉，做工作就马马虎虎、应付、推脱。

三、工作的价值问题。认为做这个工作一时难以挣到大钱，边工作边想着外边还有好的，与好的同学攀比，只想好工作或者只想得到好的婚姻。认为有钱才能有爱情；有钱别人才能瞧得起自己，做这个工作，眼前虽然不错，但是不能在短时间内挣到大钱，虚荣导致工作不专心、心猿意马。

四、工作中配合的问题。一个团体互相配合就能产生一种良好的心境，如《鱼》一书中讲到，美国的派克街鱼市，虽然又臭又脏，但是那个团队在一起互相配合得很快乐。而现在有的团队是互相拆台、打击，或者互相瞧不起，导致一进入那种人际环境，就感觉烦躁。

【解决办法】

一、对于认识问题的解决：认为眼前的工作不是娱乐，怎么才能把工作转化成娱乐，让他亲身感受到？比如，第一种情况，上班打电脑怎么才能感觉像弹琴或者唱歌一样，其中每一个音符都是爱的音符。第二种情况，对于应届毕业生，问他见没见过一种教育，就是任何难的事情，比如死的英语单词，都能变成最快乐、最幸福的游戏，使人感到轻松，并且学习的效率很高，而且告诉他，其实工作就跟这种教育是一样的，他一类推，就会明白了。第三种情况，对于性格比较直的老职工，就让他找出最恶劣的工作环境、最恶劣的人际关系，让人喘不开气，又烦又乱，工作又不会，一做就错，对于这种情况，实训师当时就实训给他看。

比如，一个身体残疾的人，他只有一只手，别人都笑话他，领导想开除他，他想做一名机械工，于是自己激励自己，认为自己“行”，认为当机械工是一件美好的事，工作起来特别卖力，人家笑话他，他很幽默地把两只脚伸出来拧螺丝，没想到，那种娴熟的动作、快速的工作速度，使潜能得到巨大开发，一边还唱着幽默的歌：“你看！我不是有三只‘手’吗？”别人感觉他很幽默，慢慢地他干得非常好，工作产生价值了，老板要的就是效益，本来想开除也不开除了。当你做一件不想做、不会做、感到难的事的时候，有一个绝招，就是往后退一步，把问题化小或者故意往差处做，在自己高兴的时候用决策表，借助别人的力量。

二、工作价值问题的解决：认为做这份工作挣钱太少，想着别人挣钱多，如果指望这个工作找对象、买房子，干八辈子也不行，并且家里还要钱，那怎样才能让他知道，扎实地做好这份工作就是当富翁的最佳途径？往往那些总裁都是从营销员做起的，多数东南亚的富翁从小都是从最苦的打零工、拾破烂、卖报纸甚至当乞丐做起的，为什么？这代青年尤其要经历一段风雨历程，才能见到彩虹，道理虽然是这样讲，他也听得懂，但就是不想做。他们认为，如果再这样下去，家里要钱、女朋友也离开了、自己的年龄也大了，他就会急、贪，怎么办？

第一步，认真做好每一件平凡事，就能出惊人的效果，任何伟人都是从最低、最平凡的事做起成为伟人的，锻炼各种能力，形成一种正确的思维模式，就是做工作要细心、耐心、没有借口，热爱自己眼前的工作；第二步，慢慢再做大一点的事，形成模式，就会发现自己步步高升，非常优秀了。如果他说自己不会做、太难，叫他先试着做，只要动手做，难度就变小了，不会的就变得会了，慢慢地自己的能力就提高了、心胸也广了、地位也提高了、老板也赏识了。这时，即便单位倒闭了，自己到其他单位，照样也能干得非常好。如果社会上的单位都一般，自己创业也是英雄，这样就会有钱。就是说，做好手边事就能产生最伟大的价值，做好最苦、最差的事腾飞得也就最快，这些都是升到高地位、挣大钱的起步，因为青年时期，越从最低做以后跳得越高。

三、对于心急的人，心急吃不了热豆腐，怎样才能让他们听懂？怎样才能使他们慢慢地克制自己？有的时候降低自己，想着那些差的人，为什么都很惨，有的流浪，有的自杀？对比一下，自己还不错，继续努力就会更好。

四、对于不管别人怎么说，他就是不想做，一心只想有很多钱，一下变成金山、银山的人，怎么消除这种心理呢？（这个问题，说道理会起反作用，主要是实训让他亲身感觉，效果惊人。）比如捞沙子，或者上山搬石头卖，先搬一块一块小石子（当做实训演练），慢慢地，一点点的积小步成千里，当自己的技术娴熟时，再干大的就能越干越好，一下就腾飞了。

【艺术突破口】

一、自己从内心认为任何苦、累的工作都是幽默、快乐的。当自己劳累的时候，一方面，对比那些在病痛中的人，自己好幸福啊！对比那些没有工作的人，自己还能有这份苦、累的工作。要往低处比，而不是往高处比。另一方面，从心理感觉和嘴上说“好、幸福、不累”，用这种声音刺激自己。

二、学会用自己存在让别人得到快乐，发挥自己的长处，宽人严己、大度、幽默。

三、认为工作就是生命价值的体现，工作是一份伟大、神圣的职业，越平凡、越低级的工作，越是攀登高峰的阶梯，这就是做好手边事，平凡人也能变成厉害的人，越做苦差事越能磨炼自己，就好像风雪中的青松。

四、把自己最拿手的，如歌曲、音乐、幽默融入到工作中。

五、工作就是把自己最大的特长、最喜欢的事转移到苦和累当中。比如，自己喜欢谈恋爱，就把谈恋爱很幸福的感受带到工作当中，如果自己是做挂猪头的工作，又臭、又脏、又累，就把猪头当成自己的女朋友。

六、把自己最向往的东西，如钱、美女转化到苦、累当中，用“噢！干这手边又苦又累的工作，就是挣很多钱”，来激发自己，就像古人云：书中自有颜如玉。

七、设置一种自己喜欢的场景，把这些难的、差的事分成块融入这种心理场景和实际的场景中，形成一种方法模式。

八、模仿法。世界上那些认为工作就是苦、累、差的人，是怎样实训变成最优秀的、最快乐的人，并形成模式的？结合自己的特点，收集自己的灵感来感受一下。

九、激发潜能。每个人的潜能是无限的，每个人的智慧是无限的，对于自己不想干的事，感到讨厌、累、烦的事，怎样改变？先从不会，慢慢地熟能生巧、巧能生灵。

十、把工作设置成游戏，这主要是针对喜好打游戏者，把工作中的那些难点变成游戏中的怪物，战胜了自己，心里就很愉快。

十一、成果奖赏法。在工作中干出一点成绩就自我奖励一下，给自己一个好处，如吸支烟或者给自己亲爱的人打电话，或者看一看自己的“人生目标价值图”，比如，我工作多少年才能买到房子、轿车。虽然工作最苦、最累，但一直思考着怎样磨炼，能力提高的速度快。这时，看看进程，就用这些好处来奖赏并激励自己。

十二、对比法。发现自己现在变得快乐、幽默，做事的效果也很好，自己原来可是什么都不会。

★【融进艺术方法】

一、把任何苦、难、劳累都变成快乐，把心中的快乐融进所有认为苦、难的工作中，之后就会变得轻松、愉快。

二、把自己最喜欢、最擅长、世上最幽默的艺术融到苦、难的工作中，锻炼写诗，体会自我，从而把自我感受愉悦的方面融到苦、累的工作中。

★【道具和材料】

1. 小品演练中能搬上舞台的，如一堆石子；

2. 录像（为什么一开始干最差差事的人，在短时间能内挣到了钱，变成了富翁，而越想做大做强的人前进速度越慢，这是一类典型的人物。）

3. 相关的道具、幽默的音乐等。

【艺术实训过程】

实训一

工作就是让别人快乐

一个小伙子开始上班了,刚到办公室就打扫卫生,快乐的就像跳舞一样,同事来了,他就给人家倒水,轻轻地一笑,使别人受到激励。他干起工作,能与每位同事合作好。

领导布置任务,这个小伙子很艺术地把任务分成一块一块,用决策表列出来,把几个难点化成魔鬼,像打游戏战胜魔鬼一样去做。注意跟同事合作。一边认真工作,一边想着自己的女朋友在远方,他感觉工作就好像吻着女朋友的额头。自己打字的时候,感觉好像是在弹琴,打的就更加细致、认真,把全身心的爱融进去,心中还唱着"为了你……"。他给别人倒水,就像艺术家一样"嘣、嘣、嘣"。

领导布置的任务,甲感觉烦死了、累死了,而乙首先感觉到这份快乐,工作起来非常幽默、非常厉害,甲就感觉头疼,光想躲,乙把自己的工作干好了,到卫生间和甲幽默地谈心,激励他。

乙说:"今天我请你客,你赶快去做,到哪里都不好找工作。"

甲说:"你比我强。"

乙说:"其实我也不想做,但是一想如果把这份工作做好了,慢慢地就厉害了,老总还有其他人就会瞧得起我们。"

甲一听,果然工作起来有精神,也不感到累了。

乙做得非常好,甲走到旁边给他倒水的时候,"啪、啪、啪"帮了他几下,他们共同合作把工作做好了。

两人吃饭的时候,乙说:"其实以前领导一布置任务,我一听也头疼,心想干这种工作何时才能找到女朋友啊?我的心里烦躁,什么事都不想做,过后想一想,工作就要快乐,想怎样快乐就怎么快乐。我一试,果然神奇,不信你试试看。"

下回领导再布置任务，工作再苦、再累，他们也感觉很幸福，唱着歌儿，很快乐地完成了。

点评：工作想怎么快乐，就怎么快乐。

实训二

遇到难事、大事怎样解决？ 第一个闪现的就是“方法”

青年：“我们也知道遇事找方法，但是一遇到大事、难事、恐惧的事就吓蒙了，根本就想不到方法，那怎么办？”

实训师：“这个好办，一开始自然不适应，必须经常故意设置恐惧的事进行训练，使自己形成惯性思维，下面我们开始实训一下：假设狼张着嘴奔向你，快说什么？”

青年：“方法！”

实训师：“‘方法’一说出来，就会知道狼怕火烧、狗怕弯腰，自己就会拿起打火机，狼就跑了。”

实训三

怎样把劳累、难、怕、不会做的事转化成自己最喜欢的事，像玩一样？

甲问乙：“你最喜欢的事是什么？”

乙回答：“打游戏机和吃肯德基。”

甲又问：“你打游戏、吃肯德基的时候是什么样的心态？”

乙说：“很高兴、很快乐。”

甲问：“当时你全身心的精力怎么样？”

乙说：“全身心的精力都投入进去了。”

甲问：“打游戏的时候你是否急躁？ 难的时候你怕不怕？”

乙说：“不怕。”

甲说：“下面，把工作中困难的事化成游戏。第一步，要很快乐，相信这就是模拟游戏。第二步，全身心地就攻那一点。第三步，做事认真、细心，一步一步地，演练几次。最难的是怎样把困难的事当成游戏，或者是行为刺激，一点一点模拟就能解决。第四步，怎样把打游戏的思维过程转到做这个难事中，把这难事设置的跟他喜欢玩的游戏的过程差不多，遇到困难、问题怎么坚持，就好像游戏里的难处一样，给他以鼓励，并带给他刺激、快乐的感觉。”

★【工作魅力的巩固模式】

想着工作都是快乐的→自己鼓励自己把困难化解，学会与人合作，有计划地把困难化成多少块，幽默地把敌人或者把其他转化进去→学会与人合作，制造良好的环境，当自己劳累的时候幽默一下，自己不想干的时候，想到这是钱、这是婚姻，一步步地，不会做的事就会变得熟能生巧，慢慢地形成习惯。

六

执行力

★【目的】

失去了执行，任何制度、命令都是徒劳的……

一、做任何工作的关键在于执行，在执行中产生结果才是工作的实质。然而，许多人一遇到困难就找借口、推脱、怕、烦、依赖他人，没有执行的力度，导致在工作的过程中马马虎虎、得过且过，不能产生好的结果。

二、在执行过程中，遇到没见过的、没做过的，还必须要得出最好的结果的事，就需要创新能力、合作能力、学习能力等各方面的综合能力以及做事的方法。而对于现在的独生子女来说，遇到难事、没见过的事，不知道找方法，常常被问题卡住了。

三、许多青年职工在执行任务的过程中，不是找这个原因就是找那个原因，导致坚持不下去。然而，执行就是绝对服从，就是坚持，就是承认领导都是对的，职工没有任何借口。执行的过程：首先是绝对服从；其次是想方法，拥有积极心态，快乐地去执行；最后是坚持下去。

【存在问题】

一、对于领导的命令，认为不对或者是自己做不到的，嘴上答应，心里却抵抗或没底气。

二、对于小事、不想做的事马马虎虎，大事又做不来，感到难，又不懂得合作。

三、在正常的工作中得过且过，计较的是薪水，计较的是老板对自己是不是公平，而没有一心一意地去热爱这份工作。一做事就急，就想快一点得到结果，马马虎虎、敷衍了事，而不是科学、细心、耐心地去做。

四、做什么没有一个长期的执行过程，不能坚持到底。

【艺术突破口】

第一，通过做一件最不起眼、最细小的或自己最不愿意做的事，把这件事看做自己的生命一样重要，下决心一定要做好，并形成习惯。这样，做任何事都能专心、细心，并且能坚持到底，做出最好的结果。

第二，利用事情决策计划表（见59页表）和任务表（见85页表），大胆狂想，借助外界的力量。

【艺术实训过程】

实训一

有一个小伙子，做事马马虎虎，一遇到差的、小的事就不想做，推三阻四，难事、大事又做不来，走到这个单位被炒鱿鱼了，走到那个单位被辞退了，他也很着急。他打电话问一个管理、心理方面非常厉害的名人，这个名人问他："你最不喜欢做的是什么事？最瞧不起、最讨厌的是什么事？"

他回答："打扫卫生。"

名人问:“是到街上扫大街、打扫厕所还是捡破烂呢?”

他说:“打扫厕所。”

名人让他跟着自己一起做。第一步,名人先演示怎样才能对厕所里的臭味无所谓,一边做的时候,一边想一想那些矿工,瓦斯爆炸会导致那些人随时都有生命危险,对比这些人,自己幸福多了,这算什么！这样一对比,自己就不感到厌恶、烦躁了。第二步,对于几个难点,专门想办法,做的时候专心、细心,全身懒筋消失了,身体也感觉到舒爽了。

最后,这位名人说:“其实你的这个毛病很好改,就是先找最不起眼的小事、自己最讨厌的事,把它当做自己的生命一样认真地去做,训练半个月,然后给我打电话。”

这个青年就从打水、扫地、跟人家讲话开始练,练了几十天,感觉自己做什么事都能够专心、细心,也能做出好结果,这位名人打电话问他:“你怎么样了?”

他说:“谢谢你！这样做真灵。”

名人说:“但是,这只是你当场的表现,还需要内心的巩固。第一步是摆好心态,要热爱自己的工作,当你来到一个单位,不要看的只是钱,要热爱单位;当你看到领导,你要像看到亲人一样;当你看到同事,就感觉像自己的手足一样,首先你有爱了,然后再专心、细心地工作;第二步,找出干工作的方法;第三步,借助别人的力量,慢慢训练,这样,你做任何事都会是很好的,即执行力 = 热爱工作 + 良好的心态 + 综合的素质与能力和做事的方法 + 人的道德品质(谦虚、关心他人等)。”

实训二

屏幕出现:为什么有的员工不管做什么事都能产生好的结果,而有的人不管做什么事都很差,但是这种人的综合素质与能力往往并不比做事好的人差?

小品一:

甲、乙两个小伙子都表演打电话,甲马上拿起话筒把事情一说,而乙却先认真的站在对方的心理角度,考虑应该怎么说,语气应该怎么样,声音的大小，怎样表达才能使对方高兴？谈话怎么结束？两人一对比，乙产生的效果就非常好，生意就成了，而甲打过电话后，该成的生意也成不了。

小品二：

领导布置甲、乙两个小伙子执行同一个任务，叫他们制作一个表格，甲听了之后立马就去做，当事情做错了才知道自己的错；而乙听到这个任务，心里想着具体的任务是什么，所要求的结果是什么，什么时间完成，其中存在哪些问题，用什么方法，怎么才能做出好的结果，通过哪些途径，提醒要有积极心态，要潜能开发，最后乙坚持到底完成了，而且任务完成得非常好。

讨论：为什么甲做事只是做表面文章，为了完成任务而去做，执行力都是空的，而乙做事得出的结果非常好？

甲做任何事都失败，因为他一听到任务就去做，不动脑子、不找方法，就好像盲人摸象。而乙做任何事，先明确目标→找出办法，把最坏处杜绝，往最好处狂想→找出事情的突破口，借助别人的力量→愉快地把烦、累的事坚持做到底，形成一个固定的心态和思维模式，他不管做什么事都非常优秀，这就是执行任务的过程。这就是有的人做事非常优秀，有的人做事处处失败的原因所在。

总结：执行是行动，执行是最难的前进，怎样在这最难的前进中一步一步走得好？这就需要用信心、智慧、道德、素质、爱、众人的力量，一步步坚持下去。

★【执行力的巩固模式】

执行任何命令或做任何事，首先想出目的→拿出决策表想方法→借助外界的力量愉快地冲，找出突破口→从生活、工作中的任何不起眼的小事逐步训练→形成习惯了，就能形成执行力、做一成一的思维、做事的积极心态以及与人合作的能力。

任务表格

（任何任务怎样完成出好结果）

当一个人对自己的任务做不出结果，而用“累、烦、杂或者领导布置任务多”等借口推脱的时候，就是在自己毁灭自己的生命，就不会产生自己的价值，无论走到哪里，做任何事结果都是很悲惨的。当一个人完成一件任务，有方法、不找借口、积极主动，这个人一辈子就是非常神奇的。人啊！每个人都是神奇伟大的！

任务名称	要求的结果	什么时间完成	自己安排时间怎么冲破	计划、方法（借助别人的力量，发挥自己的潜能，把累、烦、借口多、不会、难的事做出来）	备注

七

细节决定成败

【目的】

世上所谓大的难事，都是由细小的事组成的，只要做好一点点的小事，任何大的难事就自然做到。针对青年职工怕难事，不知道从小事、细节入手就是解决大难事的钥匙的心态，建议如下：

一方面，很多工作大、多、繁，只要抓住关键的细节，就能简单、轻松、势如破竹地完成。

另一方面，只要细致、认真，任何事都能做得很好。有的人做事粗枝大叶、马马虎虎，导致浪费了精力、物力，却把事情做差了。本实训从这两个方面入手，能使职工做事专心、细心，做什么成什么。

【存在问题】

一、小事瞧不起、不想做，大事又做不来。解决办法：任何惊人的事都是由不起眼的小事组成的。

二、做事马马虎虎、心不在焉，岂知每个细节都会决定全盘的成败，怎样认真抓住每个细节呢？要从责任心、做事方法开始训练。

【艺术突破口】

一、百分之一的错就导致百分之百的错。

二、从小事做起就是神奇。

【艺术实训过程】

拥有科学的心，专心、精心，在细节中大胆地干下去，事事都能做得非常好

A、B 两个老职工在议论，A 说："哎！现在的青年人做事，做什么错什么。"

B 说："哎！这需要我们老职工引导，不然的话，我们的下一代怎么办呀？"

A："哎！怎么引导？一叫他们做事，他们就推、怕，吓得浑身都发抖。"

几个青年在门后偷听，甲青年"嘿嘿"一笑，说："哼！他们还骂我们！"

乙青年说："不要吱声，不过我看他们说的对，有时领导一布置任务，我看你的脸色被吓得发青。"

甲青年："你也是这样！"

丙青年："我也是这样，谁都不要说谁了，一做事就怕、推，就想等着别人去做。"

那边，两个老职工又开始对话了。

A 说："他们做事就是马马虎虎。你看，加工的机器零件全是次品，我就想不通了，认真加工一个也不行吗？"

甲青年就嘀咕："天天对我们就是训、骂，谁想加工啊？工资又低，以前又没有做过。"

B 说："哎！一步一步地引导他们吧，其实他们都很聪明，打游戏、花钱、谈恋爱个个都是高手，这是我们年轻时想不到的，你看他们玩得多么出神入化啊！"

A说:“对!如果他们对待工作像玩一样精心、细心,那不就行了吗?”

B:“是啊!其实加工机器零件就跟他们打游戏是一样的,列出一个个问题,就像我们画图纸一样,而加工的时候就像打枪一样,枪对准,一点一点,你看怎么样?要不找那几个青年试试?”

B就把那几个青年叫了过来。

B说:“你们看,这些都是你们做的次品,只差一点就做好了。如果这些次品被老总看见了,你们肯定会被开除。”

甲青年说:“开除就开除,有什么了不起的!”

B:“如果你们走到哪个地方都是这种态度,那天下就没有落脚的地方了。”

甲青年:“没有就没有,我家里有的是钱,再找一份更好的工作就行了。”

B:“唉!小伙子,不要任性了。我给你演示一遍,你来看,这机器就好像是大炮的炮筒,要加工的零件就像你游戏中的魔鬼、敌人,要细心、专心,如果歪一点,你的游戏不就输了吗?”

甲青年:“对、对、对!哎!还真没看出来,你还会打游戏。来、来,继续讲。”

B:“你看,这个小伙子会打游戏。你过来试一试,一定要先设计好,多远距离,就跟你打游戏是一样的,这就叫计划。”

甲青年“哼”一声,说:“这就叫计划?你少乱说!”

B:“然后开始做,眼睛不要眨,集中精神,进入你打游戏时的那种投入、拼命的状态。”

A:“你试着做一个,我看你做得怎么样。”

过了一会儿,他做了出来。

B:“哇!你做得竟然比干了几十年的老职工还好,鼓掌!我把这瓶饮料奖给你,我感觉你们太棒了!”

大家都高兴地争着干。

B说:“工作中这些难的问题,其实就像玩游戏一样,也是每个细节决定成败。这么多的次品,都是来自于不注重细节啊!”

青年:“哇!你们这确实还有点味,那就练……”

屏幕总结：细节决定成败。人要专心、细心地做好每一件事，形成惯性。把自己最投入的那种专心、细心转移到最难的问题上，一点一点地做。第一步，先有目标，然后写出计划；第二步，找出问题；第三步，细心地把它当成敌人；第四步，把自己玩得最厉害的特长向上转化，把它做出来，再快乐地反复多次；第五步，自己既然成了玩的高手，细心也练成了。

★【细节决定成败的巩固模式】

每件事进行细分→对细分的部分全身心地投入→扎实地往最好处努力做好。（从小事逐步练起，日积月累，就养成该素质能力了）

八

实践能力（动手能力）

【实验报告】

凡是自己心里想的，只要亲自去做，人就会变得充实、自信、踏实，不管做什么事，只要不急不躁、有条理、有过程，就能得到成果。这就是毛泽东说的：不靠神仙皇帝，只依靠自己。也是人们所说的：靠山山倒，靠水水流，只有依靠自己。

人是生活在社会里，而不是生活在自己的家里，社会是纷繁复杂的，世界上没有一块真空的地方，要生活在充满多种气体，甚至有灰尘、病毒、细菌的空间里，就要学会实践。

【目的】

实践要遵循社会的规律，不是你选择社会，而是社会选择你，要让社会把你选到最佳的位置的唯一的途径就是实践。实践是能动地探索和改造客体的社会性的客观的物质活动，其过程中还需要发挥主观能动性。主观能动性是在具备丰富的科学理论的前提下，大胆实施、灵活实施，最主要的是科学实施，这样才能满足需求，产生更大的价值。实践出真知，实践改变命运,实践产生智慧。实践使你的身体和心理健康;实践使人从贫穷走向富裕;实践使人从烦恼、忧郁、痛苦的泥潭中走向幸福的花园,美梦成真;实践是现实通向梦想的桥梁。知识得到应用,才是学习的目的。任何有知识、有能力的人,必须通过动手实践才能产生价值,才能实现他的理想。

"知识就是力量",通过实践的知识才是真正的力量。学到的理论知识,如果不动手实践,在社会上就不能产生价值,所学的知识不但没有用,反而导致知识越多,自己脑子越发胀,心里越空虚、忧郁、沉闷,甚至恐惧;而动手的人,即实践的人,学一点用一点,心里踏实,做事认真、仔细,不是只看眼前,重感情,生活节俭,也会关心、体贴他人。

【存在问题】

一、为什么那些从小到大只动脑学习理论知识、缺少动手的人,往往忧郁、恐惧、自私、脆弱、只看眼前,而那些从小受苦、生活独立的,他们心里踏实,做事认真,重感情,不虚伪、不眼高手低?知识多而没有动手实践,不但不起正面作用,反而使人好像悬在空中,总感觉心理不平衡,导致做事总看眼前、毛躁、心灵空虚、全身发瘫、依赖、懒惰,事情一看就懂,但就是做不出来;心里能想到而得不到,急得像热锅上的蚂蚁。而真正有用的知识是通过动手实践产生效果,通过劳动的手输出来,才产生价值,人心里才踏实。

二、为什么一群青年,以前懒惰、自私、眼高手低、瞧不起人、自傲,经过艰苦的动手实践,像挖沙或者卖菜等,几年以后,就变得心里踏实,有感情、有主见,做事不是只看眼前,懂得人间的真情,产生的价值也很好?

三、对于只动脑不动手、不进行体力活动的人,他们的思想在天上,而身体却有说不出来的难受。如果通过动手、体力活动,他们的身体就会感到舒爽。人的知识、思想与他所付出的劳动是平衡的,懂得的道理很多,而没有通过实践动手进行相应的平衡,会使自己产生许多心理障碍、认识障碍、身体疾病。也就是说,为什么读的书越多(没有动手实践),往往得忧郁症、恐惧症的概率越大,自杀的也多?不仅是知识多使脑子阻塞了,而且是自己无形中脱离了"劳动创造了人、劳动使人幸福"这个人类本源的规律。

四、2007年据调查：为什么学历高的大学生找工作，反而不如那些初中生、高中生、高职生，尤其是应届大学毕业生的工资还不如农民工的工资高呢？这种“脑体倒挂”的现象说明了大学生在学校只学理论知识，到单位用不上，导致眼高手低、差的不想做，而农民工能动手、能吃苦耐劳。

【分析原因】

王文良写了一本书《北大毕业等于0》，书中阐述：“死读书害死人”，学的知识越多，心里越空虚，遇事想不开，就想跳楼，而那些无依无靠、没有人支持、做什么都不行的人，像马文仲身体残疾，但他的心里很舒畅，怎么会去跳楼呢？他们通过劳动认识了自己的价值，劳动使自己的生命在大地立了根。如果没有艰苦的动手劳动，学的知识越多，自己越控制不了自己，感觉心里好痛苦啊！自然就想结束这种痛苦。为什么青年人都不想动手、眼高手低、怕吃苦、要面子、依赖、心胸狭窄、脆弱、瞧不起人、又贪，又急呢？这一系列毛病根源在哪呢？

第一，家庭教育的影响。家长说：“你不要洗衣、做饭，我们就你这一个宝贝，你要好好读书，考上大学就不用受苦了，不然的话，你就去种地、蹬三轮去！”岂不知这些话深深害了孩子，使孩子从小就不愿动手，远离吃苦。这样，他们即使没有心理疾病，也会产生心理疾病。而医治心理疾病的最佳良药就是艰苦的劳动，如此才能心里踏实、不烦不躁。

第二，应试教育带来的影响。应试教育培养孩子从小到大只顾读书，考上重点大学拿到文凭，有一个铁饭碗。于是他们就拼命死记硬背，而不知道知识必须通过实践才能产生价值，不实践的知识是没有用的、是空洞的，甚至放在心里会使自己自傲、心理不平衡。所以，这种应试教育导致很多人只追求文凭，而不是扎实的劳动实践。

第三，历史的原因。在文化大革命时，不学习只劳动，而现在只学习少劳动，甚至不劳动，这两个偏差造就的人都不适合时代的要求。时代要求的人才是实践与理论紧密结合所产生的人才，那种只劳动、头脑空空的人不适应，只有知识不劳动的人导致思想没有根，是一个废人，也不适应。只有知识与劳动结合才能在世界上扎根。

第四,孩子从小到大,要什么家长给什么。而人真正活在世上,只有通过动手实践得到金钱、衣食、面子才不会产生心理疾病。这些青年从小学到大学,一伸手,家长就给钱,使孩子不知道钱的重要,不知道劳动的艰苦,身在福中根本无法知道所谓的福。有一个家长,从小就不让他的孩子劳动,等到孩子大学毕业了,家长说:“我们老了,你养着我们吧!”这个青年一下恐惧了,在这个社会,他连自己都养活不了,怎么能养活父母呢?他得了忧郁症,最后自杀了。也就是说,从小没有教孩子学走路,等到孩子大学毕业了,家长说:“你赶快跑吧!”孩子不但跑不了,反而腿瘸了。

第五,传统的封建思想影响。认为劳动的人都是地位低的人,没钱、没自尊,别人都瞧不起,岂不知出于时代的需求,劳动不仅仅只是为了钱。艰苦的体力劳动可以使人学会动手,使人身体健康、自信、自强、言之必行、头脑聪明。动手实践是医治书呆子、心理疾病的最佳良药。不要一味追求只坐办公室、只动脑不动手,而从不愿去劳动,感觉劳动让人烦。其实,自古以来,劳动是最光荣的,这个劳动指的是体力劳动。人民群众是真正伟大的,而很多人脱离了人民群众,那些艰苦的工人、朴实的农民是真正伟大的幸福者,他们面朝黄土背朝天,一身是汗,可心里踏实,任何困难都不怕,省吃俭用抚养了一个个“幼苗”,没想到这些幼苗还没有他们的心里踏实,遇到困难就自杀,不懂得自爱。

第六,对于有的大学生来说,从底层劳动做起,不但光荣,而且能令自己心里踏实,能认清自己。但是,家长阻拦、社会舆论阻拦。他们认为:好不容易上了重点大学,考上了硕士、博士,竟然跟初中生、农民工一样没出息!家长抱怨、社会瞧不起,自己的压力过重,怎么改变这种社会舆论呢?现在大学扩招,大学生由天之骄子变成普通的劳动者,普通的劳动者就要做苦力活,尤其北京人才市场的消息,一些搓背工、服务员、打扫卫生的都要大专以上学历,而那些认为考上大学就不用动手劳动的人,当然没有工作,这更使他们的心里雪上加霜。

【艺术实训过程】

屏幕一

为什么现在人的心里烦躁、空虚、忧郁、恐惧、无情、说话不算话？这些心理障碍产生于哪里呢？请看一位心理学家、教育家发明的“心理平衡仪”。这位心理学家从1998年开始，在大学生心理实验室里进行实验，他找了12位学生，分为两组，一组进行卖菜、修鞋等各种劳动，一边劳动一边学习；另一组天天光学理论知识，靠家里经济维持，什么事也不干。到了2006年，这位心理学家发现了一个奇迹：第一组的学生头脑聪明、说话算话、言之必行、有感情，并且人气派、思想正确、心里踏实。而第二组的学生自傲、眼高手低、瞧不起人、说到做不到、对人没有感情，天天心里毛躁、空虚，自己控制不了自己。这个实验结果说明了什么呢？

屏幕二

甲、乙两个性格差不多的青年，在同一个单位上班，从家里到单位有二里多路，甲天天坐公交车，而乙不准坐车，只能步行。半年后，心理学家发现：乙青年身体健康、精神潇洒、力量无穷，有点子、言而有信，做事认真、踏实，而甲青年经常说话不算话、虚伪，做事没有主动性，还偷懒、推脱责任。为什么甲、乙两个职工只有这么一点区别，却导致有天地之差呢？

屏幕三

有几个青年，他们没有工作，也没有其他事干，心里难受，在一起感叹道：“哎呀！活着真没有意思，逼的人想自杀，太苦、太难受了！”他们打电话给一位心理学家，这位心理学家把他们带到沙滩上，心理学家问：“你们几个小伙子正值青年，有什么难受的呢？”

他们说：“我们要钱没钱，找女朋友，人家也不理。”

心理学家说：“是真的吗？你们看，浐河边的村里有一个老汉，在沙滩旁边有一个桃园,他有两个女儿,长得很漂亮,这个老汉喜欢勤劳的人,谁要是给他家捞沙子,老汉就给桃子吃,走,我带你们去看一看。"

几个人就跟着去了,心理学家让他们跟着自己一起在浐河底捞沙,老汉经过这里一看,很高兴,过了一会儿,他们捞了一大堆沙子,个个都是满身汗,坐在旁边休息的时候,说:"姑娘怎么还没来呢? 老汉怎么还不来看一看呢?"

心理学家说:"你们不要着急,我先问你们一件事,你们现在的感受是什么? 是不是还难受、空虚?"

有两个青年说:"我现在感觉好凉快,全身舒服,心里有说不出来得爽快。"

心理学家问另一个,他也赞同,心理学家说:"这个姑娘不用找了,你们已经找到了比姑娘更重要的东西。"

请问:他们找到比姑娘更重要的是什么呢?(屏幕上出现"?")让大家回答,回答过后,心理学家问:"谁感觉身体懒、难受,请过来,这里有一堆砖头,每个人抱十块砖头,来跟着我一起跑两圈,开始!"有一个青年抱着使劲地跑,过后,心理学家问他:"你原来心里渺茫、空虚,现在感觉怎么样?"他也得到了同样的答案。

总结:人通过体力劳动,可以压制心理、思想的空虚、渺茫,可以刺激身体,使人洒脱、踏实。

屏幕四

(下面是来自于一些青年心灵的呼声,请看屏幕)

第一个问题:你想消除心中的痛苦、烦恼,把它变成幸福、安逸、祥和吗?

一个青年倾诉:"我平时依赖别人,心里想得多,一达不到,心里就着急、烦躁,好痛苦啊! 但是经过扎实的体力劳动,我的心变得踏实了。"

别人问他:"那你到底做过什么呢?"

他回答:"我下班没事的时候,就给人家洗衣服、打水,或者是扫大街,表面上,别人骂我脑子有问题。实际上,我的心里很踏实、很光荣,我自己也不知道,就是找一点活干一干。"

第二个问题:你是否被贫穷逼的难受?你想有钱吗?

第三个问题:你想洒脱、爽快吗?

有几个青年说:“我在大学里经常睡懒觉,早上睡到八九点,眼皮耷拉着,也没有精神,令人家感觉窝囊,但是,通过实训师每天早上让我到河边跑步,对着青山喊,没想到,我在学校里感觉心情舒畅,人家说我很精神、很潇洒,我也不知道这是什么原因。”

第四个问题:你想挖掘人类最大的幸福吗?你想成长得更快吗?那你就去从最苦、最低处找一个跳板吧!

一名记者采访高新区那些大款、富翁:“你们两手空空、白手起家,是怎么变成富翁的?秘诀在哪里呢?”

他们回答:“先自己降大任于自己,饿其体肤,消其筋骨,然后再按自己的目标去奋斗,自然就成了。”意思是说,一开始家里穷,感觉迷茫,不管干什么都不行,但是一想,自古以来那些名人,尤其富翁,他们从卖报纸、拾破烂、营销员等最苦的体力劳动做起,用苦消除身上的懒筋、要面子,最后再无所畏惧。据统计,世界上那些高学历的人,往往没有低学历的富翁多,高中生当富翁的远远多于本科生、硕士、博士,知识越多,越是穷人。原因是他没有动手、没有通过实践产生价值。

记者说:”谁愿意吃苦啊?谁愿意丢面子啊?享福多好!人何必到苦海去呢?”

实训师说:“这有办法,利用艺术、方法,利用自己的爱好,把情感、艺术转化到最苦中,一点点鼓励自己,这样潜移默化,慢慢自己心里就踏实了,感觉自己有价值、也有能力,经济好处也随之而来。做什么都步步高了。”

“苦力劳动使我的思维清晰、眼睛明亮。”一个女孩说,“我天天感觉自己的思维就跟糨糊一样,但是我从打扫卫生、洗衣服、做饭开始,没想到自己的思维清晰,感觉任何事只要做,轻易就做出来了。这就是我爷爷和奶奶经常说的,眼是狗熊,眼一看那事情就产生懒、怕、恐惧,但是手是英雄,手一动,就变得金光闪闪,令人心情愉悦。”

总结:一个人扎实地劳动,就能拥有科学的思维,做任何事要经过一个过程,不急不躁、不看眼前、不贪、不怕,就能做出来,而学的知识多了,如果不动手，一遇到事就推、怕、懒，依赖，这就是一个心理学家研究的成果“世上的事看起来不可能、怕、难，然而经过一动手，就出现了奇迹。”

实训一

偏偏他聘上了

一个总裁面对十几个青年人，说：“这里有一个箱子，你们认为里面是本子、算盘还是电脑，谁能在最短时间内说出准确答案？”有的人说是算盘，有的人说是电脑，其中一个小伙子直接跑到箱子跟前打开一看，说：“总裁，这是一块手绢。”总裁说：“好！应聘结束。”最后这个小伙子聘上了。

别人采访这个总裁：“为什么只凭这个，就用这个小伙子呢？”

总裁：“因为他动手实践了，实践出真知，他再笨、再差，只要做，就能变得聪明，变得神奇，我要的就是这种人。对于其他高学历、知识多、仪表好、想而不做的人，眼高手低，光想讨便宜，自作聪明，不想办法亲自动手，再好也不可靠，所以不能要这种人。”

实训二

造原子弹的不如卖茶叶蛋的

20 世纪 70 年代到 90 年代，人们认为中国造原子弹的不如卖茶叶蛋的工资高，那个时代是由于国家政策的影响，而现在有些单位宁愿要初中生、高中生、中专生也不要本科生、研究生，这种“脑体倒挂”的现象是什么原因造成的呢？单位领导说：“大学生学历高，到我们的单位来，他们的要求高，还不能吃苦，而那些学技术的、低学历的学生在单位踏实、能干。”这种现象说明什么呢？

实训三

几个青年在一起感慨：“现在没钱，硬向家里要也没有，问人家借也没有，心里好难受啊！怎么才能弄到钱呢？”

青年甲说：“喂！听说到工地帮忙拉砖头就能挣钱，而且要求还不高。”

“啊！谁去挣这钱，烦死了、累死了！”别人都反对。甲竟然默默无闻地干起来，虽然累得满身汗，但是心情舒爽，慢慢地带着别人一起干，当起老板，最后很有钱。

原先那几个青年很惊讶，就去问他，他说："哎！问天要钱，问地要钱，问爹要钱、问娘要钱，不如问自己的双手要钱，手一动就来钱。其实，我也跟你一样，一开始很急躁，最后我无意中干一下，发现越干越有精神，也摸出门道来，想一想学过的营销学，一下就用上了，才知道平时学的再多，没有在实践当中用都是空的，一动手，这些知识一用上，自己就当上老板了。过后有几个人也像我那样去做苦力，但是人家不要了，因为我抢先了，就有了竞争力。"

几个青年说："哇！真厉害。"

实训四

一个办公室经理说："甲打印这份材料，乙去买东西，丙去接电话。"布置完任务，这个经理一下放心了，没想到，他们懒的懒、推的推，虽然做一点，都马马虎虎，最后上面老总来检查，这个经理被老板狠狠地训了一顿："你指挥别人做，有一些小事，不需要别人做，自己要动手做。"经理一下明白了，下次再指挥下属的时候，自己身先士卒，有些细节问题和主要难关亲自动手，没想到任务完成得非常好，老总嘉奖，自己感觉舒爽，大家也敬佩他，他懂得了一个道理：嘴说千遍，不如行动一点。

幽默小品

甲、乙两个人同时从某校毕业，甲只动脑不动手，乙是既动手又动脑，甲天天想着自己要怎么样，乙到外面扎实地做。半年以后，乙不管做什么都很厉害。而甲睡在屋里，头脑发涨，想的好却做不到，心理疾病很多，大家猜，这是什么原因呢？

每个人都能成为动手的高手，动手的高手就能成为挣钱的高手，也是自信的高手、运气的高手、科学的高手、人际的高手，真正幸福的高手。对于做什么事不动手只动脑的人，成为动手高手的具体步骤：

先步行，包括到河边散步、做体育运动、到山上旅游→把理念、想法变成实际行动→对于那些大的、难做的、不想做的、不会做的,怎样把打游戏、自己喜欢的融进去。比如说,做一些体力活,利用男同学的打游戏,女同学的唱歌、跳舞,深入到做体力活的难点中,慢慢转化→创造实践的环境、动手的环境,安排动手的时间。例如,进入这个区,就是只动手不准光想,不动手的想法就受到惩罚,在这几天或半年内,只要想,就必须动手实践,如果不实践自己给自己带来惩罚的刺激→慢慢形成习惯,就拥有动手能力了。

【动手能力的巩固模式】

第一,要明白实践是伟大的力量,明白实践的重要性,实践是生活的真正本质,是决定一切事物变化的能源。记住,世界上最有力量的就是实践的行动,千万不要只讲空头理论,理论再伟大,失去了实践,也是虚幻的。只有理论和实践紧密结合,才能发挥理论的作用,学习知识的目的就是指导实践。

第二,要会实践。许多人在世上活一辈子,像天上的浮云从头上飘过,一生渺茫。而有的人每一天都认真地活,从生活中体会着许多哲理、科学,并在生活的实践中创造出许多财富。会实践的途径就是事事动脑子,用头脑中的知识、理论指导每一件事,然后从一件事懂得更多的事,这就是理论指导实践,在实践中总结理论,再更好地实践。

第三,世界上最伟大的药就是实践。它不仅仅能预防肉体上的疾病,更重要的是能医治心灵上的疾病。十九世纪瘟疫袭击全球,二十世纪肿瘤遍及全球,二十一世纪心理障碍遍及全球,有心理障碍的人几乎占90%左右。实践与行动是治疗心理障碍的最神奇的药,当你烦恼时,你就去工作、劳动、学习,这样会忘掉烦恼,甚至化烦恼为幸福;当你痛苦时,你只有在实践中才能解脱缠在身上的绳索;当你陷入困境、艰难或噩耗中,只有在实践中,坐在黄连树下,弹着琴唱着歌,才能把困境中的乌云吹走,才能把悲剧逐渐改变。而有的人终日想这想那,睡在被窝里,在肚皮上画着美梦,肚子画得咕咕叫,时光都跑完了,留下的只是茫然和悲切。根源就是不想劳动、懒惰,最主要的是不想做小事,只想干大事,大事做不来,小事又不做。就像许多创业的人,只想挣大钱,大钱挣不来小钱又不挣,到头来两手空空。其实实践等于财富,实践等于智慧,实践等于幸福,实践等于艺术,实践等于变的力量,实践越多,痛苦越少,得到越多。

第四,实践能动性的锻炼要讲究科学、讲究方法。学习别人成功的经验,总结、开创自己新的经验,实践还要有目标,把自己的目标融在一生短暂的时光里,大胆拼搏,量变积累发生质的飞跃。只要坚持到底,才能想什么成什么。其中的根源就是坚忍不拔的实践,借助天时、地利、人和为自己的实践创造条件。

第五,实践要以苦为乐,越实践越幸福,形成实践的乐观主义精神。通过不断的实践,把自己取之不尽、用之不竭的脑袋,把所有的科学、智慧、财富、艺术、人际关系的协调力源源不断地开发出来,把自己变成伟人、超人,为自己、为人民、为国家、为全世界奉献出自己的一份力量。

认为动手就能得到一切,动手就能实现心中所想的(实践出真知,实践就有钱,实践使心里踏实,能使自己变得聪明、自立、洒脱)→怎样从身边的事、从生活的细节中动手,亲自去做→青年时代要从最低、最苦的做,才能使自己腾飞,成为巨富、大人物,这是最好的时机,也是自己开创事业的最大运气,并且能消除社会上一般人认为,"做苦力的人下贱、没面子、穷"等陈旧观念,也能消除家庭、社会的阻拦→把世界上一切快乐和幸福融到工作的苦和难中,变得轻闲→做任何事,自己动手主动解决,独当一面,有方法、有激情、有动力,形成一定的思维、一定的积极心态→不断地挖掘自己在事业上的专长,认清方向,使自己腾飞起来。

九

专业技术应用力

【目的】

专业技术的应用力是每个人事业的立身之本,只有把自己的专业技术做得最精湛、最娴熟、最高效、最新颖,并且轻松快乐,又洒脱艺术,才能在社会竞争中干得最优秀,越干越幸福,慢慢地就成为该行业的专家。世上没有做完的事,只有还没做到最好的事。不同的专业也有共同的规律,抓住共同的规律,就能使不同的专业都能产生最佳的效果。

【存在问题】

一、世上没有不好的专业,只有不会应用专业的人。

二、有的人认为,不同的专业像制造机器、栽培果树和心理辅导这三个专业,怎么能混为一谈呢?解决办法:让其明白任何专业都要求热爱本专业,对本专业精钻细研,学习本专业世界上最优秀的成果,要创造,挖掘最好的,要轻松、快乐地对待,做起来要洒脱。

三、感觉自己的专业枯燥无味,跟不上社会形势或者是被社会淘汰的,不像别人能干自己喜爱的专业,自己感觉自己现在的专业越干越没趣。解决办法:在演练过程中,让他知道:任何专业都是其乐无穷的,要把世界的一切都能融进自己的专业中,尤其是把各方面快乐的闪光点都用到上面。

四、本专业理论知识不会、不懂,对比那些专家,自己认为怎么也超不过。解决办法:只要通过自己的努力、磨炼,按照一定的规律,熟能生巧,然后汲取别人的闪光点,自己就是最优秀的。

★【艺术突破口】

全身心地投入。即热爱和努力,热爱本专业,对本专业有较强烈的兴趣。摸透本专业的规律和特色、实质,然后天天训练,主要是找问题,按照本专业的最好标准,发现有哪方面问题就去实训,然后再把问题解决,最后把同行的最优点融到自己的专业中。第一,学习同类专业所有的经验;第二,学习世界上有关本专业的最先进理论;第三,通过网络、报纸、专家、同事各种渠道学习;第四,把理论应用到实际当中,在实践中检验理论,升华理论;第五,创造、创新。

按照本专业狂想最优秀的、最好的结果→找出差距→然后把存在的问题进行研究、创造→借助专家的力量,借助其他专业的力量→攻破,把本专业中一切的烦恼、痛苦转化成轻闲、快乐。

★【艺术实训过程】

实训一

怎样把自己的专业做得精湛、娴熟,自己又永远在同行中是最优秀者呢?

场景:学医学解剖的A,学数控技术的B,学心理专业的C,三个不同专业的人走到一起,议论:

A:"哎!我学的解剖专业,天天跟死人打交道,好恐怖啊!害我天天夜里做噩梦。何况这个专业人太多,不好找工作。"

C接着说:"像我们心理专业,表面上社会处处需要心理医生,心理学特厉害,没想到我们到处找不到工作,连吃饭都难。”

B:“哎!我们的专业,有时候打个零工,民营企业的还可以,但是像那些技术好的单位,就不要我们了。你看别人学的那专业……”

实训师听了他们的话,就问:“真是这样吗?你们确实说的都是心里话,但是请质疑这个观点:为什么有些人从普通人都能钻研成本专业的优秀者,而且做得精湛、娴熟,又快乐呢?他们是怎么做的呢?”

他们说:“不知道!他们都是厉害人,我们不行!”

实训师说:“下面跟我开始演练,我们看看效果怎么样?”

“第一步,行行出状元。只要自己全身心地投入本专业,热爱它,对它感兴趣,勤奋,自己就能做得很好。专业没有好坏之分,只要自己热爱,这个专业就神奇。重庆有一个擦皮鞋匠,别人看这个行业丢人,但他能把自己的爱融进去,把整个的身心融进去,在擦鞋的过程中,动作潇洒,再配上音乐,他的生意非常好。报纸上报道,他买了两套房子。但是,为什么那些有高文凭、学高专业的,像软件开发、高级广告策划、高级编辑等很体面的专业,他们却做不出成绩来,而被人炒鱿鱼呢?(先提问,然后让他们想一想,最后得出)专业没有好坏之分,只要把全身心的爱投入进去,用世界级的艺术把一般人感觉丢人的变成艺术的、体面的,把枯燥无味的变成津津乐道的,自己的专业就是五光十色,自己就会幸福无比。”

实训师:“心理学专业能打开人的心理世界,那个人走过来,你一看,就能看出他的心胸像一个小手指头,就是那点放不开,你用艺术家的手轻轻地把它掰开,马上就变得海阔天空,成为一个幸福人。如果你不热爱自己的工作,你看那个人,他多烦躁,就是太自我、太自负,他不站在别人的角度想问题,导致以后的路越走越窄。”(用婉转的艺术让他站在对方的立场上考虑问题,把他变成一个大度、从容的人,让他感到自己非常有价值)

“对于解剖的人来说,一开始看着尸体,恶心得直呕吐,几乎是最恐怖的,尤其我们中国人,受封建思想的影响,看到这些就好像鬼附体一样。其实,这都是自己的心理在作怪,如果想着这是拯救病人,能使一个即将死去的人重新获得生命,这个时候你还会恐惧吗?你不认为你的职业很神圣吗?你难道不感到自己活得非常有意义吗?”

“当你把一块烂铁变成一个个精美的零件时，难道你感受不到经过自己的劳动带来的喜悦吗？当你专心、细心设计的零件用到机器当中运转的时候，你不感到自己价值的神圣吗？这就好像拿着数控的钻头，对准了那些困难、问题，一个个消灭，并产生出精美的零件，你的感觉如何呢？”

让A、B、C三个人各自体会自己的专业，慢慢就会感觉到：世上没有不好的专业，只有不会应用专业的人，只要热爱它，每个专业都是社会竞争中的好行业。

实训二

干一行就是本行的状元

一个青年问：“现在的社会竞争激烈，很多企业都倒闭，中国的企业平均寿命为2.9年。其实，据最近统计，连2年都不到，这个现象说明了只有行行的状元，才能立住脚。这就要求企业的技术、产品、品牌、人、社会关系都是最优秀的，像我们这样，各方面都不行，没有能力、没有素质、没有关系、没有钱，一无所有，怎样才能成为行业的状元？”

演练师说：“这个问题简单，一无所有是好事，就好像一块平地一样，一无所有，里面也没有杂草或者其他坏的事物，只要播种就能开出绚丽的花。”

小伙子：“你不要笑话我了，怎样才能拥有呢？”

演练师：“先有决心，这是第一步，既然自己活着，做什么事都是最优秀的！”

小伙子说：“我也是这样想的，但是我就是做得不优秀，一做就很差，甚至做什么败什么。”

演练师：“是因为你贪多、贪大了，你就做小的，好像玩杂技的跳火圈，一连跳三个，这个行业神奇吧！这在一般人看来是不可能的。”

小伙子：“对，他们是怎么做到的？”

演练师：“他们一开始练的时候，比如说，你会走那个宽宽的大门吗？”

小伙子：“走门？宽宽的大门谁都会走。”

演练师：“其实，他们就是从走门开始练起的，过后再走窄的洞，最后到更小的。”

小伙子："这太难了！我不想成为这个行业的专家。"

演练师："对，你所干的行业比这个简单多了。"

小伙子："确实比这个简单。"

演练师："那你有信心吧？"

小伙子："有。"

演练师："第二个，有一个方法，就是从最简单的练起。"

小伙子："对，但是我不想从最简单的练起，我感到烦、没兴趣。"

演练师："你感到烦，就把自己所喜欢的音乐融进去，从最简单的开始练。"

小伙子："这么简单的事也能快乐吗？"

演练师："这个最简单的细节决定你的成败，一块一块石头堆积得多了，不就成了高山了吗？一毛钱、一毛钱聚得多了不就成了一亿元吗？做好这一点点，其他不都解决了吗？"

小伙子："道理都懂，可是我不想做。"

演练师："那你慢慢地进行行为刺激，借助别人的力量，像玩的一样，日积月累，形成习惯就行了，这是第二步。第一步先有决心，第二步从简单的事练习做事方法，逐步再到难事，第三步是学习同行的最好经验。"

小伙子："这个我懂，学习同行所有的经验，不断地汲取，慢慢创造条件。"

演练师："第四步，不断地创新就是狂想，先狂想本行业什么最好，人类对本行业有哪些需求。"

小伙子："我不会创新。"

演练师："你先找本专业，人们存在哪些问题，怎么解决这些问题，这就是一个创新。"

小伙子："噢！这个我懂。"

演练师："第二点，你想想怎样使你的产品对人类产生最神奇的用法，再借助社会的力量、创新的步骤，把这个问题往最好的目标努力，找出问题，借助力量，自然就能做出人们最喜欢的产品。"

小伙子："噢，我似乎明白了。"

演练师:“这四个步骤加起来,每个人都能成为自己行业里的状元,你相信吗?”

小伙子:“我相信。”

演练师:“最后缺少的是什么呢?就是扎实地做下去。”

总结:行行成状元 = 行业的目标(决心做得最好)+ 从简单的事练 + 收集最好的信息,虚心学习,汲取到自己身上 + 不停地创新,不停地干下去。

【专业技术应用力的巩固模式】

第一步,热爱,当一个人热爱自己的专业,把本专业的困难转化成幽默快乐的时候,世界上任何专业都是幸福快乐的。自己的身心就会投入进去,自己就会热爱它。其实表面上看那些好的专业,背后都有很多困难。表面上看那些很困难的、不体面的、没人做的,其实里面都是乐趣无穷,从擦皮鞋到当富翁,你有什么感想呢?

第二步,方法,专业技术重在按照一定的方法、一定的内在规律训练。实训师说,每个专业都有内在的科学规律,任何专业都有共同规律,怎样细心、耐心、认真地去做,发现问题去解决问题,而且不断地钻研,越干越好呢?先找一个本专业的细小目标,把自己的专心、细心、积极主动、不断地动脑、思维开拓、借助力量等都融在一起,把这一点做好了,慢慢再实训大一点的,再学习,逐步就知道本专业先从最小的去训练这种本能思维过程,自己就会去把握了,一旦形成做事的好方法,就能做大事了。

第三步,汲取世界上最优秀的光点,使自己的专业精、专、绝、高、新。也就是把本行业的所有闪光点集聚到自己的手中,自己就能托起行业的星星。向老同志、专家收集经验,细心地摸索,把它记下来,然后从网络上、书本上、实践中去摸索、去学习,把最好的融进去,不断地开拓进取,天天想,天天做,这样慢慢在本专业中你就是最优秀的了。

第四步,工作创新、创造。在工作中找到最好的目标,抓住本专业最高的要求,树立起超过当时优秀专家的标准,人人都狂想自己是最优秀的,定一个大的目标。不停地在细小的工作中一点一点去发现问题,借助别人的力量解决。这就产生了发明，就成了专家。当然一天、几年不可能做成，先有这个思维，从小事做起，从一点一点变新，那么这一点就能慢慢成为世界上最好的了。

第五步，把快乐、轻松融进自己的专业中。把世界上那些幽默、快乐的音符融进去，就像心理学，倾听心里的声音，每个心里就是一片天地，有的心里是一片绿草地，有的心里是乌云密布……数控技术就是在各种机器、各种零件上点出自己艺术的火花，好像作最美的画。解剖就是把人类的痛苦解剖，通过自己的刀，让他获得幸福，使他完美……

第六步，要艺术、洒脱、体面。自己要从神态、心态上，给人感觉洒脱、很自豪，衣着、环境要布置得艺术幽默。

最后，每个人把这个模式写下来，经常回去看看，按这个模式去做，从小事做起，每个人都能成为本专业的优秀者。最后，就在于实践，在实践中，熟能生巧，巧能生灵。

总结：以上都是各行各业专家的共同感受和成长的模式，但是对于我们青年人，不可能一时做到，只能起抛砖引玉的作用，让我们在工作当中一点点按照这个去摸索，顺其自然，慢慢地就成为本行业的专家、优秀者了。练的时候要注意，先一点点从最小的事做，不要做得大、做得多，不能急于求成，一步一步地坚持下去，每个人都能成为本行业中的优秀者甚至专家。

十

自动力

【目的】

自动力也叫自动自发,也称自驱力,是人做事的一种动力源。做任何事,只要拥有了自动力就能开拓进取、不怕困难,而且轻松、快乐;如果失去了自动力,就推、怕、懒,找借口、讲条件,做这个想那个,做一做就逃脱、推卸责任,不但事情做不好,还很痛苦。

自动力也就是积极开拓的进取力,就是当一个人做事不懂、不会、受冤枉、也找不到任何头绪时,依然能坚持下去,做得很好。

【存在问题】

一、做事认为无所谓、马马虎虎、得过且过。解决办法:就是把工作当成生命一样,失去了工作就失去了生命。

二、认为不是自己分内的事,何必做这么多?怕吃亏、上当。解决办法:吃了小亏得到了大便宜,拥有了做事积极主动的心态,自然就会做什么成什么。

三、做事的时候总是想着逃脱,把责任推掉。这种恐惧的心态来自于对自我的认识不清。一个人做任何事，只要真正承担责任了，就拥有了一种机遇和运气。遇到了困难、艰辛，勇于承担责任、寻找困难，困难就消失了；反之，怕承担责任、怕困难，就会困难重重，倒霉的事就会接踵而来，再加上心烦意乱，就会导致伤痕累累。

四、做任何事光想得到结果，很毛躁，表面上好像积极主动，实质上是怕烦、推脱责任，想赶快混过去就可以了。越急、越贪导致自己做事情越做不好。解决办法：做事的心态要一丝不苟，全身心地忘掉自己，认真地钻进去，像螺丝钉一样钉在那儿。

五、做事光想着利。如果自己得不到利、吃亏了，就不想做。解决办法：越追逐利，越得不到利；越不想得到利，反而得到利。就像越要面子的人，别人越不给面子是一样的。

六、做事的时候总是跟人攀比，不认真做事，又面临来自同事、各方面的打击，心里有了障碍，导致事情做不成；而无怨无悔、踏实、认真做事的人，心情愉快、心里安逸，领导也喜欢，何乐而不为呢？

七、对于脑子始终动不起来的人，无论如何都想不到，也不会做。解决办法：就是自己脑子先用行动刺激动起来，激励自己慢慢成功。就好像生锈的机器一样，先动起来，再上一些“激励”的油和一些方法，慢慢地机器就运转起来了。

★【艺术突破口】

一、从细小的事练成自动自发的惯性思维和动作。

二、把每一点无所谓的事或困难的事当成生命的价值，逐步热爱它，量变到质变，就形成做任何事的自动力。

★【艺术实训过程】

一个女青年上班了，嘴里唱着：“也许放弃，不能见到你。哎！烦死了，怎么把这些事都推给我做！”

领导过来了，心里想：这个人上班都两三个月了，怎么什么事都做不成？还在推脱责任。

一次对员工进行审核中，领导就说："哎！她做什么事光是拖延、等着别人做，做一点事就怕吃亏。"

有位领导说（愤怒的）："把她开了！"

这个女青年果然被开了，她想："为什么总是我倒霉呢？哎，我去问一问，为什么那些倒霉的人总是倒霉，而那些运气好的人总是运气好呢？"她就去问演练大师。

演练大师出来，让人表演了一段，让她看：为什么那个小伙子做事，一堆脏的锅、碗，地上又有一堆垃圾，他洗洗涮涮，一边拖着地，一边唱着："世界自有公道，要做就做最好，步步高！"

女青年问他："听说你是一个办公室的经理，为什么打扫卫生，你不感到苦吗？"

那个小伙子说："不！这样做事，我不感到苦，而是感到很幸福、快乐！"

女青年："你是经理，这不是你分内的事，你难道不感到吃亏吗？"

小伙子："虽然吃点小亏，但是能养成一种积极主动的做事思维、做事动脑的习惯。表面上我失去了一分钱，但是得到了一万块钱，何乐而不为呢？自动力是从苦中练出来的，自古以来，凡是那些能做成事的人，尤其做大事的我，都有一种积极主动的心态，如果不积极主动的话，什么事都做不成。"

女青年："不积极主动的坏处是什么呢？"

小伙子："不但什么事都做不成，人的心里也痛苦，自己瞧不起自己，有一种说不出的感觉，就好像全身都是刺，自己又痒、又痛苦、又抱怨。而积极主动的人，做任何事都感到快乐，一做就成；没有自动力的人，做什么都给困难挡住了，也不想去解决困难，就想到让别人做，那样的人做事会是什么样子的呢？"

演练大师："下面请看演练做事：一个小伙子上来了，他一看，就喊'这个表怎么做啊？他们都干什么去了！'"

那个女青年就在旁边点评了："你看，他做一点事就大呼小叫，一个大男子汉给人感觉是一个窝囊废，一点小事就把他给难住了。"

演练大师："继续看，他一边做事，一边唉声叹气地抱怨'又没拿这份工资！'"

女青年："这种小气鬼，多可怜！这叫做事吗？他做事的时候心里毛躁、痛苦，被老板发现了会挨训、降级。"

演练大师说："你看，这种人最后得到什么呢？倒霉的下场。原因很简单，对于青年人，只要形成自动力，不但做什么成什么，而且心情很快乐，走到哪里各方面都是很好的。"

女青年就问："那怎样才能形成自动力呢？"

演练大师说："第一步，做任何事一开始就故意找最不起眼的小事，把它当成生命去做，全身心地投入，忘掉自己。"

女青年说："那件事很简单，一下子就做出来了，谁愿意全身心地当成生命一样去做啊？"

演练大师说："不！比如抹桌子，自己要全身心地投入，动脑，怎样抹得又干净又漂亮？怎样抹得像弹琴一样，又好像洗刷人的心灵一样？能收获很多东西。

第一步，故意找困难，做任何事只要找到了困难，就找到了方法。问题出在了哪里呢？把这个问题分解，心里自然就想着：我作为一个人，难道就被这一点小困难吓倒了吗？再大的困难，我把它化成小困难，我不怕它，我有自信力，慢慢养成习惯，遇到任何难事、不会的事积极找方法，就做出来了。

第二步，做任何事，首先是冲，不要想，立即做。在做中从不会到慢慢会了，同时借助力量。

第三步，平时做事，养成多做一点，多想一点，往最好处想，往最坏处杜绝的习惯，也是很好的，慢慢就能多做一点。

第四步，做任何事，要做就做到最好，前一两个月，先做最不愿做的细小事，眼高手低的毛病就改掉了。接下来开始做难的事，找方法，相信自己能做好，感到自己有价值，当一个人做任何事去寻找困难的时候，就能得到价值、各方面的刺激，培养自己勇敢、做事的积极心态，自然就能做出来。

第五步，培养自己吃小亏得到大便宜。两三个月到半年，锻炼自己不管再苦、再累、受冤、受屈，找有些事故意吃亏，养成一种固定的思维和心态，这样就锻炼了自己勇于承担责任、开拓进取，做什么都会雷厉风行。”

那个女青年在旁边，说：“我就不想做。”

演练大师说：“用一些简单的刺激，做一些简单的小事，不很想做先弄一些环境刺激，如用真爱来激励自己，先鼓励自己，认为做这件事很神圣。第二，做那些难事怕、推、躲、受不了，怎么办？在没事、快乐地时候，找自己在世上感觉最难、最怕的事，然后再分析，很幽默地像打游戏一样，快乐地先模拟、虚拟，在实际中碰一点点，慢慢再多一点，就不怕这些困难了。”

女青年又问：“我一做事就想一下子做成。”

演练大师：“哎！做任何事不可能一下子成的，要慢慢来。”

女青年问：“我一做事就想着结果，一得不到就光抱怨，自己也控制不了自己。”

演练大师：“这个时候，最简单的一个办法，自己用正面的刺激来奖励自己，像物质、爱、美丽的环境，幽默、婉转地把自己的心境调整好，懂得吃一点小亏得到大福。”

女青年说：“回去以后我很乱，实训几天我就不想干了。”

演练大师说：“自己订一个计划，订得低一点，每天只需要多做一点点。做任何事就想着世界的秘密：越吃亏越有运气，越想讨便宜越倒霉。这就是你所问的，为什么有的人总是倒霉、有的人总是好运？”

演练大师问：“你感觉最难的是什么？”

她说：“我最怕打扫又脏、又臭的地方。”

演练大师说：“你想着那些在牢里的人，他们想自由都没有，你还是自由的人，这个时候，你先喘口气，想着自己挺幸福的，你做试一试。”

女青年说：“哦！我懂了。”

演练大师：“再慢慢坚持，很好。由于我们演练的时间很短，主要的路还要你自己走，这样，你就像小鸟一样，飞的越来越高了。”

她回去以后实训，先从最低的小事做起，如打扫卫生，果然，现在心里很高兴，跟以前不一样了。

★【自动力的巩固模式】

就是想着,有了自动自发,任何困难都不怕,做任何事都幸福无比,做什么成什么;如果没有自动自发,做什么事不但做不成,什么都倒霉,自己做什么都处处有障碍,很痛苦→从小事练起,从不愿做的差事练起→练吃亏,每天多做一点→就是找困难,练那些难的事,或者是从自己最怕的、最恐惧的事先模拟着做一点点→慢慢规划好计划表,激励自己。用各种方法刺激,如物质、生理、体面、爱来刺激自己和鼓励自己,慢慢地做下去,到一定程度,自己就幸福无比了。

十一
现场力

题记：

人类成功的秘诀就是做好手边事。如果能把握眼前、协调团队、进行现场的综合运筹，尤其能在各种变化的矛盾中，做好自己的手边事，经过一步步的锻炼，每件大事、难事都会迎刃而解。其实，做好每一件小事，就好像串一颗珍珠，当你把所有的工作历程串起来，回过头来，就会发现这是地球上最绚丽的一串珍珠项链。

★【目的】

工作的实质要求就是立即行动，想得再多、计划得再好，不去行动，这一切都是空的，这个“行动”要求马上、迅速，在行动的过程中，一边动脑一边拼，形成团队的精神，包括处理、协调好各方面的矛盾，积极主动做好自己的事，这些都要融进现场中，才能做出最佳结果。把握住现场就能把握住一切，将天时、地利、空间、人和、事情、潜能开发、娱乐、合作都融在现场之中，发挥最大的效果，故称为现场力（21 世纪，日本管理中最流行的能力）。

【存在问题】

一、当代青年职工,虽然懂得很多理论,如团结精神、合作、执行、立即行动等,但是不会现场运用,那只是纸上谈兵,更是叶公好龙,满腹经纶却不能在现场的实战中做出成果来,拥有再多的才学、本领又有什么用呢?现场力就是自动自发、开拓、协调、与人合作、沟通一切的综合能力素质,在现场中产生结果、效果。要做到这一点,需要亲临现场实战,才能灵活应用各种能力,就好像谈斗虎的人,天天谈怎样斗虎,自己又怎样勇敢,怎样与人合作,还不如现场来一只老虎,看看怎么运用各种能力,把老虎斗倒。

二、青年职工,做事总是以自己的观点,不会根据现场应变,尤其对于领导布置的任务,抓不住主要的矛盾,总是执行死命令,不会变通,导致在变化的现实中,做出的效果很差,甚至把事情做反了、做败了。

【艺术突破口】

做任何事,人们要求的是效果,而现场力就是当时说,当时立刻行动,雷厉风行,还要做出效果,这正符合人们相处的模式,那就是给人带来利益,不如把利益马上送给别人。

【艺术实训过程】

实训一

谁能当上经理,奖金一万元?

台上的人分为两组,每组分为两个竞赛,要通过这几关:

第一关:入门。有两个人站在门的两边把关,上面有标幅:人不在漂亮,只要有才、洒脱就厉害。洒脱是指这个人的心态平稳(即自信,也就是不自卑、不自傲)的综合仪表。两个人走过去了,实在太差就被挡在外边。

第二关:要听到你的歌声。歌声不在于好坏,而在于有激情、有自信,每个人只唱一句。又有两个人过来了,能过关的人,要求不但是有激情唱的人,还不能抱有"瓦伦达心态",即做任何事要往最坏处想,不管唱得好不好听,只要有激情、有一颗平常心就行了。

第三关:掀起新娘的红盖头。这一关有新娘,只要你善于运用语言进行沟通,说出一个最好的理由震撼她的心灵,就能让她掀起红盖头。两个人过来了,两个人同时表达能行。

第四关:在多、烦、杂、累的情况下,怎样迅速解决问题?一方面要和人谈判,谈判什么?向和尚推销梳子,两个人各拿两把梳子,以最好的理由让和尚把梳子买下来(要求:要站在他人的角度、社会的角度,利用双赢政策,把别人的需求放在第一,满足别人的需求,这是营销艺术、公关艺术)。第一个人不懂,和尚不让过。第二个人说:"大师!你是慈善之人,每个人烧香拜佛的时候,一磕头头发都乱了,如果你能用我这梳子给他们梳一梳头,也代表大师做事完美、施恩群众。"和尚就买了。

第五关:决策力。那边有两个人吵架,谁也不让谁,谁都有理,怎样解决这个事情,让他们停止吵架来听从你的劝说?这是决策力、管理力、领导魄力等综合能力的考察,谁最后通过,自然能当上经理。

演练师总结:"凡是能当上这个经理的人,这次竞争是他综合能力的体现,平时在学校里读的书再多,如果到现场不会综合运用,只能是纸上谈兵。而过了关的人,即使面对没有学过、没有看过的东西,也能发挥得淋漓尽致,证明他的决策力、创造力、应变能力非常优秀,社会上的单位就是要求职工在现场能够做出最好的结果,这才是单位需要的真正人才。"

屏幕显示:现场力就是把握瞬间,成就未来,人的一生都是由无数个瞬间组成的,都是由无数个眼前组成的,将眼前的现场把握住,把握时间、保持高效就能成就一生。

实训二

一个青年甲刚到单位,这个领导说应该这样做,那个领导说应该那样做,过了一会儿,另外一个领导又说应该怎么样做,而旁边的一位老职工说

“你做错了”,弄得他不知道怎么做了,无从入手。

另一个青年乙听领导说,在外面人际关系要外圆内方,大家坐着你就不能站着。

开完会了,多数人都走了,领导要求乙扫地。

乙说:“大家都走了,我也要走。”

领导说:“你怎么这样做呢?”

乙说:“这不是你说的,这样才叫人际协调吗?我一个人留着,不就破坏了人际吗?”

领导:“那你的职责呢?”

乙:“不是你说过,一个人在同一个时间只能做一件事,我能同时做两件事吗?”

(领导特别生气,马上叫甲职工和乙职工过来看录像:《新盲人摸象》,一个小伙子坐在凳子上开始摸大象,第一天大象的尾巴朝着他,他一摸,他说大象像绳子,第二天大象的腿朝着他,他摸到腿说大象像柱子,第三天大象的耳朵碰到他,他摸大象的耳朵,说大象像大扇子,第四天他不摸了,他说大象一天变一个样。别人问他,大象到底是什么样的,他说:“我不知道,大象天天变。”)

领导:“我们青年人在工作中,领导说这样做,他就不知道那样做,说那样做,他就不知道这样做,到最后糊里糊涂也理不出头绪,尤其刚上班的青年特别多,这个问题出现在哪里呢?”

甲说:“他不能只摸大象的尾巴,应该全身都摸。”

领导:“那用在工作上是什么意思。”

甲:“工作要看……”

乙:“工作要看全面。”

领导:“对!这个全面就是要从方方面面综合运筹,尤其在工作中,要抓住主要矛盾,然后根据你的主要目标去干,方法再变但是目标不变,这样就看得清了,就好像摸大象一样。很多事情就跟摸大象一样是来回变的,但它再变还是一头象,跳来跳去还是那样,但是我们很多人就是没有抓住大象是一个整体这点,大象动一动就不知道怎么办了。”

甲说:“我们平时该怎么办呢?”

领导:“平时做任何事时,要把他人的心理、现场的物质、经济、社会的竞争、法律、公德、领导的心理、自己的潜能、同事的优缺点都融到一起,抓住当时的主要矛盾大胆去做,这也就是现场力,慢慢地从小事做起,一点一点地习惯成自然,到时候什么事都能做成功了。”

★【现场力的巩固模式】

明确具体的任务→借助天、时、地、空、人的力量→立即行动,在行动中应变,将目标、任务在符合客观的基础上来回变化,使自己适应那个目标→在坚持中就达到自己的目标,做出自己所想要的成果。

十二

激情行动

【目的】

对于任何工作，只有充满激情去做，好像烈火燃烧一样，才能做得非常好，无论什么困难或者别人怎么干扰，都感觉不到累、烦，而且高效、快速。

针对80后的职工，他们对自己喜欢的事才有激情去行动。对自己不喜欢的事：一是被动去做；二是即使有激情，也拖延不去立即行动。延误时机再去行动之后就没有效果了。在激烈的社会竞争中，没有激情就没有好的效果，甚至败下阵来。

【原因】

一、一个人好像潜力无限的能源一样，用激情点燃，才能爆发出来。这就是说，在工作中先有激情，把自己的潜能激发出来，精力达到旺盛的点，然后做什么自然有力度，人也变得洒脱、有智慧，并且轻松、快速、势如破竹，还能无意中激励他人，把他人带动起来，使团队的潜能开发。对于没有激情的人，就好像打瞌睡行路的人，在团队合作中会影响他人。

二、自古以来成大业者往往都是"偏执狂"，"偏执狂"就是有激情，"狂"

为疯狂,学习要疯狂学习,做事要疯狂做事,热爱要疯狂热爱,这样才能有无限的潜能和力度。

三、立即执行。有激情的行动能取得最好的效果,仅有激情的狂想是没用的,必须行动。激情行动就是搏击,这种搏击有排山倒海之势,在社会竞争中,自己就像天宇中的雄鹰,有无穷的力量和魄力,使得同行敬畏,同事称赞,领导欣赏。

★【艺术突破口】

一、用自信突破。世上每个人的潜能都是无限的,做任何事,有一千个难处就有一千零一个解决办法,有一万个失败就有一万零一个成功,所以世上永远没有失败,只要用心去做。

二、世上的事也怪,只要一动手拼下去,那些不会的、难的、不可能的事就出现奇迹了,这就是由陌生到熟悉,由熟悉到灵巧,巧能生灵。

三、用呐喊刺激身体,使精力活跃起来。

★【艺术实训过程】

激情搏击,世上没有成功不了的事

一位残疾人,他只有一条腿,拄着拐杖,步行很远的路去推销东西,他放着火爆的音乐:“我是冬天里的一把火”,头上扎着红头绳,残疾的腿上绑着红布,拿着自己的产品使劲地按照那个节奏往前冲,他每跳一下,别人就能感到他那种无限的毅力、勇敢的精神浩气冲天,皱着的眉头就舒展开了。

他对别人说:“我是世界的一只雄鹰,我要用我的生命产生价值。”

别人感觉他的精神那么震撼,最后才知道他在卖东西,有人好奇追着问,有人被他的精神感动,拿钱买他的东西。

然而有的人做营销,又怕、又懒,别人对他就多疑,他的东西无论如何都推销不出去。

总结:激情冲击,这种精神动天地、泣鬼神。人都有恻隐之心,震撼了别人的心扉，就有了人际，做什么都行，只要无怨无悔地搏击，让生命产生亮丽的火花，即使最后一口气，也能浩气长虹，不但把周围的环境震撼，也把自己的无限潜能震撼，而且即使眼前碰壁失败了，也激发了自己无限的智慧，使自己有无穷的力量，做事像烈火，一做就成。

点评：超前做任何事的时候，喊"我能行"，或者做膀子使劲伸的动作。因为每个人的潜能无限，借助别人的力量，慢慢动手做，不会的事也能变得肯定行。（朗诵词，呐喊，再拍胸、按摩脑部，最后互相击掌，说"你能行，我们能行"，然后捶捶背说"你行，我行，我们都行""想办法，你去干，我支持、我鼓掌"，锻炼一套激情行动模式。）

★【激情行动的巩固模式】

对于任何细小的事，拿命拼！→对于一般的事，用全身心的爱拼（尤其不能苛求完美，当条件不足时，也要大干）→随着时间的推移，在生活、工作中不断地锻炼素养→形成激情行动。

十三
反苦为乐力

人在病痛中才感觉到康复时的幸福,那么,如果始终在病痛中,怎样才能感觉到比健康更幸福呢?人在穷困潦倒的时候,才渴望富裕,那么如果你在穷困潦倒的时候,怎样感觉到比富裕的人还幸福呢?人在失恋时,才感觉到平淡的爱情是那么美好,如果你始终在苦苦的单恋中,怎样才能感觉到比热恋还幸福呢?人在孤独的时候,才知亲人的重要,如果你失去了亲人(父母、伴侣、孩子、手足、好友等),陷于长期的孤独、痛苦中,怎样才能体会比有亲人还温暖呢?

许多人也许会说,这是不可能的,其实世间的事很怪,有多少苦就有多少甜,你想获得多少甜,就必须付出多少苦,苦难等于幸福,苦难越大幸福越多,没有痛苦就没有幸福。而世上很多的人只想甜而不愿苦,越是这样想,越难以获得甘甜。真正的甜是把痛苦转化为快乐,即反苦为乐,当你在病痛中痛苦难忍、病魔缠得你生不如死时,也许会想到自杀,那么怎样才能把它转化为甘甜呢?其中要以坚强的毅力、非凡的意志与病魔斗,病魔越强大,斗的力量越大,拿命与病魔拼(真的不要命,真的忘掉自己),这种反苦为乐法,就是在与病魔的战斗中取得快感,在病痛中学会转化。例如,一位十四岁的江苏男孩在病床上躺了四年,自学拿到物理本科,他把自己的注意力和痛苦的感觉转化到学习上,在知识中取得了幸福。像奥斯托·洛夫斯基在病痛中写出了《钢铁是怎样炼成的》;司马迁在遭受宫刑的屈辱下写出了《史记》;张海迪在身体三分之二瘫痪的情况下,自学英语,两次考上大学。这些人越苦越乐,忘掉了痛苦,转化了痛苦,这其中的奥秘是痛苦是事业成功的动力,痛苦是获取智慧的源泉。

当一个人在穷困潦倒的时候,饭不饱肚、衣不遮体、亲朋远离、四处无援,怎能感觉到比富裕还幸福呢?纵观古今中外的许多富翁,开始时都是贫困家庭出身,有许多以当乞丐、拾破烂为生,为什么他们能成为富翁呢?他们在当乞丐时,遭受四处流浪的渺茫,他们渴望富有,就是这种渴望,使他们奋斗,就是这种渴望,把痛苦转化成了幸福。他们深深地了解到,痛苦是财富,要想在事业上成功,要想当富翁,开始越苦越好,苦能磨炼人的意志,苦能使人忘掉自己,苦能使人增长拼搏的动力。而富人在富裕中会养成懒惰,这正所谓金钱育浪子,男人有钱会变坏,富人胆小,富人做事动力不足,富人自私(这里的富人指少数人),富人做事总是抱怨这个原因、那个条件。这就是穷和尚能到南海、富和尚到不了南海的原因,穷和尚在去南海的途中不是伴随痛苦,他比富和尚更快乐,穷和尚在无意之中把去南海途中的痛苦和苦难当成了动力,当成了幸福。

人在失恋时,感到世界的一切都是灰暗的,生活的一切都是苦涩的,怎样才能感觉到比热恋时还幸福呢?这就需要转化,这种转化的办法是:在思想上,晚痛不如早痛,长痛不如短痛,他不爱你了,何必苦苦纠缠?抛去不爱你的人,就会拥有爱你的人;在行动上,他有什么大不了的,只要自己是梧桐树,不怕招不来金凤凰,使自己变成世界上最大的梧桐树,会引来世界上最美的金凤凰,找找自己的内因,幽默诙谐地说:"自己不行,何必求人呢?自己行了,别人就求你了,现在拼,自己各方面都行。"这样,失恋的痛苦就会转化为动力,在转化中就获得了幸福。

反苦为乐的根源就是"播种苦难,收获幸福",无论做什么,必须先播种后收获,播种苦难收获香甜,无数成大业者无不如此。然而很多的人成不了大业,不是他们不拼搏,不是他们不聪慧,这些人往往不愿播种,只想收获,患得患失,沉不住气,导致很难成大业。例如,很多铁饭碗者,想离开铁饭碗去成就大业,然而他们经受不了下海的苦,经受不了长时间的经济折磨(一分钱不挣,贫困潦倒),舍不得几千元舒舒服服的工资,他们更承受不了亲人、朋友的白眼和讥笑，所以延误了时机，消磨了志气，最后只想而不做。但是北京师范大学讲师石山嶙能抛开潇洒的大学讲台、舒服的工作待遇、优惠的工资及亲朋的青睐，而到街上卖爆米花，别人认为他精神有问题，他长时间经受“三座大山”的折磨，第一座是贫困潦倒的折磨，第二座是亲人朋友的误解和讽刺，第三座是无数苦难和迷茫的延续。正是因为他播种了苦难，才成了中国的名人和富翁。

如今，许多人找不到工作的门路，在工作的门外徘徊，为什么不学学北京师范大学讲师石山嶙呢？学习他在幸福中抛弃幸福，去寻找苦难，这种苦难比幸福还幸福，这种苦难的痛苦比幸福的甘甜还甘甜，像他这样才是真正做到了反苦为乐。

十四

专一力

许多人干干这、干干那，到头来什么都干不成；有的人在学习上，学学这、学学那，什么都不精，到头来什么都学不好；有的人和恋人相处，一遇到困难，就改变自己的观念，到头来爱情的果实是瘪的，是空的，这些都根源于缺少“专”。

一个人的精力有限，能集中力量把一项工作干好就不容易了，这就是滴水能穿石的缘故。而世上很多人，不是他们的能力不够，不是不拼搏，而是做任何事，一遇到困难就改变方向，他们的观念是干一行怨一行，违反了“行行都有风雨，才能行行出状元”的规律。他们和恋人相处时，拿自己的恋人的弱点和别的异性的优点相比，到头来找了很多恋人，一个都不成功，原因很简单，他们没有专一的忍耐力，感情脆弱，像天上飘浮的云。纵观这些情况，一个人一生要想有所成就，必须专一。

要形成专一力，首先要树立做任何事都不容易，越有困难越值得做的观念。许多人不专一，就是因为观念不对，他们越认为不值得做的事情其实越有价值。做任何事，开头越难，成功的价值越大，创业时，必须从最难、最艰辛的开始，如心理咨询，当遇到别人的不理、怠慢甚至辱骂时，成功的价值越大，这是因为开始时的艰辛能磨炼人的意志，强迫人提高素质能力，激励人成超人，随着时间的推移，就会成大业。如安徽大学副教授何嘉庆为了在贵州推广养育技术，倒贴给人钱叫人栽培，反而被当地人误解，甚至骂他是流氓、骗子,他曾经夜间睡在庙里,差点被毒蛇咬死,但他坚持了下去。对于大学的潇洒讲台,他并没有叹息;回想着温馨的家庭生活,他没有退却;感觉到十九岁女儿深深的爱,他没有回头。他花了七万多元仅有的积蓄,在漫漫的黑夜里坚持啊坚持,终于成了东方的名人,成了生物学家。又如河南的马文仲,在开始辅导时,遭受了很多的非难和误解,但是,他最终从一个无文凭、无水平、无关系、无经济、生活不能自理的人成了东方的名人。东南亚大多数的富翁都是从最苦、最难、最贫穷中创造财富的,也缘于同样的道理。这说明,要想成大业或者找到好工作,必须从最差的、最艰辛的开始,当今很多大学生和下岗工人找不到工作的原因就是空中造楼,万丈高楼不想从地起,然而楼基越扎实,楼层才能越高。

其次,人在长期的各种行动中,要像何嘉庆、马文仲那样,坚持到底才能胜利,这就要求必须做到专一。

再次,人不能朝三暮四,在事业中,越绝望越是柳暗花明。行行出状元的根源就是专一,世上没有绝路,只有绝望的人,在所谓的绝路中,越绝望越拼搏,冬天过去自然春暖花开。

最后,专一就是以自己的长期目标为中心,四面开花。要学会为自己专一的事业营造环境、创造条件,使自己所做的专一的事达到世界上最高、最精、最绝的水平。

十五

言之必行力

任何事的成功不是说出来的，而是做出来的。

可悲、可笑的是，很多人都是语言的巨人，行动的矮子。那么，怎样才能做到言之必行，甚至言之超行呢？

其一，做任何事必须默默地干，想到就干，不干不行，在做时不能瞻前顾后，胆小怕事，这个原因不足，这个条件不行。更可恶的是，总说“等一等”，这个“等”字就是死亡，就是把自己的想法和计划扼杀为零甚至负数。只要想干，就拼命干，这个拼就是真正忘掉了自己，忘掉了自己的脸，就好像孙膑装疯卖傻，逆反了一般人做不体面事的不好意思的心理，还要集中一切力量，狠、猛、勇，按照滴水穿石，穿一点，找出突破口，势如破竹，干任何事才能一挥而就。聪明的人是想而猛干，愚昧的人是想而等着干，窝囊的人是想而考虑干，而成功的人是不想就干或先干后想。

其二，想了也干了，但是干时想得多了，考虑多了，要面子，又怕这怕那，力度不够，这种人干了等于没干，好像妇女生个婴儿，生出个先天性痴呆的残疾人。对于这种人，言之必行就必须采取先干后想，不想而行，这样才能消除啰唆、胆小、力度不够等这些因素。

然而，真正按我们做事的思维来说，做任何事要有科学的计划，即先想，再选出最佳的决策，最后借助天时、地利、人和，忘我地干，拼命地干，大干猛干特干，坚持到底，世上的事，没有不成功的（即想法 + 拼干 = 成功）。

十六

反差为优力

只要是事物就有它的弱点，因为人和事物都是由优点和弱点组成的，有一个优点就相对带来一个缺点，一个事物有一个优势方面势必带来一个弱势方面。一个人在社会上生存，何为优点，何为弱点，要具体问题具体分析，也就是说，同样是一个优点，在不同的环境、不同的人或处理不同的事中，这个优点可能是优点，也可能恰恰是弱点。例如，一个人心善，在对待老人、好人或处理有些情感的事当中是好的，但是在战争时代，面对敌人时又成为这个人最大的弱点。

有的人会说，世上无优点、缺点之分，其实，这句话要在具体的实践中才能区分真正的优、缺点。相对来说，一个人是有缺点和优点之分的，有些缺点即弱点在任何环境、任何事物中都是缺点或弱点。对于这一点，一个人要想成为完美的人，务必化差为优。那么，怎样才能化差为优呢？例如，一个记忆差的人，怎样加强记忆，甚至赶上聪明的记忆人？这就要求从意识、方法上，从弱点的对立面即优点上大做文章。例如，国外有一名演讲家，原来他是短舌头，说话五音不全，谁知他从意识上发誓要成为演讲家。从方法上，他每天嘴里含着石子，面对青松，长期磨炼，口中不知流了多少血，最终成为世界著名的演讲家。又如，又聋又哑又盲的海伦，学会了五种外语，听、说、看的能力都很强。然而，开始时她这三个方面几乎是零，要学会五种外语是根本不可能的。但是她的老师不从弱点入手，而是从感觉力入手，使她在长期的磨炼中不仅学会了五种外语，而且发明了盲文，成了作家，并会骑马、爬山、游泳。这些是正常人意想不到的，她的弱势比正常人的优势还优。

那么怎样才能反差为优呢？首先，要在信念上坚信只要想到，没有做不到的。其次，按照科学的方法，这是重中之重。再次，从弱点的对立面入手或弱点的其他方面的优势入手，艰苦磨炼。最后是时间保证，成功就在于坚持。另外，学会具体问题具体分析，人要练成全才和通才，胆大、心细、智高、艺高，成为一个超人，那也就没有什么反差为优可讲了。在做任何事时，怎样把坏事变成更好的事？

第一，任何事有不好的就有相应好的，越差、越倒霉的事的对立面就存在越好的事，要想把坏事变成更好的事，就要挖掘坏事的对立面隐藏的好事。

第二，学会变通，反差为优。世界对你关上了一扇门的同时，相应地就打开了一扇窗，那你就必须从打开的那扇窗中挖掘太阳，把自己变成金凤凰。

第三，失败是成功之母，磨难、不幸、倒霉是真正的幸福的源泉。要学会总结升华使之变成自己的财富，做到这几点，所有的坏事都是好事。如年轻时失业了，通过自己的努力，一辈子可以有一个永久的金饭碗。人病重了，只要有一口气活下来，就是无限的福气。所以说大难不死必有后福。被别人诬陷了，可以把诬陷转化为更强大的动力，使自己更强大。家里失火了，烧得一贫如洗，要重整旗鼓，开发潜能，背水一战，那就是野火烧不尽，春风吹又生。人在无意中毁容了，可以消除自己的傲气，从另一方面激发自己的能力，使自己内心拥有美丽的世界。失去亲人了，无限的悲痛是激发成功的力量，也是以后幸福的源泉。

十七

行动的果断力

一位中国名人说："做任何事，少说，默默地干。"其实这里少说、默默地，意思是要少思少想，专一地干。然而，我们很多人做事时，不是做不好，也不是不能做，就是因为考虑太多，忧虑重重、瞻前顾后，延误了时间，削弱了做事的效能，降低了做事的力度，导致做什么都难以成功。这就和跑步、跳高、跳远一样，一开始跑得快，跑到跟前要跳时，却疑虑了一下，就这疑虑一下，导致跳得不远、跳得不高甚至还不如不跳，留给自己的只是可笑。这种人不是不做，与言而不行的人大不一样，他言而已行，就是行之无效，那么根源是什么呢？

其一，从性格、心理上说，这种人做事不果断、不勇敢、心事重重，主要一点是抓了西瓜又拣芝麻，岂不知拣了芝麻丢了西瓜。或许是鱼和熊掌都想得到，手里拿着熊掌，心里和脑袋中充满了对鱼的欲望，因为鱼的欲望把手中的熊掌丢了，丢了熊掌甚至还不知道。等时机一过，细细想想，脑中的鱼是空的，手中的熊掌怎么没了？这件事的根源就是委曲求全，想拥有但不会放弃，即有了熊掌却不会放弃鱼。其实，学会放弃也是一种高超的素质和能力，人放弃黑夜才拥有白天，最可恶的是拥有了白天心中还过着黑夜。

其二，这种人是小气作怪。做事小里小气，小气的人做不了大事，越想占小便宜越吃大亏，想多获得几粒芝麻就会多丢几个大西瓜。

其三，这种人有一个优点，做什么事喜欢回忆反馈，这虽然是他的优点，但在果断力上却是个缺点。因为回忆反馈导致做新的事时有疑虑、瞻前顾后、注意力不集中，行事疲软，缺乏力度。

其四，这种人胆子很小，窝窝囊囊，导致做事没有果断力。

其五，其实这种人的根源还是自私作怪，总想拥有不想失去。导致这种人有一个习惯，做什么事就怕失去什么。岂不知在这个世上拥有这个就要失去那个，拥有白天就要失去黑夜，拥有西瓜就要失去芝麻，拥有熊掌就要失去鲜美的鱼。

其六，这种人做什么都不专，像撒大网，又像想一枪打十二只兔子，结果连兔毛都没打到。

要想改掉上面的缺点，形成做任何事的果断力，大体措施如下：

第一，真正懂得做任何事放弃东等于获得西；

第二，忘掉自我，失去生命也无所谓，勇猛地干；

第三，获得西瓜时，就不要考虑芝麻；

第四，要培养自己胆大；

第五，加强各方面的理论学习；

最后，加强实践锻炼。

做任何事，快速高效，这样长期锻炼形成习惯，行动上的果断力自然就形成了。

十八

一通百通的认知力

亚里士多德在人们心目中好像无所不知,无所不能;诸葛亮在人们的意识里神机妙算、神通广大;泰戈尔的诗震撼心灵、催人奋进……这些人学识广博,能力超群,是一般人可望而不可即,可敬而不可想的。

其实不然,这些人有一个共同的认知方法,即一通百通、百通万通以至无所不通。这些人在每一寸时间的土地里、每一寸生活的空间里,知一点、通一面、通一体,通这体就通那体,最后以致全部通。例如,看见一个人的一丝笑容,就知这个人的灵魂,马上预知这个人的过去和未来;通过这一个人,可知这一类人,甚至知一个民族、一个国家的人;通过这个人的经济、文化、道德、风俗,就可以了解这一类人、这一民族、这一个国家的经济、文化、道德、风俗的变化发展。

看天上的云能知天气变化,观地上的百兽鸟虫,能预测地震的震况。观一产品的广告,知一企业的发展,观一楼宇的外貌,了解一城市的实况,这种变通也是预测。修一条路,它的造价多少,人际关系多少,遇到的困难多少;培养一个人成才需要多长时间,学什么才能适应社会,花多少钱,遇到哪些干扰的因素,这种变通就是运筹,运筹在变通中就是利用现有的材料达到最科学、最经济。模仿以前的伟人,怎样把一个普通人激励成伟人;怎样把一只丑小鸭修养、美化成白天鹅;怎样把一个普通演员策划成电影明星……这些变通就是策划,策划是在变通中挖掘未有的,使已有的变通为通向未来的，使丑陋的变通成美好的。

一通百通不仅仅是见一绿叶便知春天，更主要的是看到这座山就知晓那片水，知晓那片水就了解那片天；懂得那片天就熟悉那片地；了解那片地就读懂那片人。例如，当你与人下象棋时，从中可以得到以下知识：

第一，了解对方下棋的思想、心计、能力；

第二，了解自己的思想、心理；

第三，通过下象棋，你就知道怎样进行人际交往；

第四，棋如软件开发；

第五，棋如战争打仗；

第六，棋如口才公关、商品、买卖……无所不通的这个“通”字的秘密就是：有相同的思维，相同的解决问题的方法，就是形式不同而本质相同。就好像一盆面，巧妇能做出千种万种食品来，而庸妇只会擀面条，而你怎样才能做巧妇呢？关键在于这个“巧”字，要练成巧妇，必须把哲学用得挥洒自如。具备高质量、高素质、高能力，要多才多艺，抓住一个方面，使其达到最精、最高、最绝的地步，其他方面潜移默化，找出共同点，就会迎刃而解。例如，你把笛子吹得排山倒海，招蝶引凤，那么你就会吹箫了；箫会了笙也就会了，笙会了，唢呐、双簧就都会了；这些都会了，二胡、提琴等其他也会了；随之钢琴、木琴、大鼓、小鼓在共同的曲调中发出惊人的仙乐；这些乐器都会了，慢慢向其中的灵魂转化，找出共同的方法，那么你的情诗会写得令人死去活来，悲时痛而欲绝，乐时心花怒放，诗会了，你的文学、口才、艺术等都达到超人的仙境。用同样的方法，把灵魂、本质转化到文科类，如法律、管理、心理学、社会学、人文学，就会无所不精，无所不晓，达到惊人的地步。文科会了，架起通向理科的桥梁，最后理科也败在你的石榴裙下，你成不了亚里士多德，也变成个诸葛亮，这就要求：

一、做任何事要懂一知十。比如练打乒乓球时就能磨炼心理公关的能力，使自己渐渐达到做一件事得三件事的效果，不仅仅局限于一箭双雕，要求一枪打十二只兔子，还要附带两只小麻雀。

二、要培养全面思维，联系做事。每做完一件事，转移到其他类似的事上，就马上迎刃而解。例如，你打麻将时，摸一个炸弹马上写出一段软件的程序，眼前又迅速地飘动几个音符，同时要看到众人的心理，让社会随着炸弹的响声，伴着软件程序的步伐，配着轻音乐，带着一个人群关系的世界，统统进入你的小脑袋。这就好像蟠桃会前的孙悟空，把所有的蟠桃、美酒、西瓜、萝卜、猪肉、香鱼等统统装进他的口袋，然后变成一根汗毛，放入耳朵，回花果山与众猴共享。

三、要高效学习，科学做事，运筹一切。做什么要成什么，要做就做得最好、最妙，养成这种习惯自己就成天才了。熟能生巧，巧能生灵，神灵所至，你就会无所不知，无所不能。

四、要像契诃夫的作品里的变色龙一样，适应环境，以达到适者生存。其次，要非常灵活，就像听一声春鸟叫，就知晓春天到了。

五、要有丰富的点子。做任何事都缀满智慧之花，让智慧之花不是为了广告美，而是犯过罪的浪子回头能列出一排来。

六、用科学、用未知的信息、用别人的力量来完成自己所要完成的事。比如，听邻居家的琴声来满足自己对艺术的渴望。

七、学会变通。世界上什么都是通的，最丑的能通向最美的，这就要求会用观念、智慧、心血去变，在变中就会建起通天路。

十九

放弃力

人学会放弃就会拥有，放弃了胆小就获得了胆大，放弃了鱼就获得了熊掌……而许多人就是因为不会放掉肚中的臭屁，才获得不了新鲜的空气，根本的原因就是他的小气，更深的原因是目光短浅、静止、愚昧，在黑夜中想不到白天的到来，在冬天的白雪中想不到春天的山花烂漫。另外，主要是理想低，志向弱，永远把自己固定在井底，不知宇宙宽广的大世界，固守小瓦房而获得不了高楼房，宁肯贫穷而获得不了自由，固守过去而拥有不了未来。这种人还因为胆小，很怕失去瓦房而导致荒地流浪，怕失去过去导致死亡，一个根本原因就是依赖性强，不敢放弃，不敢开创，不想独立。要获得高超的放弃力，必须做到：

第一，在自我的一定空间里充满痛苦，失去幸福落脚的地方，这就要求在态度和观念上一定要放弃。

第二，社会的快速进步，强迫人们忘掉旧的知识、经验、产品、技术，要求超前社会，不断创新，不断进取。进取到新的，自然就放弃了旧的，获得了大的，自然就放弃了小的。

第三，要逆反小气、忧虑，放弃了生命也无所谓，比如，被毒蛇咬了腿，放弃了一条腿，才能获得生命。

第四，要学会勇敢、胆大、冒险。冒险等于机遇，机遇等于获得，获得等于财富。

第五，要大胆狂想、梦想，加上自己拼命苦干。

第六，放弃了过去，才能拥有新的明天，才会有新的美好再现，放弃等于拥有、等于成功！

二十

胆大的实施力

有人说胆有多大,钱就有多少,而又有人说,有钱胆就大。胆大就是不要怕,它可以使每个人在做任何事时,因为胆大而超常发挥,虽然在黑夜中行动,心中也好似有一盏明灯。而胆小使人在做一些重大的事情时,遇到一点困难,就在困难面前忧郁、畏惧,导致压抑自己的能力,更别提超常发挥了,这样的人难以成大事。因为事情的价值越大,其困难、风险就越大。胆小的人在大困难、高风险面前吓破了胆,也就谈不上什么成功了。

我有一个学生,无论做什么总是怕,因为怕、窝囊,使她失去了可爱的丈夫;又因为在工作中怕这怕那,她又失去了工作。怕,导致她懦弱、无能,她仅有的一个女儿嫌她窝囊不理她。反之,我有一个朋友,在他面前从来没有"怕"字,无论做什么都勇敢地干,在他面前,好像没有什么失败,即使失败了,也认为只是暂时停止成功。因为胆大能发挥九份智慧,有一份力量能产生十份力量,即使在不幸中也显得大度、潇洒。胆大使他把自卑变成了自信,把消沉变成了奋起,把愚笨变成了聪慧,把懒惰变成了拼搏。在经济社会中,风险等于机遇,经历多少风险就会得到多少机遇,他善于寻找风险,以战风险为幸福、为快乐,使自己从一个穷小伙子变成了当今的富翁。

加拿大一位十二岁的总裁说:"人成功的秘诀是对未来不要怕",这个"不要怕"消除了懦弱、胆小,消除了潜能发挥的障碍,消除了失败的隐患。

二十一
思维力

人如果失去了思维，就变成了一个木头人。一般人都是同样的思维，社会发展变化，人的思维也要发展变化，时代不同，要求的思维类型也不同。有的人说，思维决定命运，其实思维决定一个人的观念、方法，即人生价值。许多科学家、伟人就是因为思维不同，以致他们的人生观、世界观不同，而平凡的人不注意思维的研究，更不重视思维革命、社会改革，在时代的激烈竞争中往往被淘汰，有时由于思维落后，让自己始终是自己的天敌，处处阻碍自己事业的发展，那么怎样才能培养较好的思维能力呢？

第一，要学习各种人的思维能力，以及哲学、社会学等思想内容，把这些理论作为自己的行动指南，要逆反平常人，打破传统，使自己形成科学的思维。

第二，要训练发散性思维、创新性思维，无论做什么事都尝试用新观点、新思想去做。

第三，积累丰富的知识，知识多了，思维就广了。对家事、国事、天下事，事事关心，从每件事中都能学很多知识，每件事都能培养自己的思维。

第四，考虑任何问题从正面考虑的同时，又要从反面考虑，尤其逆反一般人的做法和看法，有时要往最坏处想、往最好处想、极端地想。

第五，培养科学的思维。首先要培养自己是科学的人，事事讲究科学，不要感情用事，更不能凭经验做事，在科学的指导下使自己形成较好的思维习惯。

二十二

注意力

马虎的人做不了艺术活，从事不了科技工作，甚至在竞争激烈的社会中，经常会被奸诈的人所欺骗，从而成为一个痴呆人。人在生活、工作中最怕“认真”二字，凡事认真（做事认真，做人糊涂。做人糊涂，不是不认真，而是弹性地宽容别人、鼓励自己），他就能多用心一点、多用脑一点、多使劲一点，往往就这一点而导致了成功与失败之差、英雄和庸人之差。这个差距的根源就是认真，而认真的前提就是注意力。

注意力是心理活动或意识在某一时刻所处的状态，表现为对一定的对象的指向与集中。注意力有两个明显的特点：指向性和集中性，这要求一个人做什么事注意力要集中，还要专一地指向一个目标，这就好像举枪打兔子，要注意兔子的动向，要朝兔子的头脑或身体打，不要马马虎虎，若只打中兔子的尾巴尖，至少也打下几根兔毛。

注意力的功能：其一是选择功能。选择不同，产生的效果不同。例如，在失败的困境里，有的人认为越是困难离成功越近，这种人就会加快步伐走向成功，他就选择了成功。而许多的人在困境中静止、僵硬地看问题，认为眼前的困境是永远的困境，这种人走路滑倒了，就爬不起来了，爬在地上悲悲切切，甚至哭哭啼啼，一直哭到死，别人要拉他起来，他还骂人，因为他在困境中选择的是迷茫、悲观和停止。有的人走进绿色的田野，不由地感叹到：哇！绿色的平畴里布满了美的音符，唱着绿色的歌，飘进甜美的心中。

而有的人看到绿色的田野就想到的是蚊子,田野里的癞蛤蟆,把这些丑的东西融进他烦恼的心田,使他痛苦。

其二是维持功能,即做任何事坚持到底就是胜利。不会注意人做什么事烦躁、脆弱,在黎明前的黑暗里从来想不到光明的到来,这种人被蚊子一咬,就会咬死他追求生活的灵魂;蛤蟆一叫,就把他自己一切美好的洒脱都变成了蛤蟆身上的疙瘩。相反有注意维持能力的人,在冬天维持下去,迎来的是春天,在病痛中用医疗维持下去,迎来的是健康的生命,在绝望中维持下去,就迎来了希望的光明。

其三是调节功能。当人们需要从一种活动转向另一种活动时,注意力体现了重要的调节作用,也就是说,人只有在注意力转变的状态下才能实现活动的转变,才能适应瞬息万变的环境。

注意力分为不随意注意、随意注意和随意后注意三种。我们平时在生活、工作中要发挥“不随意注意”的作用,用“不随意注意”去汲取大自然的美、社会的美,更要利用好“随意注意”。世界上最伟大、最深奥、最科学、最神圣的一本书就是现实,要发挥“随意注意”在现实这本书中挖掘人类的智慧、社会的财富即未知的智能和科学的作用,使自己成为现实这本书的超能读者。另外,还有“随意后注意”,这就是说做过的每件事要回顾总结一下,吸取好的经验,作为以后行动的指南,把过去的失败作为今后行动的母亲,在现在、在未来中孕育出成功。

注意力是心理学的重要内容,二十一世纪,不懂心理学就是盲人,不会用心理学就是呆子。现在社会复杂,有个别坏人利用注意力使其他人在瞬间转移注意力而被偷、被抢、被骗,不但失去了财,有时都丢了命。这都因为自己不会灵活运用注意力,应把自己的注意力灵活地融入环境,与环境统一起来,它是保护自己的一种无形的武器。

此外,注意力的培养要注重身体健康的营养,更要注重心理健康,和谐的人际关系,亲情、爱情的浓厚,在这个氛围中孕育着良好的注意力。

二十三

科学利用力

如今是科学时代，人人不但要学科学，更主要的是用科学，科学是第一生产力，能促进自己全面发展。不用科学的人，就要被时代淘汰，有的人做事仅凭感觉，甚至依靠迷信，导致自己的人生如“盲人骑瞎马，夜半临深池”。而有的人会说：“人嘛！人家干什么你就干什么，别人怎么干你就怎么干”，这是大锅饭的理论，早已被飞速发展、竞争激烈的社会淘汰。传统观念、风俗习惯等都跟不上时代的发展，不仅不能促进自己的人生，而且会处处阻碍自己的人生，那么怎样利用科学呢？

第一，要树立科学的观念。以“不科学不人生”“不科学不言行”作为行动的指南。

第二，要学科学。科学技术突飞猛进，要在激流的大浪中做一个勇敢的科学弄潮儿，不但要高效率、高速度地从书本上学习知识，而且还要在实践中处处发现科学、学习科学，然后指导自己的行动。人间处处是科学，就看自己会不会学，通过一点指导一门和几门科学。例如，一台电视机，从电视机的外观看，知道它的广告艺术的体系内容，并从样式、颜色了解社会心理体系内容，从价格上可以了解经济价值体系，即市场竞争体系的有关情况，从电视的材料和制造工艺上就能了解当今材料科学和轻工业科学的发展等。了解一个人的一生，了解一个社会。由一个行为、一件物品、一点自然现象就可以研究出社会科学、自然科学的有关内容，这样学习也就形成了一通百通力、高效的学习力。要想处处利用科学，前提是有丰富的科学知识，会学习是丰富科学知识的源泉。

第三，要学会用科学，无论做什么事，都要计划、运筹、协调、行动，在每一个环节里，以科学为指导，以科学为行动。这就要求做什么事首先联想有关这方面的专业知识，怎么做才最有效、质量最高、效率最高、艺术性最强、价值最大呢？一个成功的方法是利用你所从事的有关方面的哲学方法、专业技术的最新内容，天时、地利的最佳协调，然后大胆实施。

第四，时代快速发展，新的科技不停地出现，只指望学往往是不够用的，要想超前社会，就必须创新科学、创造科学，在每一个言行中大胆地头脑风暴，然后找出现实与狂想之间的差距，怎样缩小甚至消除这个差距？这里自然就能提出创新、创造出科学的方法，科学的理论，回过头来，又指导自己更好地实践，即实践→科学→再实践→再科学……反复无穷，这里最主要的是螺旋型上升，随着时代的脚步，这样的科学创造是最伟大的科学利用力。

二十四

软件能力

随着社会的发展，不仅知识不断更新，而且人的能力也不断更新，不懂外语是哑巴，不懂计算机是文盲，不懂心理学就无法看透人的本质，也就无法协调各种人际交往。

这里的计算机主要是软件的开发能力和软件的应用能力，世界上没有不能开发成软件的事物，小至各种灰尘大到机器人。许多人认为二十一世纪是信息世纪，尤其是软件世纪，有的人想用电脑的思维语言开发机器人作为自己的爱人，这是软件在婚姻上的革命；电脑能生孩子、能开车；人所犯的两千多种罪电脑都能犯，等等，这一切都说明软件无所不能。电脑已经深入到各行各业，不懂电脑什么事都难以顺利进行，应用电脑软件、开发软件不但能提高效率、增大价值，更重要的是能顺利地解决许多难以想象的问题。例如，中国首富丁磊就是通过搞网易而发家的，世界首富比尔·盖茨也是搞软件而暴富，作为一般人，要想在二十一世纪生存下去，也必须懂软件、使用软件、开发软件，那么怎样才能具备软件能力呢？

熟练掌握计算机的基础内容。灵活运用计算机第三代、第四代、第五代可视化的语言，像 VF、VB、VC ++ 、Java 等其中的一种。掌握其中的一种程序编写，就要从基础学起，下大工夫，把其中的一种语言运用自如。

第一，掌握软件开发过程中的一些知识，并能熟练掌握软件工程的整个过程，能大胆创造软件工程即智能大厦，要讲究管理力、科学力、运筹力、质量力、艺术力、创新力。这就要求必须具备丰富的社会科学知识，并掌握一定的自然科学知识，还要具备大学英语语言能力，并灵活应用一定的数学知识，把这几个特殊的知识、能力灵活地融在一起，才能创造出最佳工程。

第二，时时想软件，事事用软件，时时学软件，事事开软件。时刻要留意软件工程的新动向、新成果，把软件的知识融于自己的一切行动中，把软件融于自己的生活、工作、人际的方方面面。

第三，要排除学软件、开发软件的大障碍。第一个障碍是英语障碍，英语障碍的消除就是死记硬背一些程序的主要单词，开发时可以查汉英词典，再学一些英语的基础知识，时间一长就攻克了这个堡垒。第二个障碍是某种语言程序编写的障碍，消除的办法是找教授、专家指点，或买有关的教学软件去学习。切记不要急、不贪多，要步步为营、扎扎实实，练到一定阶段，写起程序来自然就会洋洋洒洒、思如泉涌。第三个障碍是综合的知识，尤其是心理学、管理学、组织学所引起的创新决策。消除这个障碍就要努力学习心理学、管理学，最主要是在实际中锻炼心理创新能力、决策能力。第四个障碍是天才障碍，有人说软件是天才搞的，这句话有一定道理。作为一般人要大胆想象，把自己的无限潜能不断开发，只要不是头脑先天性痴呆或智力低下，都能勤能补拙，勤能出天才。

第四，软件的应用和开发不要被一些所谓的计算机高手，英语高手，程序高手，心理、管理、决策、运筹高手，综合的知识超人等所吓倒，要想成为软件高手，其中的奥秘是在每寸时光里学、用，即行动，就能使每个人从软件的盲区走进软件天才的天地。

二十五

数学应用力

获诺贝尔物理学奖的美籍华人杨振宁在南京大学对学生说:数学在未来应用最广,开创价值最高。

未来的世纪是数学的世纪,数学不仅仅是从事科学、使用科学的重要工具,更重要的是,在二十一世纪这个头脑革命的世纪,它在运筹和决策方面起着桥梁作用,在各行各业的高科技研究、开发、利用中都要进行数字化决策。有的人说未来的世界是数字的世界,无论一个人的情绪波动多大,一丝笑容多少,一支烟的气味对别人影响多大,都要有一个准确的数字。总之,一个人要在未来的社会中要想生存得有价值、有意义,就必须用数学把自己的头脑武装成一个高决策、高运筹、数字化的头脑,那么怎样才能具备较好的数学应用力呢?

第一,数学应用力不是想出来的,它是学出来的。数学的学习与社会科学的学习大相径庭,要求一步一个脚印,扎扎实实地按照书本的科学规律,一题一题做出来,千万不能走马观花,急于求成,要虚心向别人学习,请求别人指点,每天定时把屁股钉在板凳上,认真地做一题会一题,日积月累,自然就能掌握。

第二,许多数学高手只是一个理论高手,学而不用,等于是废的,学习数学的目的就是会应用。这就要求把数学和社会科学结合,才有生命,才有灵魂,把这个生命和灵魂再应用到每个事物中,运筹决策,那么这种人才是一个实实在在的数学高手。

第三,学数学最主要的是有信心,最大的障碍是自卑。要时常鼓励自己,世上没有做不成的事,即没有不会数学的人,只有不想学数学的人,只要在自我激励和他人的帮助下,融入自己的行动中,自然就会掌握数学。这里最重要的一关是一边学一边用,例如,学了导数就要处处注意事物的变化,把这种变化用导数测算出来,自然学得好也用得好,这样学到老用到老,越学越快乐,自己就成为一个幸福的数学超人,一个有科学价值的科技人,一个有巨大成就的成功人。

二十六

记忆力

记忆力是人的一种基本能力，没有好的记忆力就好像水库里没有水，银行里没有钱。在现代信息社会中，在管理、交往、公关、谈判、营销中，较强的记忆力尤为重要。二十一世纪比的不是知识而是学习力，这个学习力的一半就是记忆力，怎样才能培养良好的记忆力呢？

第一，记忆的机器就是大脑，要想有好的记忆必须培养健康、聪明的大脑。要经常补脑，注意休息，不要做伤害脑子的事，还要多练脑。

第二，记忆要讲究方法。如兴趣记忆、感觉记忆、联想记忆、形象记忆、视觉记忆等，找出适合自己的一套较好的记忆方法。

第三，防止遗忘，要记一点巩固一点，注意不要被烦杂的琐事影响情绪，人生处处都有矛盾，要学会大事认真，小事糊涂；做事认真，做人糊涂。好头脑不如烂笔头，要带个小本子随时记东西。

第四，记忆还在于创造，记一个东西用科学推理，才会记住更多的东西。

总之，记忆在于努力，记忆在于锻炼。要在实际中练成一套行之有效的记忆方法，使自己的头脑变成性能良好的电脑，既能记住现有的东西，又能像科学家的头脑一样创造出更多的科学。大脑记得越多越聪明，越聪明记得越多，使自己在积累丰富的知识和锻炼聪明的头脑中拥有超人的记忆力。

二十七
信息力

信息是指世界上一切事物的特征和状态，信息无所不有，无处不在，凡是有事物的地方就有信息。

二十一世纪是信息社会、信息经济，信息几乎主宰了经济、文化、军事、科学、市场等一切领域，它是从事各方面工作的沟通渠道。发现信息、挖掘信息、处理信息、指导运用信息是各行各业一个重要的工作。信息是企事业腾飞与衰败的关键，作为个人，处处接触信息，不是你利用信息，就是信息愚弄你，不懂信息的人几乎成了一个又聋又哑的孤独人。那么怎样才能抓住信息、利用信息、创造信息，使信息成为自己财富的源泉、工作的动力、交际的桥梁、沟通的手段呢？

第一，收集信息。处处观察事物，时时分析事物，抓住事物的特征和性质，全面、发展、变化地看问题，以已知的知未知的，从而挖掘更多的信息。

第二，处理信息。去伪存真，去土存金，进而把有用的信息运用到自己的工作、生活中。

第三，运用信息要抓住信息的特征，即及时、准确、科学、实用、经济的特点。具体问题具体分析，灵活地应用，使信息等于经济，信息等于机遇，信息等于人际，信息等于科学，信息等于决策。

第四，创造信息。在收集信息、处理信息、运用信息的一系列过程中，从旧的信息创造出新的信息，从现有的信息预测未来的信息，从一丝光线能了解太阳的光辉，这样才能凌驾社会信息的潮流，使自己在事情还没有发生时就先发挥信息的作用。

第五，做一个信息人。不仅处处挖掘信息、运用信息，还要养成乐观地对待信息的行为习惯，把万事万物的信息凝聚在自己的眼中，把一切行动中的信息凝结在自己的头脑中，运用尖锐的目光和灵活的头脑，把整个事物、人的言行灵活地操纵起来，为事业、人际的成功发挥强大的威力。

二十八

超人的口才力

口才是领导、管理、公关、交际必备的一种基本素质。有的人满肚子的墨水,一滴也挤不出来,有的人虽然肚子里墨水不多,嘴一张就能冒出一串美丽的音符。愚妇有米做不出粥,巧妇无面也能想办法弄出一碗热面条。这是因为她的口才能力强,她不仅会借鸡下蛋、凿壁偷光,而且能在听众面前把自己的一丝想法形成一道彩虹。

言为心声,言为交际的纽带,言为心灵沟通的桥梁。语言的表达方式不同、语气不同、组织不同,就会产生完全不同的效果。同样一句话,在不同时间、不同环境、不同人群中的表达效果截然不同。在说话时附带的表情、动作不同,产生的效果也不同。

在信息社会里,市场的竞争激烈,信息的传递要求人的口才不仅仅是"好言一句三春暖",而是言没出,先烘托出感人的情境,用超人的艺术达到语不惊人誓不休的表达效果。尤其在干部、商人、教师、医生、广告人、经纪人这些人群中,以三寸不烂之舌表达的有时像狂风暴雨,有时像春暖花开,有时像醉人的音乐,有时能让人神魂颠倒,让听众三月不知肉味,那么,这种口才在领导、管理、与人群的交往中,就能心想事成。

口才能力是在语言的基本功、丰富的知识、幽默风趣的性格、高雅洒脱的形象的和谐中产生的,声未出形已现,一言既出,环境、情境相托,好似一鸟鸣叫,百鸟合唱。

这就是说，口才力要求积累渊博的知识、丰富的经验，肚里装满了墨水，睡觉时也会从口中吹出泡泡，那么清醒时，这些泡泡就组成了彩球。也许你会说这些观点简直就是天花乱坠，不切实际，其实“巧妇能为无米之炊”，就是说那个人肚里没有多少东西，但他会鹦鹉学舌，会借用自己的身体语言、气质语言来表达。你又会说，人再会讲话，小鸟也不会为你梳头发，这句话的意思是有的人口才了得，一出声就打雷，伴着雷就下起了雨，把死的能说活了；把悲伤的人能说得忘记了悲伤，变得幸福；使愚昧、无知、懒惰的人因一两句话而奋斗拼搏，重组人生；使堕落的人走向新生。许多革命家、指挥家、高级领导人、演讲家、著名的律师等无不如此，他们说话不是空中造楼，而是以科学感召人、以灵魂震撼人、以精神振奋人、以思想启发人，使一般人听君一席话，不仅是胜读十年书，往往会改变一生。这样的口才能力要磨炼方能成功，必须磨炼自己伟大的人格、纯美的心灵、奋斗的精神、乐观的心态、渊博的知识、超人的才能，等等。

超人的口才当然与先天的智商遗传有一点关系，但最主要的是后天的培养。

高超的口才力首先要注意环境、情境的烘托。其次是语言要真诚、科学，以真诚感动人，以事实打动人。最后，再会说也不如让听者会听，不能对猪弹琵琶，对狗吹笛子，说话要抓住对方的心理。

纵观中外著名的演讲家、语言艺术家、大律师等的口才，我们得出以下结论：

第一，看听众能不能接受，是不是高兴，该说的一字不少，不该说的绝对不说，可说可不说的有选择地说，一言既出，驷马难追。有的人的语言表达能力像老驴放屁，用八头骡子追也追不回来，后悔的是自己说话不讲艺术、不讲科学、不注意观注听众的反应。

第二，多看报纸、电视，学习别人的长处，学习口才好的人，使自己语不惊人死不休，练就在冰天雪地里讲话使人感到春暖花开，一句话能催人泪下，使别人为你奋斗一生一般的功力。有丰富渊博的知识，这样说起话来好似高山流水，挥洒自如。

第三，汲取大自然的每一点美的音符融于自己的语言中，把人民群众中的一片片语言的绿叶采集于自己语言的红花周围,使别人听你说话好像看一幅动人的画,使小孩听你讲话忘记了回家,忘记了妈妈。语言的表达力不仅在人群中发挥神奇的威力,还要训练动物语言的表达,研究动物的心理,了解动物的习性,你对小狗讲话,小狗好像一个很听话、很可爱的孩子,你时常训练鸟语,你就会唱鸟歌,你走在柳树下,小鸟会站在柳枝上摇动着尾巴拂弹你的头发。

第四,要训练自己的幽默力、感召力和亲和力。这就要求言如其人,要学会说话,首先必须学会做人,要学会超人的口才,就必须有超人的胆魄,崇高的精神,伟大的灵魂,坦然的心地。然而这一切需要长期的磨炼,练出惊人的口才才能水到渠成。

第五,学会用心讲话,用感觉表达,用人格感染意境。好的口才绝不是只凭双唇上下蠕动发出声音就行,而是像音乐伴着感人的心,语言像葡萄伴着特殊的感觉。这感觉要求讲话要科学、真诚,以事实打动人,决不可虚虚伪伪、两面三刀,否则,说得天花乱坠,也是只打雷不下雨,令人可笑、令人烦恼,往往适得其反,甚至阻碍人际关系发展,拖工作、事业的后腿。

第六,群众的语言是最伟大的。人要学会在群众语言的长河里淘金,摘取一片片绿叶点缀在自己语言这朵红花的周围。这就要求学会创造,终日带好小本子,把好的语句记录下来,日积月累,汇百川成大海;另外还要注意人际关系,提高自己的综合能力,尤其提高自己的名誉和地位,那么,你说出话来就好像干涸的土地上落下的甘霖,珍贵而有分量。

练习口才力最主要的途径就是实践、学习、创造,把人类每个人的每一丝美的语言汲于自己的肚里,自己说起话来就会挥洒自如。

二十九

社会调查力

“没有调查就没有发言权”，作为一个领导、管理者，不能道听途说，要弄清事实的真相、抓住事物的本质，就必须调查研究。

社会调查不仅仅是领导以及调查部门所做的工作，由于市场经济的飞速发展，社会需求的不断变化，人们的心理不断更新，信息经济的到来，要求每个人必须会调查、能调查，使自己的事业、生活在真实、新鲜的事实中达到更好的水平。那么怎样才能具备社会调查力呢？

第一，要养成调查的习惯。在工作、学习、生活、交际中，一边调查，一边把调查融于每件事、每寸时光中。

第二，要学会科学的调查方法。要从群众中来，到群众中去，抓住第一手材料，收集大量的信息，要会选择信息、加工信息、处理信息，然后把信息作为工作、交际的媒体。这就要求，首先要有较高的公关能力，融进各类人群；其次，要有高超的分析、观察力；再次，把调查、观察、分析的信息及时地记下来；最后，把记录下来的信息运用到实际中，使之产生价值。

第三，调查要利用现代的、科学的通信工具，如电脑、手机、网络、摄像机等，及时、准确地把各种情况调查清楚；要全面、深入，绝不能以点带面、以偏概全；要建立调查网，用别人的手、脑为自己调查，发动群众、利用群众，从群众中产生无穷的力量。

第四，在媒体中调查，时常看报纸、电视、广播以及各种文件，从各种媒体中得到更多可靠的消息。

总之，调查不仅要用科学的态度、科学的方法，利用科学的工具，而且要发动群众，使自己在信息社会中抓住科学的信息，产生更高的社会价值。

三十

判断力

市场经济的发展，假冒伪劣的产品冲进各行各业，不但有假产品、假科技、假情感，甚至假人也不断出现，真和假看起来几乎一模一样，没有较强的判断力，在市场经济的洪流中，就会处处被这个“假”字所击伤、击败。这就要求人要顺利地在社会中生存，必须要有较强的判断力，判断要么对要么错，不能差不多，这就是国外流行的一本书 *YES OR NO*（《要么是要么不是》），对事物没有差不多、部分是部分不是之说，识别商品要么是真的，要么是假的，不存在半真半假，这就要求人一定要识别清楚。

判断商品的真伪要有较高的判断力，判断是理性认识的较高阶段。对于感性认识的人，只能从感觉、知觉、表象来判断，它是表面的、零碎的，是事物的外部联系。有的人对别人只会感性判断，认不透事物的本质，这就导致不敢与人交往，胆小、懦弱，形成顽固的保守思想，使自己成为社会的垃圾人。这种人在某些落后的城市，不敢接触新事物，更不敢接触陌生人，导致人际交往之路处处堵塞，阻碍了经济的发展、科技的发展以及其他各方面的发展，他们不敢与外人交往，只和熟悉的人交往，而往往被熟人所害，他们忘记了身边的人是最危险的敌人，引起这些问题的主要原因是看不透人的本质。

只有理性认识才能认清事物、认清人，理性认识是认识的高级阶段，是对事物的全体、本质和内部联系的反映，理性认识包括概念、判断、推理三种形式。概念是对同类事物共同的特征或本质的反映，概念是进行概括的结果，已经超出了感性直观，概念的形成标志着认识发生了质的飞跃。判断是借助于概念对事物之间的关系做肯定或否定的判定，是概念内所包含的矛盾的展开。推理是从事物的联系中由已知判断推出未知判断。

理性认识的特点是间接性和抽象性，要认清事物的本质，认清人的本质，必须从感性认识上升到理性认识，再从理性认识回到实践，再从实践上升到认识，这样才能判断准确，判断科学。

判断需要综合的素质和丰富的社会经验，呆子当然不能判断，只有聪明的人才能认清事物的本质，这就要求全面提高人的素质，不仅要具备各方面的理论知识，还要具备丰富的社会经验。另外，判断要适应社会，把握社会的新情况、新动向，收集各方面的新信息，只有在丰富的原材料的基础上，才能判断准确。此外，还要学习新的科技，使用新的工具，只有对各个新的领域都有深刻了解，才能看清事物的真相。判断是在社会生活实践中逐渐积累来的，积沙成塔，磨炼成钢，使自己锻炼成一双千里眼。

三十一

概括力

作为一名干部、教师、营销人员、广告员等，必须具备语言的概括能力。

概括力的形成有5%的先天思维因素和95%的后天努力因素。有较深的语言能力，有丰富的理论知识，有良好的概括、抽象思维习惯，这种方式的磨炼非一日之功，需要长期的积小步以成千里，积水滴以成江海。

概括有两种含义，一是指把事物的共同特点归结在一起，总括；二是简单扼要。这就要求与别人谈话时，要会简单明了地概括，让对方能抓住要点，并知道你的目的，要求他们干什么。概括力的培养要注意以下几个方面：

第一，要有丰富的语言修养。成语、名人名言以及典故，要运用得游刃有余，多学习群众的语言，从群众的口中汲取语言的金枝玉叶，并摒弃其语言自身的杂、滥、多的方面。

第二，要培养良好的思维习惯。学会概括，养成概括的习惯，要言简意赅，抓住主题，句句击中要害，这就要求思维敏捷，讲话条理清楚，写文章抓住主题，层次分明。

第三，要有丰富的管理学、心理学、法律、经济以及其他专业方面的知识，不能使自己隔行如隔山。在概括事物的本质时，首先是精通事物的本质，这就要求要努力学习，不能雾里看花，也不能捕风捉影，对于非专业的，自己不精通的，不能随便下结论。

第四,要向口才好的人学习。学习他们的概括力,取别人之长补自己之短,借别人之光使自己变得明亮,平时在生活、实践中注意领导人、高级公关人的谈话方式,也经常看电视、报纸、网络,注意其中概括性强的文章、概括性高的讲话。

第五,能抓住事物的普遍性,能从各种具体的事物中总结出共同的原理、原则作为普遍的真理。这就要求要有较高的科学涵养,学科学、用科学,用科学的眼光对待一切,才能抽象出科学的理论,在长期的锻炼中形成较强的抽象力。

三十二

惊人的文笔力

当今社会不仅要求人处处有高超的口才力，还必须有惊人的文笔力，这样才能快速高效地写出文章，收集更多的信息。

首先，这是信息社会的基本要求。

其次，因为计算机软件发展的突飞猛进，以及其在各行各业的大量应用，需要每个人都会开发软件、应用软件、维护软件。这个开发和维护就必须会高速地收集大量的新文档（因为软件是加在程序上的文档，而程序越来越简单化、模块化），那么怎样才能识别高质量的大量文档呢？这就必须有惊人的文笔力，惊人的文笔力的培养主要通过以下途径：

第一，纵观古今中外的大文豪，都是从想什么写什么，即胡想、胡写，长期锻炼，以致落笔成文、出口成章，震惊世人。这里的关键之处就是怎么想就怎么写，有什么就写什么，日积月累，点石成金。

第二，要经常带个小本子，天天在工作、生活中，遇到什么生活的浪花就记下来。有的人走路写，睡觉写，梦中醒来写，正在上厕所时灵感一来马上写，这里的要求不能说等一会儿写，更主要的是，不要认为写这些无聊或没有用。

第三，要大量的学习书本理论，长期阅读积累，形成渊博的知识。

第四，善于观察生活，思考生活，明察秋毫，以一点见一面，以所见知所不见。

第五，就是要大胆地创造，挖掘自然、社会、思维的宝藏，点缀自己的艺术灵感，使自己拿起笔来洋洋洒洒，如大江流水。

第六，要想写其文必先做其人，要经历大悲大喜，大苦大难，穿刀山过火海，把自己磨炼成英雄，使自己的志气、才气、豪气、灵气融于笔尖形成文笔力。

三十三

事事广告力

广告在高速发展的社会中处于非常重要的地位，无论人际关系、领导、管理及推销产品，甚至表达情爱都需要广告。例如，当你出门工作或者办事时，你的仪表、衣着、气质就是广告；当你与人交谈时，你的语言、眼神、表情就是广告。广告能提高个人的形象，培养在群众中的威信，提高综合素质，促进办事效率，加固人际关系。广告是你与别人交往的心灵通道，是产品销路的重要途径，是使你的领导才能、管理思想和内容得以传播的扬声器。那么怎样才能培养事事的广告力呢？

第一，人是在社会中活着，穿衣服是给别人看的，不然夏天还穿衣服干吗，不如光着屁股凉快。说话是给别人听的，世上有几个人天天说话给自己听呢？这穿衣给别人看、说话给别人听就要讲究广告的艺术性、科学性，更重要的是讲究广告心理、广告媒体。这就是说，做任何事都要首先在头脑中绷紧“讲究广告”这根弦，要弹就要把这根弦弹好，不能让人感到刺耳，有的人说话时鬼哭狼嚎，好像鬼来了，后面又跟了一只狼，这样的广告谁愿意听呢？那么说话的广告要加强语言艺术，产品的广告要讲究创新、实惠、经济，要适合大众的需要。然而有的广告公司天天制作广告，制作了一大堆却没人要，不是创新不好，而是不符合大众需要。有的人才华横溢，好似高山瀑布，但是不会四处做广告、找关系、找门路，最后使自己的才华像一筐放在黑暗角落里的菜，慢慢烂掉，有的地方资源丰富，地大物博，但缺少人才、科技，又舍不得花钱在电视、网络上招聘，把丰富的资源变成贫瘠的荒原。有的青年人心中充满了爱的星云，却在他所爱的人面前露不出一丝星光，最后爱情破灭。这就是说，不同的事有不同的广告，需要采取不同的方式。

第二，广告要适度。例如卖瓜，不能自卖自夸。与人交往，没做时不能大说特说。但是，人在领导、管理时，也不能谦虚过分，否则别人心中会有个想法"你不行还来干什么呢？"有时人不能小题大做。比如激励别人，不能激励太多，激励多了，就好像让吃饱的人再使劲吃，不是把他撑死就是你被他骂死，这个度的把握要因人、因事、因时而异。

第三，广告是高超的艺术，要提高艺术涵养、知识涵养，这就要求处处向社会学习、向名人学习，汲取世界每个角落的广告魅力，充满自己的脑海，那么自己做任何事就有广告力了。要把世界名广告，如名人领导的艺术，成功人的做事方式，甚至一般人穿衣说话的艺术慢慢汲取到自己的行动中，使自己在生活的每一个脚步中都布满广告的魅力，这就要求不停地向书本学习，还要向群众学习，更要向实践学习。

第四，学广告要逆反平庸的粗俗，讲究创造的清新。

第五，根据自己的具体情况，创造出一定的说话方式、一定的人格特点，创造出自我的广告魅力来。

三十四

寻找困难的发现力

二十一世纪是创新的世纪，是创造的世纪，知识不断更新，旧技术逐步淘汰，资源逐渐匮乏，在越来越多的群体中，需要新的资源、新的技术、新的知识、新的智慧来满足人们的各种要求，然而怎样才能满足这些要求呢？

首先，这就需要不断发现现有的，创造没有的，要做到这一点，就必须学会发现困难，寻找困难。因为困难等于机遇、困难等于财富、困难等于幸福、困难等于知识、困难等于智慧、困难等于需求，如果发现了这些困难并解决了，那么各种需求也就像大江流水，一起向你涌来。平庸的人躲着困难，怕困难出现，因此这种人没有大的机遇、超人的智慧、惊人的成果。相反，古今中外成大业者，不但不怕困难，反而主动战胜困难，最重要的是寻找困难，困难越大，意义越大，价值越大。这大困难寻找起来实在难，不是一般人能做到的。越王勾践寻找了一个苦猪胆，终日在草窝里品尝，才使自己的国家得到了复兴。诺贝尔经过多少次流血甚至险些献出生命，为人类发明了炸药。道尔顿在多少人的讥笑、讽刺中发明了轮船，老愚公想出了搬走两座大山的方法，感动了上帝。

一般人要培养寻找困难的发现力，关键就在于头脑风暴，即狂想。例如，莱特兄弟狂想飞上天，寻找到发明飞机的困难；贝尔狂想在远方听到对方的话语，找到发明电话的困难；毛泽东为了推翻三座大山，踏上了二万五千里长征的困难。

其次，平时在生活、工作中，每遇到一个问题或者困难，就大胆狂想，怎么解决这些困难。例如，自己没有钱，看着茫茫的荒原，大胆狂想，沙土是钱，可以在荒原上建大楼、建别墅、植绿树……困难就随之而来。

最后，人的理想越大，需求就越大，理想与现实间的差别就是重重的困难。

总之，困难发现了，最关键的是要解决。司马迁把自己所遭受的奇耻化成了《史记》，他利用自己的才气、灵气、志气形成一股拼搏的勇气，终于著成被后人誉为“史家之绝唱，无韵之离骚”的《史记》，名留青史。

三十五

心狠适度力

自古成大业者无不心狠(但手段不辣),老百姓常言:生意要精,买卖要狠。不狠做不了买卖,这个“狠”是指勇猛、刚强、坚不可摧。

男人是钢,女人是水;男人为阳,女人为阴;男人越坚强、锋利,女人越要柔情似水,这不仅仅是自然搭配的规律,也是人类合作的需求。然而有些男人既不钢也不强,表面是男性,本质是女性,甚至不男不女。相反,有些女人当温柔不温柔,尖利得像锋刀,时常和男人枪林弹雨、血雨腥风,这种女人叫半男人。我们这里讲男人的心狠是指在事业、工作、人际中,越狠越强,越强越有利,越有利越成功,那么怎样才能做到这一点呢?

第一,人格要强,意志要坚,志气要刚。做任何事力度要大,切不可瞻前顾后,害怕失去,要把精神、灵魂练得如同钢一样,这需要目光远大,不能鼠目寸光。

第二,心狠首先是指对自己狠。如自己挣不到钱,就要对自己“歹毒”,强迫自己吃苦;自己在众人面前演讲,不成为最好、最佳的人物绝不可饶(对别人得饶人处且饶人,对自己不可饶,如早上不想起床,就命令自己必须起来,被子一掀,不起来也得起来)。

第三,心狠是对奸诈和势利的人要心狠,不可感情用事,往往好心被当成驴肝肺甚至遭人利用。这不能只怪别人也怪你自己,在这些人中,好心是自己的炸弹,马善被人骑,人善被人欺。你一旦心好,几乎连喘息的机会都没有了,会被他们活活掐死,这种惨剧在许多“不丈夫”的人身上数不胜数。要改掉这一点,首先要看清人群的本质,面对敌人自己应该像饿狼、毒蛇一样,你不吃他,他就吃你。在战争年代要斩草除根,绝不留有后患;在和平年代,在维护道德和法律的前提下,一定要有高超的计谋,甚至是奸计、毒计,只要适度,大胆实施,要说到做到,不能放空炮,切忌口头上是巨人,本质上是矮子。

第四,对亲人、家人、好人要看其本质,当柔则柔,心如蜂蜜,子不嫌母丑,狗不嫌家贫,要深情地去爱你所爱的人。切忌对家人、亲人、好人心狠。

第五,练心狠,要从一点一滴的行为中慢慢养成习惯,心狠才能做大事。

第六,心狠最大的能源来自于仇恨,要学会寻找仇恨。当然,这种仇恨只针对对社会不利的坏人。如一位先进的工作者在单位被小人嫉妒打击,他时常卧薪尝胆,提醒自己要报复,要让自己直起腰来,顶天立地,要让那些在铁饭碗单位中坑国家、害别人的人惨不忍睹。随着社会发展的脚步,他用自己的文笔、用自己的心态、用群众的力量操纵社会前进的灵魂,用策划、运筹推波助澜(那些没有本领、不能独立的人,大多数穷困潦倒,被社会淘汰,甚至成为社会的垃圾)。

第七,心狠的另一种练法是,别人为什么有高档的轿车、别墅,自己为什么没有?要心怀家国,自我刺激。都怪自己不争气,要心狠、去拼。如今国家基础弱,有些方面被外国人歧视,要立志振兴中华,不能躲在热被窝里,整天感情用事,这样只会被人当成奴才,被社会淘汰。

第八,人学好容易,学坏难,有的人不会乱坏或者无赖,他不是坏别人,而是坏自己。心狠的另一个因素是,要学会适当的坏,有意的坏,就好像天气一样,既有春暖花开,也有天寒地冻。

第九,男人五毒俱全才能成大业,练五毒的第一方面要学习古今中外成大业者的心狠,有时也该学学动物世界中有些动物的心理。做人不要怕人骂,有时别人越骂你证明你越厉害,小人、庸人的骂证明了你的伟大。没有一个人愿意踢路边的流浪狗,没有一个人去骂路边的死狗,那是因为对象没有价值。另外,“狠”要与脸厚相连,人必须又厚又黑,而99%的人因不会适度的厚黑而引火烧身,不是拿刀杀别人,而是拿刀刺入自己的胸膛,这种惨局在一般人中数不胜数。厚黑首先是对自己厚,对自己黑;其次是对别人,该厚则厚,该黑则黑,主要是一个度的问题,也是一个针对性的问题。千万不能乱枪打鸟,有的打了自己的亲人,有的打了自己的恩人,有的打了自己的领路人、支持人,甚至有的打了自己的父母和孩子。

第十,心狠的一个绝招式的练法是不害怕失去什么,死都不怕,也不后悔,勇往直前。

总之,心狠是一步一步练出来的,要长期磨炼,最主要的是讲究度,还要注意法律、道德,在竞争激烈的社会中心一软,往往导致全盘失败。

三十六

磨难成钢的训练力

许多人只要鲜花,不要鲜花背后的泪水,只要梅花香,不要苦寒。其实没有泪水哪来鲜花,没有苦寒哪来梅花的清香,同样,英雄不磨难就成不了英雄。

在这人口拥挤的地球上,竞争的节奏迅雷不及掩耳,人成不了英雄几乎就是废人,要成为英雄就必须经历磨难,那么怎样经历磨难呢?

第一,先从小苦小难小痛练起,然后逐步由小到大,日积月累,从远古、从苍天、从大地、从人类等处汲取一切最苦最难的事让自己受尽苦头,剩下的只有幸福和甘甜。世间的本质是苦难等于幸福,苦难越多,幸福越多;采集苦难等于采集幸福,没有苦难,也就没有幸福,没有痛苦也就没有甘甜,也就是陈安之所说的,人没有行动的动力就是缺少痛苦。这也是许多家长溺爱孩子、孩子长大后被社会遗弃的根源,就是年少时把幸福都享尽了,剩下的只有苦难和不幸。

第二,磨难时,要寻找事业、爱情、人际中的磨难,按照自己的理想走下去,去寻找痛苦和苦难,要乐观地对待,胆大、机智地拼搏。这就像西天取经,九九八十一难,磨难完了,真经就取到了,理想也就实现了。又像二万五千里长征,在生死线上只要有一口气就要坚持到底,也就实现了伟大的创举。也就是说,沿着一个理想的目标,无论刀山火海还是枪林弹雨,只要坚持到生命的最后一口气,就能走向成功。这里磨难的训练力重在坚持,也重在专一，磨难不到底，比不经历磨难败得更惨。

第三，磨难时，要有一个寄托的根，就是为了别人活着，切不可自私。为了亲人，再苦、再难也无所畏惧，为了亲人，越苦越幸福，越难越自豪，这样的磨难没有不成钢的。

第四，磨难要讲究科学，逆反自己的弱点磨难。例如，小气的人要磨炼失去的痛苦，胆小的人要磨炼恐怖的处境，使自己成为一个较完美的人。

第五，磨难最主要的是不要说，默默干，立即行动，这才是成功的见证。

第六，磨难要以英雄为偶像，在困难中想到英雄历经磨难后的幸福，苦寒的时候，想象闻到梅花的香味。

第七，磨难切记不可患得患失，不要跟别人比，既然走了这条不归路，也就没有任何悔意，最重要的是注意最亲近的人的阻碍，那会导致自己前功尽弃。

第八，记住，德士特说，困难越大，离成功越近，这就是黎明前的黑暗，时时为自己鼓劲，越难越勇，越苦越乐，越悲越壮。这样，在时间的脚步声中，从磨难到成钢，一切水到渠成。

三十七

事事变化力

从哲学上讲,万事万物的运动是绝对的,静止是相对的。在这个高速发展、变化复杂的社会里,事事都在变,时时都在变,因此人人必须变,你不变他却在变,你不变事却在变,你不变社会在变。别人变了,事情变了,社会变了,你不变就成了垃圾,会被扔进垃圾堆里掩埋。那么怎样学会事事变的能力呢?

第一,要形成变化看问题的观念。要变化地看待一切,即小鸟还没有飞,就知道它要飞,并且知道它飞到何处;那个姑娘还没有对象,就能想到她找的对象怎样。

第二,做任何事要看深一步,由白天看到黑夜。这朵花是红花,如果它是白花、黑花会是什么样。看到这个人,如果他是一条恶狼会怎么样,一头猪又会怎么样。拓展思维,全面看出问题的本质。

第三,从情感和感觉上要做到喝糖水时想到吃黄连的感觉,在痛苦、磨难的处境中感觉幸福、平安的温馨。看到那个人的笑面,马上想到他会有怒面,看到这件事的成功,就要预测不成功的可能。例如开车时,你看见一个小孩往路边跑,你要马上意识到他会回头往你车上撞,即看问题要全面,用长远的目光对待。

第四,要把任何事绝对会变的观念,即"事物的运动是绝对的"的观念根深于自己的头脑中,最重要的是融入自己的行动中。例如,你在卖东西时,看到那个人现在不偷你的东西,情况一变,他也许就会抢你的东西。你在黎明时拉开电灯,要想到灯光马上会被白天代替,即把死的东西看成活的,把活的东西看成飞的,把飞的马上想到会消失,没有的看成有的,即以听见知听不见,以小见知大见,以东见知西见(看到月亮想到太阳)。

第五,要有哲学家的头脑,不以物喜,不以己悲,胜不骄败不馁,用平稳的心态做好每一件事,用自信的心态走在社会的潮流之前,用踏实、科学的心态走在一切事物的变化之前。

第六,要打破常规,消除自己固执、保守的习性,勇于接受新事物,乐于接受新观念,对于任何事要大胆开拓,逆反传统的行为习惯。

第七,促进身心的健全发展,锻炼超前的思维,培养积极的心态,越苦越乐,越难越福,并学会在难中忆苦思甜,在甜中体会磨难。记住,世上没有永久的福,只是暂时的福,世上没有永久的苦,只是暂时得不到甜,世上没有永久的失败,只是暂时停止成功。

总之,只有拥有变化的观念、变化的灵魂,才会变化地做事,变化地看问题。

三十八
深邃的观察力

明察秋毫,才能以所见知所不见,以小见大,从一滴春雨看到春暖花开。观察得细致入微,才能识破事物的本质。例如,在公关当中,通过一个眼神、一丝微笑、一个细微的神态就能看透对方的心理,发现对方的目的和需求。在变化多端的信息社会里,一个人的观察力尤其重要,是当代人在公关、领导、商贸的一系列活动中必备的重要能力,那么怎样才能培养这种能力呢?

第一,做任何事要慧眼识金,入木三分。以蛛丝马迹观察他人的生活习惯,以沉闷的雾观察许多繁杂的心理,即做任何事多看一点,做完事要回头望一下,即常人所说的:有钱难买回头望。

第二,做任何事要追根溯源,即生活在每分每秒的时光中、每寸空间中,任何事都要探个究竟,为什么最近要下雨,因为空气冷热交流;为什么那个人对你坏,因为他对你嫉妒和无奈。从一些细小的地方发现重大的变化,在与每一个人交往、做每一件事时,由一些现存的现象能预测到发展后的结果。

第三,提高自己各方面的素质,如敏锐的感觉力、高深的分析力、考虑问题的周全力等。遇事动脑子,以一点观一面,加强自己各方面的涵养,丰富自己各方面的阅历,积累丰富的知识和经验。

第四,观察任何事要专心、认真,其中重在专、真。切忌马马虎虎,做什么、看什么都是半吊子。

第五，主要针对自己的事业、专业，处处汲取同行、同类的优点，逆反同类、同行的缺点，即万事不离其行，万科不离本专业。

第六，最重要的是练好一双千里眼。这个千里眼的练法首先要练出机灵的头脑，然后学会养脑、健脑，不要被繁杂的事所干扰。

第七，深邃的观察力要求去粗取精，去伪存真。

三十九

忘掉自我的感觉力

一个人胆大、勇敢的秘密是忘掉自己,若死都不怕,还怕什么呢?人幸福的秘密是为别人活着;人成为英雄和伟人的重要因素之一就是忘我地工作,忘我地拼搏,忘我地流汗、流血以至付出生命。因为忘我,他的精力集中、精神专注,像滴水穿石,永恒不止;因为忘我,摆脱了自私、自我的缠绕和烦恼,使自己的志向远大、豪气冲天,把困境变成顺境,把人际复杂变成人和通达,那么到底怎么才能做到忘我呢?

第一,在意识里、灵魂中真正地忘掉自己。告诉自己,越自私越得不到想要的东西,越爱面子别人越不给面子,越怕死越保不住命。维护自我的人,事事把自己限在一个阴暗的铁盒里,处处束缚自己,阻挠了自己理想的放飞,束缚了自己精神的振奋,埋没了自己灵感的激发,压抑了自己潜能的开发。处处以自我为中心的人蒙住了自己的双眼,使自己像盲人一样看不见大千世界。处处自我会削弱自己事业、生活、爱情的精力、开拓力、灵活力、愉悦力,因为自我使忧虑重重、瞻前顾后充满了自己的心,好像得了一块心病,什么都不能做,天天苟延残喘,又像天上的浮云,一事无成,在别人的笑话声中,在自己悲切的脚步声中耽误了一生的时光。抛开自小的我,才能拥有广阔的天;甩开自私、懦弱的我,才能拥有豪爽、潇洒的我;甩掉事事为我,才能斩断一条条束缚的绳索。自我生存的本质是融于大自然、社会,融于人群,只有把自我当成别人的一部分,才真正地拥有了自我。自古以来，真正幸福的人无一不是为了别人而活着。凡是为自我活着的人，都会自卑、懦弱、自我烦恼，明白了这些真理，就能在意识中真正地抛开自己。

第二，做任何事不要“我”字为先。即我得到了什么，我会失去什么。做事就做事，不要只考虑自己的利益，而平庸人往往就是这样，导致做什么事都不成。与别人相处时，不能从自我出发，要考虑别人，从别人的利益出发，这样才能处好人际。

第三，记住一句话，做任何事死了也无所谓。因为自我是处处杀自己的杀手剑，束缚自己的膀子不能生活、工作，所以处处要战胜自我。无论做什么，把自我战胜了就战胜了一切，不论做什么事，先向自己开刀，先征服自己。

总之，忘掉自我，不仅在思想上、行动中，更是在磨炼中一步一步地习惯成自然，方能形成真正的忘掉自我的感觉力。

第三编

优秀团队的速成——企业腾飞在于团队

一

战胜自我决策力
——胜己者胜天下

题记：胜己者所向无敌，胜己者永远幸福，胜己者能使自我从弱小变得强大。

★【原因】

自古以来，任何一个功成名就、做出非凡事业的人都是通过战胜自己而成功的。在21世纪竞争激烈的环境中，成不了英雄就是废人，这就要求每个人只有战胜自我才能生存，才能适应社会。尤其对于从小到大都是在家长保护下的独生子女，处处保护自己，导致自己的缺点不能优化，形成自私、虚伪、要面子、多疑、胆怯等性格缺陷。这些会使自己的人际、工作、爱情处在一片灰暗之中，在未来竞争激烈的环境中，随时都有被淘汰的可能。心理的压力、社会的竞争、人际的纷繁，处处形成紧张状态。通过战胜自我这条渠道，人就能消除抱怨、嫉妒、攀比等许多疾病，使自己在宽容他人、宽容世界的前提下宽容自己，飞速成长。

总的来说，战胜自我是优化自己，战胜自我是成就自己，尤其在竞争的世界里，战胜自我是拯救自己。

★【目的】

战胜自我能使自己由不行变得行，尤其是素质、能力、心态、人格等，由平庸变得优秀，战胜自我是适应社会的阶梯，是在竞争环境中战胜一切的航舰，战胜自我也是为了拯救自己的财富，拯救自己的爱情，拯救自己的幸福。过分保护自我是处处害自己，战胜自我使自己坚强、过分勇敢、由弱变强；过分保护自我使自己由强变弱，使自己懦弱、胆小，处在劣势中被他人、环境所牵制。

胜己者不会找借口，能服从领导，不抱怨社会、不跟别人攀比，在困境中能坚强、大度、宽容。

只要是人，就能成伟人、富翁（先天性痴呆或患不治之症者除外），但事实却相反，人类中的伟人十万分之一还不到，这到底是为什么呢？

上帝给任何人的潜能足够使他想什么就成什么，而万分之九千九百九十九的人，他们的无限潜能都被自己掩埋，也就是说，都是自己害了自己。一个人最强大的敌人不是火山、瘟疫、不治之症，而是自己的观念，自己战胜不了自己。初中文化水平、生活不能自理的马文仲，能开办一所学校，培养一个研究生，其主要原因是马文仲能战胜自己，在战胜自己的过程中，使自己的无限潜能源源不断地开发出来。而许多身体健全、社会关系良好的大学生、下岗工人，连自己都养活不了，有的堕落，有的犯罪，其根本原因是战胜不了自己。

★【存在问题】

一、很多人不知道有“战胜自我”这个能力，更不知道战胜自我的重要性，战胜自我是自己的人生、工作、爱情甚至一切幸福的最大秘诀。

二、有的人认为战胜自我是自卑，是说“我不行”，事实上，“我不行”是打击自我，是破罐子破摔的脆弱心理，是一种极端维护自己、要面子、自负的表现。而胜我者并不是毁我者，也不是自卑和脆弱，而是自信的同胞兄妹，是更大的自信，是“我能行”的助长剂。战胜自我不是“我不行”，而是我能使自己变得更好，是找出自己的不足，使自己的不足逐渐降到最低，甚至消除，逐步成为社会的精英。

三、知道战胜自我的人在社会上所向披靡、乘风破浪，然而不知道怎么战胜自己的人，一遇事就要面子、保护自己，不是怪社会、就是怪他人，结果自己仍是一无所长。

四、在众人面前说自己不好，说自己错了或者自己批评自己，感觉是丢人、没面子，感觉是承认自己不如别人，失去了尊严，没有了人格。

五、许多人难受、心情不好的时候，头脑就发蒙了，本能地维护自己。然而真正的战胜自己是在别人的批评、遇到别人的冤枉、重大的打击下，自己宽容大度，拥有英雄之风范，宰相之肚量，越遇到不公越能成就自己，这就是梅花香自苦寒来。

六、战胜自己不是屈辱的投降。投降是一种懦弱，是自己失去自己的人格、毁掉自己，而战胜自我是当别人冤枉或者打击自己的时候，找自己的原因，把自己先镇住，把自己镇住了，胆子就大了，头脑清醒了，就会力量无穷，头脑聪明无比，就想办法了，有了这种心境就能把困难化解，把失败转化为成功。

★【实训的表现形式】

利用一般人或者独生子女的那种保护自己的感受，通过幽默的实际例子使他们顿悟。

越是战胜自己，越是维护自己的尊严；越是战胜自己，越能打败对方。越是保护自己，越是毁掉自己，不管是别人冤枉还是故意找岔子，只要胜己了就能战胜别人。

★【艺术突破口】

一、说“我错了”。在别人批评、冤枉或者是教育自己的时候，不管怎么样都说“我错了”，说出声音，然后把对方的话重复一遍。

二、当别人冤枉自己或者故意刁难自己的时候，自己咬着牙默默地数到“13”，当数到“14”的时候，就不会发脾气了，人一发脾气就会上别人的当，就会把自己毁掉。胜己者在任何困境中，有坚强的心，奇迹就会出现，越是倒霉越能变成好运气。

三、可以以笑面对，别人一说，自己“嘿嘿”一笑，故意笑出声音来，就能把自己眼前遇到的困境淡化了。

四、幽默。遇到困境、遇到冤枉时说：“呀！我还有大运气，竟然祸中有福，我要有福了”，或者受冤的时候，说：“我肚里能撑船了。”幽默自己一下，更容易战胜自己。

五、遇到确实不可交的、故意刁难的人，就把他当成动物一般，大人不计小人过。

【艺术实训过程】

世界上最强大的敌人是自己，这不仅是哲学提出的内因决定事物的性质，更主要的是，它是解决一切问题的最重要的方法。

例如，有两位青年，A青年身体残疾，家境贫穷，B青年健康潇洒，家境富裕，然而经过十年的时光，A青年成了国际名人，B青年却一事无成，这是为什么呢？

主要原因在于A青年练志、练心，无论遇到什么事，从自身找原因，分析自己，认识自己，战胜自己。对于小的困难，战胜自己时，当时就能解决，对于大的困难、艰辛，通过磨炼自己，从无能到有能，从无关系到有关系，一步一步地，随着时间的推移使自己的事业从不可能到可能，从可能到成功。然而B青年一遇到什么事，总是怪这客观原因不好怪那条件不足，感情很脆弱，怨天怨地，就是不分析自己，不战胜自己，更不提高自己，甚至还保护自己的旧思想，保护自己的错误观点，维护自己虚伪的尊严。在困难中任自己消沉，导致自己做什么都难以成功。

战胜自我，首先必须要改变观念，无论做什么事，先向自己开炮，战胜自己，就成就了一切。

其次，经济再贫困，社会再艰辛，从自己入手，问自己要钱，可不能依靠别人，怨天怨地。自己是银行，自己是关系网，自己是一切美好幸福的仓库，只要与自己斗，挑战自己、改造自己、修养自己，自己就会给自己无数的钱，想有什么关系就能编织出什么关系，想要什么样的幸福就会有什么样的幸福。战胜自己就是开创自己，就是把自己的无限宝藏像开金矿一样开采，其实战胜自己就是创造世界。

最后，要努力提高自己，修养自己的人性，磨炼自己的意志，训练自己的能力，处处把自己当成世界上最伟大的能源，把自己当成世界上最伟大的人去磨炼，自己想成为什么样的人，就会在战胜自我的过程中成为你想成为的人。

实训一

我一听别人批评我或说我不好，脑子就蒙了，头就要炸了

女：人在这个社会中处处不容易。找男朋友不容易，找工作不容易，自己一倒霉的时候，各方面倒霉都来了，活着没意思，我真的不想活了。

男：我告诉你一个神奇的办法，这个办法会使你什么都好了，也不会自卑、脆弱，在倒霉中能变成大运气。

女：你告诉我，是什么？

男：我告诉你，你不想听。

女：我想听。

男：就是战胜自我。

女：啊？什么叫“战胜自我”？

男：战胜自我就是遇到任何事向自己开刀，胜己者胜天下。

女：我不想听。

男：那我问你，为什么自古以来那些伟人，都是从弱小变成伟大，从贫穷变成富有，苦难中出英雄呢？你认为是“时势造英雄”还是“苦难造英雄”呢？

女：不知道。

男：告诉你吧！就是战胜自我，越是在困境中，哪方面越不行，就越要提

高哪方面，这样自己才会越来越好。

女：你说的我听不懂，这与我有什么关系？

男：具体来说，你平时受人批评、挨骂时，别人说的不对了，也要自己找自己的原因来清醒，使自己提高。尤其是被别人的冤枉、打击、故意找事时，或者故意无道德地欺负时，你能找自己的原因，就能所向无敌。

女：你说的这个我听不懂，但是我有一点感觉，每次找自己的原因，虽然这次吃了亏，下次就有用。但是我一听别人批评，就马上发怒，感觉不舒服、难受，甚至谁要冤枉我，我脑子一下就炸了，气得都不喘了，都要崩溃了，我哪能战胜自己？

男：别人批评你、教育你，是为你好，为什么难受呢？这是保护自己。如果别人批评，自己说“对”不就行了吗？

女：噢，这是一个原因。

男：如果别人冤枉自己，自己越气，谁吃更大的亏呢？

女（想一想）：当然是自己。

男：对于那些小心眼、在工作中要面子的人，别人越欺负，他自己越生气就越上当，如别人发现你的脾气不好，他就故意找事，挑起你生气，让你乱，被别人笑话，你也就倒下去了。如果战胜自己，别人越说我小气，我越大气，别人越叫我发怒，认为我会发脾气，上他的当，我偏偏不上当，稳重如山，像磐石一样。

女：这怎么做到呢？

男：你找几个人陪着，假设我是领导，你是新进来的大学生，我批评你，你肯定难受。

男：今天你怎么了？你自以为是大学生，自认为了不起，你能做出什么？你有什么本领？你比得上农民工吗？农民工扎扎实实能做出实事，出成果，你不出成果光显示文凭高有什么用？你刚刚听了难受多少？

女：虽然你这是表演的，但是我有点感觉，如果是真的受冤，我不像以前那样难受了。

男：有效果了！这就是战胜自我的作用，事实上，人战胜自我了，就能把自己的心稳下来。例如，当你遇到歹徒时，你不要去战胜歹徒，而是先战胜自己胆怯的心理,使自己冷静并坚强起来,歹徒自然就有说不出来的害怕。而一般人遇到歹徒只会保护自己,就显出很怕甚至被吓瘫了,歹徒还没怎么样,自己先倒了……

女(笑了笑):是啊！人胜己者确实就能胜别人,但是怎样战胜自己呢?

男:那些厉害的人,一遇到问题就找自己的原因,表现得大人不计小人过,拥有大度的气魄、高风亮节的人格,这就是台湾名人李敖所说的,英雄都是被逼出来的,具体来说,战胜自我是处处找自己的原因,外界再不对,都认为自己不对,让自己适应环境,慢慢地,自己不但能把握主观世界,而且能把握客观世界。

女:这太抽象了,你说得具体一点,我怎样才能学到这个能力?

男:就是在生活、工作、人际中,遇到烦、杂、乱、不公、受冤的事,都是找自己的原因,从小事做起,时间长了,慢慢地就拥有这个能力了。具体来说,别人欺负你,你就说"哎！怎么不欺负别人,偏偏欺负我,我有哪方面让人觉得好欺负？一定要强大,"慢慢地,别人就欺负不了,甚至自己还让那些以前欺负自己的人敬佩,自己在工作中经常受到批评,就问自己"为什么不批评别人,偏偏批评我?"这样,自然就找到自己的不足,自己就想办法提高了,别人还会批评自己吗？再如,像那些富翁,一开始的时候也不怎么样,和我差不多,为什么他们能成为富翁,而我不能呢？这样向自己开刀,像你这样的穷姑娘就会变成富婆了！(他们高兴地离开了舞台)

实训二

实训师:我们两个来跳个舞。

女:好呀!

实训师故意踩女的脚,然后训女的:你看你,你的脚直往我脚底钻,咋跳舞的?

女的突然生气,要跑了。

实训师:来来来,你把这个问题回答完了再走。刚才我们是演练,就是说你受人冤枉,你生气多少？你有什么感受?

女:我刚才就感觉你自己错了还说我错！你看,在这个舞台上,这么多人,你还是演练师,还是名人?你咋这样做?算了。

实训师:对,请看屏幕:我们在纷繁复杂的社会中,别人错了一万次,你还不能说,还要原谅别人,自己错了一次别人不会原谅你的。如果想在社会上生存,必须学会原谅别人,必须对别人的一万次错无所谓,必须让自己不能错一次。如果跟别人讲什么公平,找别人的原因,跟人攀比,那世界之大也无安身之地!所以人必须处处找自己的原因。

实训三

男:立正,turn left(向左转),你怎么听不懂?大学生连 turn left 都听不懂,你是怎么学的?

男:你刚才难受多少?

女:我突然神情紧张,也有一点难受。但是我想一想,接受别人批评,找自己的原因。

男:很好。

女:我们在一本书上看到这样一句话"老板永远没有错,只有职工的错"。

男:对、对、对,你说这话是绝无借口,领导永远没有错。也就是领导的命令永远是对的,必须绝对服从,必须无任何借口,但是你听了这句话是怎样做的?

女:没有借口,我当时就认为领导是对的,我自己是职工,"人在屋檐下,不得不低头"。

男:好,但是你是有逆反心理。

女:不,我是自己好好想自己的错,当我自己强了,以后我也当老板,我也永远是对的。

男:噢!原来你是这样激励自己的,很好!

男:人啊!要经常实训,自己的心胸就会像大海一样,能容纳一切,像蓝色的天、广阔的大地能容纳一切。我们的心胸就会宽广,这个宽广就是容纳别人的错,原谅别人的错,找自己的原因,向自己开刀,那么就会处处看到别人的优点。

实训四

青年甲问："人都是保护自己，导致处处吃亏，那怎样才能走出自我？"

实训师拿出一张纸来："自我是一个小圈子，外界、朋友、家庭中的我是一个大圈子，单位、集体凝聚的我是更大一点的圈子，社会、整个世界乃至未来是一个宇宙。如果处处保护自己，就把自己封闭在一个小圈子里，什么都不知道，好像井底之蛙。只有把自己这个小圈子打碎，才会到家庭这个圈子，如果想打碎家庭这个小圈子，要战胜身边亲人的缺点，看透他们，从而走入社会、宇宙变化的大圈子，这样的人最厉害，能叱咤风云、顶天立地！"

甲："那怎样才能做到？"

实训师："最好是站在社会的角度、人们利益的角度，讲公平，天上没有白掉的馅饼，付出多少就得到多少，越吃苦就越有责任心。"

甲："噢！我明白了，就是处处以大家的利益为重，和单位共存亡，如果只以自己为中心，就太自我了。这个时候不管怎样，想一想人民、国家、社会、未来，自己就气派无比，像雄鹰一样，在蔚蓝的天上飞翔，就能成大业！"

实训五

为什么我们青年人想的都对，偏偏一做就错呢？

几个青年坐在一起谈论："哎呀！为什么我们做事总是失败，到底是什么原因呢？"

他们也没有头绪，就去请教一位演练师："我们这些人想得都很好，看着也都对，但是为什么一做就失败呢？"

演练师："你们是怎么想的呢？"

几个青年人："我们每次想那件事是好事，对我们好。"

演练师："好事是不是就是对自己有利、有好处？"

一个青年人说："对呀！对自己没有利的事，做它干什么？那不是傻子吗？"

演练师说："问题就出在这儿。一方面，你们想问题总是从自私、对自己有利的思维出发，有一万个理由认为自己都是对的。这就好像一个人站在自我的井底，只看见井口大的一片天，却认为自己不管怎么想都是对的，一做肯定就错了。其实，真正对自己有利是要站在他人的角度、站在社会变化的角度，才能铲除自己自私的想法。另一方面，青年人想问题多数只看到眼前的利，而事实上，眼前越有利，背后越隐含着倒霉、失败，你们往往看不见，这种思维导致自己眼前看着都对，最后一做就错了。因为还是站在井底看，如果站在社会的角度、变化的角度、他人的角度，就会揭开蒙在眼睛上自私的黑布，就能看清事物的本质。”

有的青年说：“唉！我不太明白。”

有的青年高兴地说：“噢！我懂了。做事只要站在社会的角度、变化的角度、他人的角度，一做就成，只站在自己的角度想，越想好越倒霉，那怎样才能站在社会的角度、他人的角度呢？”

演练师说：“抛开自我、自私的利益，就事论事，因为社会的变化非常复杂，看眼前无利可讨、吃亏，其实小亏里面有大机遇，看眼前有利，其实里面到处都是倒霉、晦气。那些搞传销的人为什么会上当？就是看眼前的利益到手，其实里边是陷阱，使自己越陷越深，他们也不知道，这个时候，家长再劝说、社会再阻拦，他们始终相信自己。也就是我们有些青年人无论如何都不听别人对的建议，只按自己的观点做事，如同单位里的领导说得对，而有些职工不知道就按自己的观点、跟着自己的利益去做。”

几个青年豁然开朗了：“是啊！事物都是变化的，以自我的圈子，永远得不到利，社会不会按自我的圈子去变，只有自己按社会的圈子、他人的圈子变才能得到利啊！那么怎么样才能走出自我，使自己想到就能成，想得也正确呢？”

青年甲说：“这个难，我们平时就是这样，听话的时候按领导说的，做一做就按自己的了，结果一做就错了。”

旁边人都笑了：“为什么会这样？”

甲说：“过后才发现，一方面，是我自己感觉我那样做是对的；另一方面，领导说的我不会做、也不懂、也不想听，形成了这种习惯，不管做什么就是不想听别人的，总是转入自己的圈子。”

另一个女青年说：“啊，你好恐怖啊！”

大家同声问演练师："这怎么办呢？怎么才能走出自己这个圈子呢？"

演练师："首先，我们想想，为什么始终按自己的观点去做事呢？怎么听不进别人的话呢？第一个原因，人的思维控制言行，人的一切都受头脑的思维控制，我们青年想问题都是以自我思维的一个小圈子，而领导说的话是从一个很大的范围出发，青年当时听的时候，就是以自己的小圈子去一套，做的时候还按自己的思维做，所以领导说的话在领导心里是对的，他一听就变成不对的了，他就按自己不对的那种小圈子去做，当然一做就做得很差。第二个原因，最主要的是行动的时候，想按领导那个大圈子，并且领导告诉他方法，他也强迫自己按领导的去做。但是做的时候，主要是自己难受，由于小圈子的思维惯性，具有很强的吸引力，硬拽着他，导致他想按领导的方法来做，但是心里难受，做一点就在痛苦的挣扎中做不下去了。第三个原因，按领导的方法，做一做就不会了，感到迷茫，就跟在黑夜中走路似的，前边好像是悬崖，又好像是大海，心里就会产生恐惧，而自己思维的那条小路是轻车熟路，不知道脚就往那里走了。这种思维过程导致对于别人的话，即使听进去了也做不到。当然还有其他原因，青年人几乎都是自私、自我、自负、瞧不起别人的，再加上按照自我的观点，一推测果然别人错了，自负导致自己更听不进去，做事马马虎虎，一做就错。这些思维过程表现出固执、自我，明摆着的道理他怎么都听不懂，导致做什么失败什么。这就是人们常说的：'江山易改，本性难移。'

青年甲说："那怎么改呢？这样不就完了吗？"

演练师："几个大学生创业，他们开了一家饺子店，另外一家就开始捣乱，故意降价，这几个大学生直来直去地按自己的想法，要打另外一家。如果按照科学的思维，遇到这种事情应该向自己开刀，先把自己整顿起来。而那些大学生直接去找人家的事，这样做是违法的，是搬石头砸自己的脚。一般青年的思维都是那样解决问题的，而真正按科学方法做的人才能开成饺子店，都是打自己的品牌，这两种思维一样吗？"

青年们："说来说去，那我们怎么练呢？"

演练师："要从小事一点一点锻炼这种思维，从做小事中把自己的圈子砸碎、放大，尤其听那些厉害的人的话，或者是学习那些富翁、政治家、杰出人物的优秀思维，把自己彻底砸碎，强迫自己逆反，每天一有空就逆反自己，从小事、大事逆反，形成惯性。当然，最好的办法是碰壁，碰壁多了，刺激性多了，就能形成惯性。我们平时不碰壁的时候，就自己试探着走出自我，主要是谦虚向别人学习，逆反自己的思维和做法，这个需要平时练。总结模式：对于自己所做的事、心里所想的事、所说的话，要放在社会、他人的角度，砸碎自我利益、自我观点，站在他人的角度往最坏处、最好处想，站在社会的角度往最坏处、最好处想→没事的时候，从小事练习，形成站在社会、他人的角度的思维→学习优秀人的优点，通过失败人的教训使自己醒悟→从大事、小事中形成惯性，高瞻远瞩→慢慢就走出自我，自己做什么、想什么就不会失败什么，自己就不会固执，更不会一听领导的话，仍按自己的圈子办事。”

那几个人开始鼓掌。

演练师说：“遇到什么问题要跟聪明的、厉害的人去商量解决的办法，如果没有办法，就从网上找那些专家咨询，这样就不会一有什么问题，就找同类，明明自己错了，再错上加错，找专家想办法，专家说不能那样做，自己即使再难受、再痛苦也不能那样做，所找的专家一定要有道德、有智慧，还要有责任心。就是说，借助别人的力量就能走出自我。”

实训六

忘掉自己，成就一切

将参与者分成两人一组，其中一个人开始进行连续3分钟无间断的发言，他必须不停地说话，不能停顿，可以随便谈论一个话题或几个话题，但是不能使用“我”这个字眼，倾听者不能开口说话，也不能提问或者发出声音。

3分钟结束后，重换角色，他们就会体会人多少次是以自我为中心的。人为什么时刻以自我为中心，自我的人给人一种什么感觉，从这里面再讨论，有什么启发。

怎样处处向自己开刀？

一、当你对亲人生气的时候，你要看到他的优点。

二、当你发现手下的职工实在不行的时候，你想到他会变的，慢慢培养，任何人的潜能都是非常大的。

三、当别人冤枉自己的时候，不要跟他一般见识，大丈夫能屈能伸，先屈一下，像韩信一样，最后成大器。另一方面，自己找自己的原因，别人为什么只冤枉自己，欺负自己？是不是自己哪方面错了？把错的方面补上去。

四、当亲人、领导批评自己的时候，想着他们肯定为我好，为我好我还发脾气，道德何在？我感激还来不及呢！

五、当别人批评自己的时候，自己受不了，应该处处想“我错了”，然后把刚刚说的话再想一遍，经常形成习惯，自己就越来越厉害了。

总结：任何人都能成为大人物，任何人都能成为英雄，只要生命在，一切都是幸福的！这条路就是战胜自我。有的时候，不能要求自己战胜的太多，要注意战胜一点点，还要鼓励自己，相信自己能改掉，这与自己不行是绝对不一样的。当自己极端要面子、维护自己的时候，通过多次行为刺激自己，就知道越是战胜自我，面子就越大、越有自尊，任何不行的人也能变成很厉害的人，任何窝囊、龌龊的人也能变成洒脱、气派的人！

战胜自我包括战胜自己的欲望、自己的情绪、自己不想做那件事，或者自己不喜欢那个人、不想听领导的话等。

（放音乐或者屏幕上写出一首诗，大家朗诵）

胜己者胜天下

世界上最大的敌人是什么？
是困难？
是冤枉？
不！
最大的敌人是自己。
当把自己这个最大的敌人镇住了，
就镇住了胆小、懦弱，
就找出了自己的不足，
使自己坚强、勇敢、胆大，潜能无限。
当处处找自己的原因时，
自己就能成为一个顶天立地的英雄。
人啊！

当自己在困境的时候向自己开刀，
死了都无所谓！
“去死吧！我还有一口气！”
这就是对困难的怒吼，
自己在困难中就会站起来，
就会有无限的运气，
无限的智慧，
无限的勇气，
把困难一脚蹬倒，就变成了奇迹。
这个奇迹就是自古英雄多磨难。
朋友！
你想成为英雄吗？
那你就去磨难吧！
朋友！
你想坚强吗？你想心胸宽广吗？
那你就去受冤枉！
朋友！
你想一切都洒脱、幸福吗？
那你就去找自己的原因！
找自己的原因，
不能一下铲除，
要像一支曲子一样
有高有低，
酸甜苦辣，
要时刻鼓励自己
一步一步地坚持，
就能走向早晨的旭日。

★【战胜自我力的巩固模式】

先明白战胜自己、向自己开刀，都是为自己好，能产生人生的价值→找出几种战胜自己的方法，每种方法通过实训→慢慢地鼓励自己改，但是不能追求完美→坚持行动，在潜移默化中就拥有了强大的战胜自我的决策力。

二

沟通力

【目的】

一个团队要想发挥最大的潜能,产生最好的效益,必须通过相互沟通,沟通好了才能合作。但是人们在沟通的过程中,最大的不足就是以自我为中心,不会站在他人、全局的角度互相运作。

【存在问题】

各人以各人的观点,以自我为中心或者就想着自己的难处,考虑不到别人的难处,不会借助别人的力量,导致互相不理解,产生抱怨,无法合作。在一起工作却不会沟通的人就好像盲人,互相碰撞,当然做不出成绩。

【艺术突破口】

每个人怎样与大家合作,而且不产生碰撞?就是自己看到大家,大家看到自己,互相理解、取长补短。这个“看见”的突破口就是站在对方的心理角度,然后看看自己,站在大家的心理、科学的角度去理解,从而化解合作中每个人的不足。

【艺术实训过程】

实训一

第一步,在六个人当中,两人一组,共分为三组,把所有人的眼睛都蒙起来,每一组中的其中一个给另一个喂蛋糕,只要把蛋糕吃完了,嘴上、脸上没有奶油的,就是胜利组,胜利的一组站在一边,脸上有奶油的就是失败组,站在另一边。

第二步,进行讨论。问失败组"为什么满脸都是奶油?"

A:"我看不见他,他看不见我,当然满脸都是,我往这边喂,他嘴往那边,我往那边,他嘴就往这边。"

演练师:"噢!在工作中就是这样,他看不见你,你看不见他,都互相抱怨对方。"

演练师又问胜利组:"那你们为什么做得这么好呢?"

他们说:"我们在一起想着对方,先是心灵感应,我鼓励他,他揣摩我,两人互相鼓励,慢慢地就有一种感应,就是我站在他的心理角度,他站在我的心理角度,再站在客观角度,细致、认真地互相配合。"

演练师:"噢!这就是沟通,最好的答案出来了。沟通就是站在对方的角度、站在客观的角度,走出自我,看看对方、看看自己,相互合作。团队怎样才能沟通好?就是站在他人的角度看看自己,看看他人,明白他人的心理就不会抱怨,就能互相谅解、互相配合了。"

实训二

掀起你的红盖头——领导怎样与小兵沟通

领导怎样有领导力、有魄力,发挥指挥的效率?中层的管理者都必须这样。

七八个人,搞一个"掀开红盖头"的艺术活动,一个人扮演领导,并布置任务，怎样让其他扮演职工的人自动掀开红盖头，即对所布置的任务表示同意并且能坚决执行到底。认为领导不怎么样的掀一半，有的是一只眼看看，还有的抵抗、不想做，就盖着不动。

不掀的一个员工说："你布置的任务，我不懂，不知道你在说什么。"

另一个没掀的说："你没有魄力，平时说话不算话，没有威信，你从来不守信用，我不服你，我不想干。"

只用一只眼看的员工说："我被你的话感动，但是对你说的话有疑虑。"

掀开盖头的员工说："我认为你有魄力，说到做到，所布置的任务科学、合理，我要积极、快乐地执行。"

总结：对于优秀领导的要求：要有指挥的魄力。

实训三

怎样让总裁的钱自动掏出来？

总裁的口袋里的钱有好几层，当你达到某个条件就掀过一层，都达到了，他厚厚的钱就掏出来了。

实训过程：

第一关：你热爱单位，能与单位共生死吗？看看自己平时的表现，单位困难的时候自己是否忠诚。

第二关：你是与大家团结合作、与大家利益一致，有团队精神吗？

第三关：你不怕苦、不怕累，认真、扎实地做了吗？

第四关：作为一名员工，你创新、坚持到底做出效果、成绩了吗？

（一个一个职工过去，第一个因为第一关达不到，被拒之门外，第二个因为能力、方法不行，最后没有结果。唯独最后一个人亮出来，他过一关，屏幕上"啪"的闪现一道光线，最后"轰"的一下，台下掌声震耳，放出音乐）

实训四

A很幽默地问："你怎么跟人家一下就能沟通上，能了解人家的意思？"

B回答："这很简单，我一跟人家交往，首先告诉自己，自己要变成那种人，站在他的角度。"

A“噢，原来这样一变，什么事都明白了。”

★【沟通力的巩固模式】

明确任务的实质、结果和目的，站在他人和集体的心理角度，看一看他人所想的，看一看自己所想的→相互理解、鼓励，想出办法→共同合作，这样就不会产生抱怨、打击，能共同进步→再融进快乐，这个事情就做好了。

三

优秀团队

题记：

优秀团队=团队精神的观念、思想+沟通的方式+行动高效的方式（激励、爱、拼搏、奉献、创新）+增效的形式

优秀团队在于沟通的方式和行动，优秀团队的关键点就是沟通。团队合作就是学会自己的存在就是让别人快乐，即要幽默地做事，帮助别人解决困难，使自己的存在能给别人带来利益，同时自己还要谦虚。

★【目的】

在社会竞争的洪流中，一个人再神奇，也做不成大事，但是在21世纪，人人必须成为英雄，成不了英雄就是废人，自己成不了英雄，就要与团队合作，自己就能从平庸的人变成英雄，人类最强大的力量就是人民群众。那怎样借用他人的力量来成就自己呢？

自古以来，凡是成就大业的人，如刘邦、朱元璋等都是借助他人的力量来挖掘自己的潜能，从而成就大业。每一个企业的腾飞在于团队而不是个人，在中国当富翁的人，都是借助别人的力量、借助国家的力量。

一支精英团队无论走到哪里都是优秀的，一个团队就好像一条美丽的珍珠项链，每个人都是一颗精美的珍珠，要优秀，要能协调起来，才能用线串

成项链，这就是团队的精神。这根“绳子”就是团队中各个成员一条心，有一致的观念，劲往一处使，互相融合，把优势发挥到最大，劣势降到最低。把团体的潜能最大化地开发，这条“项链”才美观，令人敬佩。一方面，这种精神有战无不胜的动力和魄力，这来源于每个人的自信、互相体贴、互相激励。另一方面，这种精神是由内部相互包容、相互热爱、相互体贴凝成的灵魂。

内耗几乎是所有单位的通病，也是许多单位倒闭的重要原因。内耗使内部的精力、物力、财力、时间都损失严重，令单位疲惫不堪，这里的关键问题是内部的协调和团结。如果一个单位有一支共同向上，目标、理念一致的团队，把所有的精力、时间、人的矛盾控制在一个最低的限度，单位也就腾飞了。

【存在问题】

在我国有这样的说法：一个人是条龙，两个人是条虫。人多，在一起多疑、自我、互相嫉妒、打击，这是形成优秀团队最大的障碍。要形成一支优秀的团队，每个人必须要坦诚、忠诚、宽容他人、热爱他人，这是先决条件。阻碍优秀团队形成的问题有以下几个方面。

一、天天嘴上喊团结，一旦涉及自己的利益，就互相拆台。

二、团结、合作、协调是为了单位腾飞、为了大家、为了自己。大锅里没有饭了，自己的碗里就没有饭，这个道理都懂，但是做的时候，该怎么捣乱还是怎么捣乱，各顾各的，导致单位走向下坡路。

三、认为自己好一点、干一点成绩就上了天，就傲得不得了；相反，别人差了就使劲蹬，认为别人什么都不行，还拖累自己，不但自己这样认为，别人也这样认为，导致内部不团结。

四、往往对人不对事。在工作中往往拉帮结派，凡是与自己是统一战线的，不对也对；不是自己帮派里的人，对也不对，即使损害单位的利益也在所不惜。许多人依旧是攀龙附凤，使单位走向滑坡、摇摇欲坠。

五、喜欢跟自己处的好、所敬佩的人甚至有特殊情感的人在一起。如果跟比自己差、不友好、陌生的人在一起，工作起来就心猿意马，磨蹭、推脱工作,不以工作为中心,而是以自己的感觉、感情为中心。

六、很多人尤其是独生子女的这一代青年职工,处处自我,他们永远和团队合作不起来,其实团队合作的道理都懂,但是做事情的时候全都很自我,别人好了自己就不服,别人差一点就抱怨,形成"1+1<2"的严重问题。

七、在团队中,有的人只想逞强,只想要成绩,跟别人在一起干,很怕自己被埋没,但是人人都逞强,团队就会变成一盘散沙。

八、处处维护自己的面子、怕失败来找自己、推卸责任、虚伪,导致整个团队崩溃。

【艺术突破口】

建立优秀团队的总原则:一个优秀的团队对70% ~80%的人进行表扬、奖励,少数人自然就被带动起来,这是一个基本原则。根源于人都想得到表扬、鼓励,少数人也就被潜移默化地带动起来,单位就形成你追我赶的良好风气。具体做法:对于一般的、及格的职工就评为优秀,非常差的职工评为一般。一般的人想捣乱也不会捣乱,自动水涨船高,都认为自己的地位高了(这个奖励往往有奖金、精神、价值等方面)。

团队要求粉碎"小"变成"公",以集体为荣、与集体生死与共。也就是说,一对夫妻、一个家庭、一个单位都是一个团队,一个团队要一条心,在对方很讨厌、很恶心的时候,要用全身心的爱为他奉献。而现在有的人,一发现别人不行,就马上落井下石;发现有更漂亮的人,就把眼前的恋人甩了;发现外边有好的单位,他就跳槽了;发现别人一点差,就讨厌别人,不会热爱对方的缺点,不能与别人同甘共苦。

怎样才能有团队精神呢?

第一,要以大局为重,与大家一条心,有一致的观念,劲往一处使,相互包容、相互激励、相互关怀,消除嫉妒、打击、攀比、抱怨,以自己的吃亏赢得集体的利益。团队共同所得的利益,虽然表面上是大家的、集体的,最终也是有利于自己的,以吃亏、奉献大家使自己得到更大的利益。

第二,对于职工来说,单位好了,锅里有饭,自己碗里也有饭,如果把锅底砸坏了,自己的碗里也没饭了。这个道理他们也懂,但是做事的时候,为了眼前的一点私利就嫉妒别人、打击别人。明知道这种做法是错的,却仍执意去做,这种人,总是有侥幸心理,认为"哪里黄土不埋人"。主要有以下原因:独生子女是以自己瞬间的感受来看问题的,如果感受不好,就认为一切都不好,以自己内心的圈子为中心,一点事不公平、受冤枉,就受不了。也就是说,当代的独生子女总以内心的一点点感受作为自己的天和地,一点受不了,就没有天地了,就要报复,就不顾一切地来维护自己。所以,这一点把握住了,第一,不要生气;第二,要鼓励这些独生子女;第三,感觉他们很可怜,值得同情。主要是怎么对他们进行实训。

第三,每个单位要把一致的目标、为什么要团结一心、对个人有利或无利表达清楚,使每个职工都明白,吃小亏顾大局是为了自己得大福。受一时的小冤屈,使大家腾飞起来,自己才能更洒脱。

【艺术实训过程】

实训一

感恩带来拼搏、奉献

(利用座谈的形式,让大家沟通感情、诉说心曲。感恩、诉说,让心灵震撼,可以激发人为单位奉献、热爱单位)

第一,让大家谈一谈自己所在的这个单位有什么好处,给自己带来了什么?虽然眼前有困难,但是没有这个单位哪有自己?子不嫌母丑,没有母亲能有自己吗?第二,找自己所崇拜的人或自己的领导,感恩领导,即使领导有不足,自己也乐意奉献、奋斗。第三,感恩同事,独木不成林,虽然在一起互相有一些摩擦,但是没有他能有自己吗?单位能搞起来吗?

感恩的时候,说出单位精英团队的目标,为了共同的利益,自己受一点委屈,那都是正常的。

实训二

大家在一起唱歌互相激励,如甲职工给乙职工捶一下背说:"你不错!

你厉害!"伸出大拇指说:"你做得好",或集体做那种很幽默的体操,配着音乐。在互相鼓励的过程中,自己找自己的原因,如果事情做错了,一切原因都是自己引起的,别人虽然捣乱自己,自己确实也有错,原谅他人,为了共同的利益,把这些不团结的因素化成互相激励、互相鼓励,从而改掉缺点。

实训三

每个职工拿一块砖头,上面写着自己的名字,根据自己的观念、能力、思想、道德等因素,砖头可以有大有小,形状不规则。总裁手里拿一块砖头,下面职工有的拿的砖头是圆的,很小,有的是一大块,有的是菱形的,也有的是三角形的。

总裁要求大家用手里的砖头砌一堵墙。看着有的人手里的小石子,大家都笑了,都认为他没有用,看着手里有大块砖头的,都认为非常厉害。在砌墙的过程中,总裁让他们发挥想象,怎样才能把墙砌得结实又漂亮,他们一致同意先用大块的砖头,结果墙中有一个个洞,根本就无法砌起来,一动就倒了。于是有人建议,可以把合适的小砖头塞在夹缝中,于是一小堆没用的小砖头很快塞满了墙,整个墙就变得又结实又美观。

团队精神给了大家什么启示呢?团队精神是以老板的统一要求、规格来发挥的。如果自己太差,就努力发挥自己的长处,和大家站在一起,努力提高自己,不能提高就会被淘汰;如果自己太好,要学会委屈自己,利用每一个人的优点,不要嫌弃别人,要包容别人。

【优秀团队的巩固模式】

拥有共同的利益(目标)→产生沟通的欲望→沟通产生理解→理解促进合作→合作产生团结→团结形成优秀团队。

四

人际关系艺术力

人和第一的观念，自古以来根深蒂固于人的思想，尤其在企业、事业单位的大锅饭中，人的工作就是关系，从而形成关系工作、关系经济、关系人生，没有人际关系就没有立锥之地，在这种环境中，一个领导者的权力大小和功绩取决于他在群众中关系的大小。虽然改革开放三十多年，打破了铁饭碗，但人际仍然是一种生产力，关系经济仍然兴盛不衰。从理论上分析，交往是：

第一，交往是人与人之间的相互作用，包括个人之间的相互作用、社会集团之间的相互作用、国家与民族之间的相互作用，狭义的交往是指物质的交往。

第二，交往是人类特有的存在方式和活动方式。

第三，交往源于物质生产活动，又不仅仅存在于物质生产活动中，它是以物质交往为基础的全部经济、政治、思想、文化交往的总和。

第四，人是交往的主体，交往是一种以主、客体关系为中介的主体与主体之间的关系。

人际交往是一种能力，也是一种身份、权力、名誉、经济等的体现，一个人总是和别人生活在一起，如果失去了交往，也就失去了信息的通道，更失去了得到别人帮助的力量，这就好像一条鱼，生活在无水的环境中，又像一个人生活在无氧气的空气中。

交往分为物质交往和精神交往，在社会发展中，交往起着重要作用：其一，交往能促进生产力的发展；其二，交往推动社会关系的变革和改善；其三，交往是科学文化继承和发展的重要途径；其四，交往有利于人自身的发展。这就是说，国家要开放，人也要开放，国家要改革，就要通过开放吸取外国的经验，对于每个人来说，交往不仅仅是生存的需要，而且是通向自我成功的主要途径。许多人奋斗了一生，就因为缺少交往，缺少人际关系的这些“氧气”，在没有“氧气”的真空中，再奋斗也只是在短时间内挣扎死亡。“人际关系力”如此重要，它不是天生的，而是后天培养出来的。

★【目的】

工作往往在于人际，人际是第一生产力。一个人的工作成绩往往都决定于人际关系。而我们青年大学生往往不会处理各种复杂的人际关系，导致自己的工作干不下去。人际关系好，工作肯定好。据调查：凡是有成绩、出成果的人，都是缘于良好的人际关系，几乎没有一个是靠个人奋斗出来的。

人活在世上，都是要与人打交道的。人缘有多宽，财源就有多大；人际有多大，幸福度就有多深。然而，人际关系是非常复杂的，它需要在错综复杂的变化中把握极其微妙的一点，这不仅仅是自己的人品、做事方法、幽默等各方面的综合体现，更在于能在应变中把握对方的心理、把握全局、统筹全局，还要到处找自己的原因，要幽默、难得糊涂、外圆内方，让各种人为自己所用，而不会阻拦自己。那怎样在这错综复杂的变化中把握一点点的微妙呢？

这需要胆量、计谋，抓住主要矛盾，时刻站在他人的心理进行运筹，还要放松、愉快。最主要的是走到一种环境唱一首和谐的歌，在同一个环境、同一个人，时间变了、事情变了，这个人的态度也会变，自己怎样把握。也就是说，如果你能站在世界的角度、变化的角度，你就能成为风云人物；如果你能站在他人的角度、综合复杂的环境角度，你就能成为杰出人物。

然而，和那些生活在传统的固定模式中的一般人相处，怎样才能做到外圆内方、难得糊涂？对于那些故意找事的小人怎样才能化敌为友？与陌生人打交道,怎样才能消除对方的疑虑,使对方愿意与你交往?人在世上,如果你好了,别人嫉妒,如果你差了,别人又蹬你;如果你有自己的特色,就会与人为敌;如果自己没有特色,就变得平庸,工作就干不好,世界处处都是矛盾,那到底应该怎么办呢?这都需要通过一些简单的实训。

【存在问题】

一、不知道怎么处理人际关系,凭着自己的感性,感觉好就跟人家多相处,导致相处得太近,在工作中无法合作;感觉不好了,就不理别人,如果合作的人是自己不喜欢的人,就会导致工作干不下去。解决办法:外圆内方,表面上不远不近,有些事难得糊涂,尤其对比自己差的人要好一些。

二、凭着自己的感觉,喜欢同类的人,对于与自己相反的人,就认为不好,不能接纳甚至讨厌。解决办法:真心地找被自己瞧不起的人的优点,为什么他在那一点比自己强?自己问自己,就能倾心向他学习。

三、始终站在自我的角度,自负,不会把握对方的心理,导致好心不得好报。解决办法:换位思考。

四、人际关系错综复杂,人都好像反复无常,事情变了、时机变了,自己应付不了。解决办法:要以别人的需求、利益为主,跟着别人的利益走,就能把握对方的变化、掌握对方的感觉。

五、要把握眼前的环境、人群、工作、领导背后的方方面面情况,如果不会把握,只看表面文章,就会导致自己吃亏。解决办法:分析领导、各种人群的帮派关系,分清他们的利益关系,对人不对事,那个人如果不行,他做的再对也不对。

六、对于复杂的人际关系,摸不着头脑。解决办法:沉默是金,看大家,大家都坐着,自己就不要站着,不去出风头,不该说的话不说,不该做的事不做。私营企业的领导往往不错,在单位蒸蒸日上的时候,主要做好自己的事。如果你到某个地方,总是有人找事欺负你,先找找自己的原因,机智、勇敢地面对,不能怕、不能逃脱。

【人际演练的艺术】

人际演练要注意以下几点：

第一，别人错了一万点，你要原谅，但是自己错了一点，就不能等着别人原谅，别人是不会原谅你的，要学会宽容，学会自勉、自励。

第二，你请别人吃十顿饭，想让别人请你一顿，这个观点往往是错误的，付出就不要想着报答，想着报答就是一种错误，是一种自我折磨。然而，别人对你付出了，你要公平地回报，如果你不回报，又是一个错误。

第三，人际就是一种艺术，对于各种人要难得糊涂，就是在忘我中，失去就失去了，错就错，能屈能伸，也不过那点事，一笑而过，自己也显得幽默、洒脱，这一笑就是一种原谅他人的镇定剂。注意一点：吃亏是福，但是，对于那些认为自己软弱，想讨便宜的人，就不能这样纵容他，但要婉转，这就要掌握一个度。

第四，当自己不行、众人瞧不起的时候，自己要自信，斗智不斗气，做好自己的工作，在潜移默化中，自己的威信就提高了。这需要锻炼，不要自卑、懦弱，要消除自己的心理障碍，经常鼓励自己，慢慢地忘掉自己，当自己有实际价值时，人家的态度自然就变了。

第五，当自己功高压主，或者是自己太厉害了，别人就嫉妒、打击，虽然自己把好处加于他们，还是压不住他们嫉妒的心，总遭别人排挤，在这个时候，要婉转地隐含自己，以大家的利益为重，有的时候故意装疯卖傻。总体来说，用多赢政策、用自己的气度和风范，处处为大家着想，有自己的存在，就使他们有钱、有势、体面、舒爽，他们慢慢就会消除嫉妒之心。

第六，人际关系中根深蒂固的帮派关系，如裙带关系、兄弟关系甚至黑社会关系，他们之间存在利益牵扯，对于这种环境，一要难得糊涂；二要做好自己的工作；三不要违反他们的利益，万一产生一些矛盾，要向他们道歉，用自己的行动来表示自己的歉意。在几个团体互相斗争的情况下，自己保持中立，慢慢地再偏向单位的主流，以事业为中心、以领导为中心，团结在核心人物的周围，自己就能在单位立住脚跟，这就要求自己有胆量、有智谋，不要天天搞帮派,自己做好自己的工作,慢慢地也能在单位受到欢迎。对于自己所偏离的对立面,要以多赢的对策,要有爱心,理解他们,保持外圆内方的适度原则,这样,走到任何环境,自己的人际都好像春天绿草地上的阳光,温暖无比。

【艺术实训过程】

实训一

为什么他面对任何人都能游刃有余,自己好了别人不嫉妒,自己差了别人不打击?

现场有很多人,在一起选干部,谁威信最高,谁就能被选中。每个人的眼神都怪怪的,很多人始终盘算着自己,唯独 A 一直微笑。当 A 发现 B 是自己的敌人,就对 B 微笑,给 B 一支烟;当 A 发现 C 这个人很龌龊、自卑,就走到他的跟前轻轻地碰一下,这不是巴结 C,C 感觉很温暖,A 对 C 说:“你这个人不错。”A 发现 D 这个人小气,别人都讨厌 D,这个时候,他表面上也不帮 D。A 发现 E 这个人厉害,别人都巴结 E,他难得糊涂笑一笑,始终抓住大家的心理,有一个不远不近的度。A 这种难得糊涂、海阔天空的气度,好像与世无争,不得罪任何一个人。最后,无记名投票的结果,A 的票数最多。

点评:为什么 A 的人际那么好? 第一,是肚量,通过眼神、行为表现出来;第二,他能分析具体的环境、人,在应变中把握每个人的心理需求,与每个人不远不近、外圆内方;第三,难得糊涂,稳如泰山,能不能被选中对他来说也无所谓;第四,他对各种人能应付,对于故意找事的人,他首先能震住自己,然后能抓住对方的缺点,他有一股无形的强大力量,能把别人震住,别人就不敢欺负他。总之,在一个单位中,人要外圆内方、适应他人的心理、有人格,才能在这个环境中游刃有余。

实训二

人人都能成为人际关系大师,就是到任何环境,先把人群分类,把握各种人的性格，就好像一盘棋，然后，根据不同的人采取不同的对待方法，基本的模式就出来了。

演练的时候，演练大师辨别出各类人，然后哪一类型的人用哪一种办法。例如，自己是一个诚实、正直的人，遇到同类人，心心相印，不需要多说，在众人面前故意隔远一点，在奸诈的人面前不要过远，要适度；对于那些两面三刀、故意找事的人，故意虚虚实实，要智斗，让他们搬起石头砸自己的脚，自己还要把工作做好；对于平庸的人，根据他们跟着利益走，站在他们的角度，不损害他们的利益。这样，走到任何地方，都能游刃有余。

模式：把握人际中各种人的性格，了解他们与自己交往的优缺点→对于各类人作出具体的方案→适应、应变，站在别人的角度、站在变化的角度来变化，达到高效→以工作为中心，实行双赢、多赢政策→自己的存在给大家带来幸福，自己幽默、洒脱、能屈能伸、游刃有余。

总的原则：一、站在他人的角度，理解他们；二、宽容、大度，难得糊涂，对任何人要有一颗宽容、大度的心，要幽默；三、智慧、勇敢地做好工作。对于那些刁难、故意找事、无事生非的人，要跟他智斗，但是必须把工作做好。

实训三

不管对方说什么，都说“好、不错”、点头或者微笑，形成习惯，别人感觉越说越想说，其实，他什么也没有听到，平时多用“不错”、“好”、“很好”、“非常好”、“太棒”、“太优秀了”、“太卓越了”、“见到你都倾倒了”等赞美词，根据不同的人和事变化，把对方激励起来。

【人际培养的途径】

第一，要弹好人际关系这把琴，即使是乐盲，也要请名师指点，从零开始，把自己培养成一个人际关系的高手；在意识中必须重视，不会编织关系网，人生寸步难行，什么都难以成功。在思想上，相信自己无论在什么条件下都“能行”，能编织一个超大的关系网。

第二，从书本上学习交往理论，在实践中摸索，向群众学习，尤其区分不同的人群，用不同的交往方法；学会转化，人的金钱、亲属关系、情感、智商、仪表、技术、苦力、品行等，一切都可以转化成编织关系网的编织力。

第三，学会交往，首先要学会做人。在思想、性格、言行上尤其注意，这些方面是个人交往好坏的重要媒体，要把握这种媒体，就必须注意一言一行的传播作用，更要注意心灵、思想的感应作用。同样的思想、灵魂的人走到一起就心心相印，不同思想观念的人甚至相对性格的人走到一起就无意中引起丑事，水火不相容。要学会交往，就要学会“变通”，把自己与众不同的地方隐含起来，在言行上要求同存异，夹缝中做人，如果大家把猪说成驴，那你千万不要还坚持那是一头猪，据科学证明，这时这头猪就变成真的驴了。换了一个地方或一个人群，他们认为猪是只猫，那你也要说成猫，这句话的意思是真理不被人们所应用，也就变成了谬误，这也是正直的人到处碰壁的根源。

第四，在交往中，要学会把握对方的心理需要。切记不能只顾自己，有时要舍己救人，这点很重要，考虑问题从别人的角度出发，看群体的心理，把握群体的意识，看菜吃饭，切不可一个人唱独角戏，像只百灵鸟，下面没有一个听众，甚至听众都反对，也是唱得不好，这就是许多人好心不得好报，明珠暗投的原因。相反，你这个人唱得再不好，即使不会唱，只是“咕”地放个屁，如果听众给你热烈的掌声，他们认同你，甚至赞美你，那你就是唱得最好，这就是交往的奥秘。许多呆子不会交往，就是拿鸡蛋朝石头上碰，自己碰得头破血流，还骂群众愚昧无知。

第五，交往是讲究利益的。有的人以权交易，以色交易，以钱交易，以拳交易，以名誉、地位交易来形成交往的途径，只要为达到目的，不择手段。这就是有的人在工作中不是干工作，有的男的靠拜把兄弟拉帮结派，使领导法不制众，有的女的终日无所事事，每当夜色来临时，就张开石榴裙，专门建立彩带关系，把自己保护起来。而有的人为了当官，把自己十几岁的孩子送到别人床上。这些人的交往虽然能飞黄腾达，但令人恶心，猪狗不如，是违法犯罪的。正常的交往要给对方带来经济利益，利用“双赢政策”，你好、我好、大家好才能达到最好的效果，这就是说人际关系需要投资、需要播种才能收获。越需要求之于人，必先付之于人，小气的人是交不到朋友、没有关系网的。但是切记在与小人为伍时，你越付之，他越害你，要学会灵活变通。

第六，人际关系尤其要注意社会环境、人的心理环境、文化环境、传统习惯环境、道德风俗环境，要具体分析，灵活适应。在保守的人面前，不要亮出阳光，如果你是一个男人，对保守的陌生女人不要太热情，那会挨人骂的。你是一个高素质的人，在比较愚昧落后的人群中，要把你孔雀的屏收起来，抹一身灰，学着笨鸟，才能到那些鸟中共呼吸。你是富人，穷人吃着野菜，你不能当着他们的面啃着排骨，你要学会吃着野菜、唱着贫苦的歌。在不讲理的环境中，你不能坚持理由；在对方不对的环境中，你要以事为立场；在对人不对事的环境中，你就对人不对事，即使那件事再正确，大家都反对，那你也不能做。这个意思不是叫你看别人的脸色活着，而是表面上和别人协调，内心坚持自己观点，完成人生的理想，在背后不能受平庸思想的影响。

第七，人际关系要真正学会物质与精神的交往，物质交往会礼尚往来，更重要的是精神交往，要与别人有共同的爱好、志趣，如下棋、打乒乓球、唱歌等，这是一种重要的交往途径。以棋会友、以歌沟通心灵、以球编织关系网，要找到与众人喜欢的共同处，把群众的欢乐建立在自己的欢乐之上。

第八，不要频频无故地去求别人，主要是提高自己，把自己的经济、文化、人格、形象、魅力树立起来，家有梧桐树，不怕招不来金凤凰，自己其他方面好了，人际关系也就好了，正所谓爱屋及乌。这就要求在社会竞争中，自己成为强者，就会招来许多的追随者，如果自己是个失败者，就会门前冷落车马稀。

第九，人际关系靠的是决策、点子，二十一世纪是头脑的世纪，智慧多的人往往点子也多；智慧多了，政通人和。

第十，交往要学会运用矛盾，舍大取小。在人际复杂的事物中，抓住主要方面，不要被小是小非所干扰，虽然不会像宰相肚里能撑船，贫民肚里也能有条鱼。交往要学会选择人群，对自己的事业、理想有益的重要的人交往，可不能乱交狐朋狗友，引狼入室，这就是交往要学会选择。

第十一，交往要学会创新、创造。人际的交往不能按老一套，按老一套就难以交往好。在交往中，需要预测，处处点缀新的思想、新的方法。人际关系主要学会创造、开拓，大胆狂想、梦想，然后借助自己的长处，付之于别人，使别人在利益中与你交往。交往的梦想需要拼搏，决不能自卑，自己即使是个穷人,与富人交往,要觉得自己不比他差;自己是个凡人,与伟人交往,要有平常心,这样才能建立起人际关系的高速路。切记,与一些贪官、黑道交往,要以毒攻毒,抓住他们的弱点猛烈进攻,使之屈服于你,这就是对于小人,你越怕他,他越欺负你,你越欺负他,他越怕你,使小人为你所用。在坏人面前,要树立起自己是猛虎、毒蛇的形象,使之畏不可摧。

第十二,交往要学会把自己推向交往媒体,如报纸、电台、会议等,使自己在这些媒体中露出风采。有时也要站在名人、伟人的肩上,像他肩上的金丝鸟,来引起群众的青睐,这不是狐假虎威的不道德行为,而是利用名人效应、媒体效应来达到人际交往的优化。

总之,人际关系是一种复杂、灵活、多变的综合能力,它不仅需要用点子来点化,用心来浇灌,还要用经济、地位、形象、人格来影响,更重要的是学会变通,到什么山上唱什么歌,使自己达到人生交际的超人能手,为人生理想的实现增添翅膀。

【人际关系艺术力的巩固模式】

站在他人或众人的角度→抓住他人的心理→利用别人的需求或众人意识的杠杆,外圆内方,产生多赢→用自身的潜能产生他人的快乐→虚心学习众人的人际艺术亮点→在生活、工作中慢慢感悟,就能逐渐形成人际关系的艺术力了。

注:一般人的人际关系是以自我利益为标准,不管对还是不对,即使与事实相反,也要说成是事实。这样的一群人都是为了某种利益而维护这种虚假的事实,黑白颠倒,总是以人为中心,以人论人,不管是与非,这恰恰与科学、正直的人相反。科学、正直的人处处以事实为根据,以事实作为标准,就事论事,不考虑人的因素,这种人与以自我利益为标准的一般人,处处发生冲突,往往水火不相容。

这就是一般的人处处自私,考虑问题总是从自己的利益出发,不考虑别人,不管别人的死活;而以事实为中心的人往往是无私的人,他们考虑问题看看自己,看看对方,往往从别人的利益出发。这就是正直的人在平庸的人群中活不下去的根源，也是平庸人永远没有大出息的根源。正直的人要在庸人窝活下去，必须学会变通，学会适应，具体人群用具体的思维方式。对于平庸、自私的人，自己也要平庸、自私，与小人为伍，在鸟窝里学鸟语，在狗窝里学狗叫。

切记，人要适应环境，不是让环境适应人。

五

合作协调力

【目的】

失去了合作，就是孤独，英雄也需要众人托，强龙也要水来扶，一个人即使各方面再差，只要拥有了合作，会借用别人的手和脑甚至钱袋，就能使平庸的自己变成英雄。

每个人的工作都是整体任务的一个组成部分，只有通过合作协调，才能做得最好。

【存在问题】

中国式的合作协调：

一、人与人之间往往是互相拆台，有你无我，相互捣蛋，把别人打压下去了，自己就上来。这个问题解决的办法，就是通过演练告诉他，捣乱了别人，就把单位捣跨了，就把锅捣坏了，自己的饭碗也就没了，维护他人就是维护大锅，使自己有饭吃；维护他人，就对自己有利。

二、不知道合作协调，做事光按自己的圈子来，没有统一指挥、统一决策。要通过对事情认真地倾听，明确目标、做事的过程，对单位的方方面面、条条框框十分清楚，才能知道怎么做。

三、不懂得激励他人，只会捣乱他人。如果把合作的搭档用艺术激励起来，就能使对方做好，对自己也有利。怎样激励他人？用自己的幽默、艺术，用自己的爱心激励对方，方能激励出良好的心境。

【艺术突破口】

通过在工作中互相合作，利用多赢政策，让他明白他人倒了，对自己有害。锻炼爱他人、协调他人、站在他人的立场的思维和心态。

【艺术实训过程】

实训一

一个单位要为滞销产品的销售做一个广告，广告要求：第一方面整体策划，第二方面广告词，第三方面广告的设计，第四方面广告的散发等。工作人员分为四组，每一个环节、每一个人的成绩都来源于他人成绩的闪光。目的是让大家明白，自己的成绩来自于他人的成绩，所以，要学会合作协调。

领导很幽默、艺术地说：“有一批商品，社会竞争导致滞销，我们怎么做这个广告？”猪八戒呆呆的，不认真听，旁边有很认真的孙悟空、沙僧，孙悟空就很幽默地给老猪挠痒痒，使他“嘿嘿”笑一下，于是认真听了，并且记住了。

做的时候，孙悟空策划，猪八戒画，猪八戒一边画，看见那边有美女，就流口水，沙僧就故意协调鼓励“做不出美女就跑了”。沙僧去做营销的时候，比较自卑、老实，猪八戒就用自己的心境激励他，使他高兴，最后，圆满地完成了这一项任务。

实训二

一个单位要制造一个发动机，有十几个工人，有的设计图纸，有的制造零件，有的制作广告，有的销售。

现在大家都经济紧张，哪一个环节都非常重要。

这个时候，领导很幽默地说："这个社会竞争非常激烈，为了生存、为了父母，都急需钱，大家的工资就来自于这一台机器，要想打出品牌，这个发动机的每一个螺丝、每一个设计都非常重要。当然，大家每个人都非常重要，要互相鼓励、互相沟通，才能制造出最好的汽车发动机。"讲完以后，沙僧呆呆的，听不懂，旁边聪明的孙悟空看出来了，就很幽默、婉转、谦虚地告诉他，猪八戒也笑一笑补充。

设置发动机图纸的时候，大家都狂想，一个是上网收集，一个是借鉴丰田车、本田车的特点，美国、德国等各国最好的机器，狂想，每个人想出点子，瞬间组成最好的设计图，由设计师马上画出来，大家高兴地跳起来，猪八戒一下变成大猪，又变成小猪，手舞足蹈，孙悟空就"嘿嘿"笑。

下一步，认真做零件，有的新职工不想做、懒、不会，其他人就手把手地教，热爱这些新职工，热爱这些不想干的人，鼓励他们，一点点引导、刺激，用幽默的话语来沟通、激励。对每一个螺丝都要很严格地检查，细节决定成败，最后成功了（图纸、螺丝、剪刀可以在台上拿出来）。

之后，大家为了做广告到处跑、调查，问到这、问到那，不要面子，"呀！就看到钱了"，来互相鼓励。有的人舍不得喝水，给对方喝，有一个苹果，老猪吃一吃，也舍不得吃，给大家吃，这个时候很感动别人。

最后结果：这么勤劳、这么用心、这么优秀的团队，肯定这个发动机的质量最好。

总结：利用多赢政策，他人的成绩是自己的成绩，他人的成绩需要自己的激励，需要自己与之沟通，自己也要努力开发自己，还要借助别人的力量。

★【合作协调力的巩固模式】

有合作的观念（找到别人的需求，用自己的长处产生双赢或互补）→站在他人的角度，用需求沟通（从点滴小事逐步训练与他人的合作技巧和思维）→建立各种关系（用自己的德、才、能、艺术、情感、资源与他人合作）→形成合作力。

六

激励力

【目的】

据科学家研究:每个人的潜能,未通过激励,至多只能发挥15%,通过激励,就能发挥85%以上。这就是说,平凡的人通过激励,能变成奇人,就好像一块泥土,表面上起不了什么作用,但如果提炼出里面的原子、质子、中子,制造成原子弹,就能有无穷的能量。对于当代青年,如果有“激励”这把烈火,就能熊熊燃烧,使自己做起工作来势如破竹、一蹴而就。

激励是硕士以上管理课程的核心内容,也是高级人才必备的核心素质。这不仅仅从理论上说领导与管理的核心问题是激励,在实践中,每个人都需要激励。在快节奏的社会步伐中,社会要求的都是高级、超级人才,这就更需要进行潜能开发,每个人的潜能无限,开发无限潜能的导火索就是激励。

【存在问题】

一、感觉对自己没有利益的事情就不想做,或者是感到累、怕的事,就躲、推,怎么都提不起精神来,那么,怎样才能把这些累、烦、怕的事变成有趣、有价值、有利的事呢?

二、有的职工认为激励是一种虚伪的自吹。其实,对于真正会激励的人,他的一切言行给一般人看来都是吹牛,因为一般人都是看表面,实质都是科学的,是他内心真实的潜能和激情的爆发。

三、在有些环境中,有的人有高昂的激情,却给人感觉神经有问题,这就要求在不同的环境中,要蕴涵不同的能量,要适应环境,与环境和谐。

四、自己不相信的激励,往往会起反作用。也就是说,嘴上说“行”,认为一定成功,在行动中,自己的底气不足,那还不如不激励,这种虚假的激励对自己有害。

★【艺术突破口】

激励力包括目标激励,给他一个目标,给他一个满足。激励还有爱的激励、物质激励、体面激励、自我感觉激励。在某方面满足了,就能自动自发,有了激励,做什么都有劲。激励需要刺激,包括:

一、语言刺激。自己说“自己行”或者他人说自己“行”,这个“行”往往给人感觉好像是自吹,其实是一种鼓励,这种鼓励往往通过“我能行、我能行”,慢慢形成习惯,潜意识的暗示,使不行也变行了。

二、身体刺激。就是自己活动开了,身体爽,做什么都精力旺盛。这种刺激非常有效。在工作之前跳跳蹦蹦,或者做一些姿势,相互鼓励,像“V”字形就是成功,“拳头”就是加油、不怕、勇敢,或者握一握手,拥抱一下,相互激励。

三、心理激励。“哇!遇到这么大的任务,困难越大,越显示我们本领大,越有价值,拼!”用这种心理,给人感觉充满了激情。

四、生理刺激。如食物刺激,望梅止渴。对自己亲爱的人用原始的本能和心理的爱激发出一种动力,促使其把眼前的工作做好。

五、把怨恨或者被欺压的压力,转化成一种动力。例如,自己贫穷,“难道就这样穷下去吗?自己比别人差吗?”这是一种本能的“逆商”反应,令人做什么事情就有无穷的力量。最重要的一点,这种反抗力表现在当自己四面楚歌、不能自拔的时候,“难道我这样就死了吗?”这个时候,有一种潜能的迸发，往往会力挽狂澜。

【艺术实训过程】

第一幕

实训师很幽默地上台，叫台下的五六个人上来，让大家抱头学着青蛙跳，看每个人能跳几个，跳过之后，记下每个人所跳的个数（这是未通过激励所产生的结果）。

（激励开始）实训师说："在这个竞争的社会中，我们的工作、事业、爱情就是互相竞争，就像这青蛙跳一样，难道我们就甘愿落后吗？有一口气，就想'我不会输的，因为我有无限的潜能，我难道比他跳得差吗？现在开始竞赛！'"

大家开始跳的时候，下面就鼓掌，喊"好、好、好、加油"（放音乐，《爱拼才会赢》或者《要做就做最好》）。

实训师问："你一开始跳几个？"

A说："跳两个。"

B说："跳一个。"

实训师问："那你现在跳多少个？"

A说："跳了四十个。"

实训师："哇！这是为什么？"

A："不知道。"

最后总结激励。

第二幕

实训师叫几个人上台，对他们说："现在每个人跟大家说几句话或者唱一两句，看谁唱得最好，讲得最好，表现得最洒脱。"（每个人说一遍后，大家评价）（未通过激励）

（激励开始）实训师开始用语言刺激，说："大家知道吗？国外有一位著名的演讲大师,刚开始是短舌头,说话不清楚,后来每天咬着石子,对着青松锻炼,最后成为演讲大师,最差的人都能成为最优秀的人。哇!我们刚才有的同志,讲的是不错,但是有的讲的、唱的不怎么样,这就证明你有讲的最怎么样的希望了,因为每个人的潜能都是无限的。大家看,这个粉笔,它好像没什么力量,但是把它的原子、分子提取出来制成原子弹,就有无穷的力量。如果一个人认为自己一般,只能发挥15%的能量;如果认为自己行,至少能爆发出85%的能量。下面重新开始,每个人按照刚才的重新说或者唱,看谁最好!"

实训师:"现在大家跟我一起做。""立正"、"稍息"、"甩甩膀子"、说"我能行"、"拳头竖起来"。

看过大家的动作后,实训师笑着说:"对。"

两个人相互鼓励说:"你能行,我也行"。

实训师:"好!大声呐喊'我能行',看谁狂喊得像疯狂英语、疯狂说话一样,世界上厉害的人都是'偏执狂'。开始!"

大家:"我能行!""行!"互相击掌。

实训师:"现在每个人往最差的说,不要往好的说,就像刚才说话、唱歌,以最差的情况呐喊,看谁唱的好,大家鼓掌。"

每个人又说一遍。

实训师:"经过激励,你说话的时候,感觉怎样?"

A:"经过激励,我自然有激情,有说不出的干劲,感觉什么都不怕,好像猛虎……"

实训师:"噢!你像猛虎下山,一下就变成猛虎了。"

B:"一开始,我不好意思,感觉难堪,说不出来,怕这怕那,但是这一做,无所谓,拼了,这一拼我感觉效果还蛮好的。"

实训师:"对,激励使人就好像三峡大坝放闸时迸发出的急流,也像平地上冒出来的火山,人啊,就需要激励。"

实训师:"那么,激励怎样形成?首先回答,你活着的目的是什么?"

A:"为了父母的幸福,为了过好日子,为了……"

实训师:"那你现在的工作情况怎样呢?"

A:“还可以。”

B:“不行。”

实训师问:“你为什么不行呢?”

B:“家境不行,没有人家有关系,身体也不好,没有技能。”

屏幕上显示:马文仲身体残疾,但是各方面非常优秀。

子尤为什么对生活充满无限的激情?

实训师:“你呢?你难道不比他们强吗?人活一口气,这口气是要浩气长虹,还是要像小鸟放个闷屁啊?”

B:“感觉自己要有理想、有目标,找到工作的价值。”

实训师:“第一步,为了这个人生目标,自己无怨无悔,自己的潜能就开发出来了。第二步,每天从小事做起,按照人生的目标,培养兴趣,对于最困难的事情,找自己最喜欢的慢慢朝这方面转化,比如,你在工作中感觉又累、又烦、又不会,就想想自己打游戏或者打乒乓球时的那种劲头,再慢慢地往工作中转化。噢!一丝一丝、慢慢地化解,再融进对亲人的爱的甜蜜,想着‘书中自有颜如玉’,最后形成习惯了,做什么都能行,世上没有做不到的,只有想不到的。”(下面大家点评,通过激励的效果怎么样?)

【激励力的培养模式】

按照陈安之的成功学中所说,每天早上起来对着镜子夸奖或吹捧自己几分钟。这个夸奖要求自己真的相信,并深深融入自己的意识中。这是因为,世界上最不相信自己的人的往往是自己。这句话的含义是很少有人真正自信,不仅在口头上,更主要在行动中,不仅在行动中,而且一遇到什么困难、波动甚至曲折,原来自信像一块磐石,刹那间就会变成天上的一片浮云。如果自己激励自己时不自信,反而认为是虚的,那激励不会起作用,甚至起反作用。在我们这个比较传统的国度里,不少人很保守,你叫他相信自己,他就是不相信自己,打死他都不相信。那么获得激励力的首要问题是相信自己即自信。那么怎样使自己真的自信呢?

首先,在意识中想到世上的事不怕做不到,就怕想不到。既然想到了自信，肯定就能做到自信。

其次，回忆一下凡是成功的人都自信，成大业的人具有超人的自信。想想自己那些成功的事，不都是相信自己能做到才做到的吗？

激励是建立在自信的基础上，不同的人要采用不同的办法，要注意适度。激励不能老一套，要不断创新，要物质刺激、精神刺激，甚至艺术刺激，还要利用不同环境、不同工作、不同人群。刺激自己要在法律、道德范围内，有时甚至可以用出格的激励技术。

总之，激励必须在每件事、每个人、每个环境中都要超人发挥、大胆开拓、大胆计划、大胆实施，才能形成超人的激励力。

【激励他人的模式】

第一，对任何人，必须少批评多鼓励，甚至不批评全鼓励。即使他人再傲、再差也不能厌弃、发脾气，而是用不同的方法加以鼓励，这种人最需要激励，而往往没有人激励他，这就好像越穷的人，一分钱都是要命的钱，越差的人，一句鼓励的话语往往是他的精神支柱，这就需要每个人处处树立激励他人的观点。

第二，鼓励他人，千万不要让别人认为是在吹嘘他，甚至是在讽刺他。对于保守和老实的人，你每次鼓励他，他总是怀疑、不相信，鼓励多了他厌烦，产生相反的效果，对于这种情况，鼓励要采取变换方式，少用语言鼓励，减少鼓励力度，要采取适合的方式，恰如其分。

第三，激励他人是一种高难的艺术，要经常研究，从知识、口才、形象、人格，把自己修养成一个较完美的人，以自己的形象激励人，以自己的人格精神打动人，以自己的才气、勇气熏陶人。

第四，要时常研究激励他人的艺术，经常调查、实践，总结成理论再指导实践，对不同的场合、不同的人、不同的情境采取不同的激励方法。

第五，激励不是只从语言上鼓励的意思，也不是单指从行动上赞美的意思，而是一种综合的艺术。不是不批评，而是要讲究一种婉转的艺术，批评也是激励他人的一种艺术，批评不能直来直去，杜绝直性子、直肠子、大嘴巴、大嗓子，要像波浪击石，产生美丽的波浪，既要冲刷掉石头上的污浊，还要引起石头的反思。

第六，激励他人要学习蓝天，激励自己要有广蔚的艺术，要学会大树支持小鸟的静默精神，更要学习迎春花唤醒沉睡在冬天里的花草野兽的胸怀。

激励他人是一盘棋，越下越紧，需要在下的当中增强自己的棋艺。

【激励力的巩固模式】

挖掘人生激励的意义，就是每个人都是大地的精灵，都是神奇的→激励的方法，通过人生目标、人生价值、兴趣，以及通过对亲人的爱（几个艺术突破口亮到屏幕上，音乐配着）→在做小事中来鼓励自己，用微笑面对，不管做什么充满着自信，坚信“我行”→头脑中想方法，把大困难化小→慢慢地形成习惯，自然做什么成什么，在价值、荣誉面前，自己就形成由积极心态和强大的自信力所凝成的激励力。

七

幽默力

【目的】

通过一个多小时的演练，就能使人产生强烈的幽默欲望，并掌握拥有幽默力的途径和方法。拥有了幽默，生活幸福，人际和谐，困难化为轻松，窘迫化为快乐……

【原因】

第一，幽默能改善工作环境，使自己工作起来幸福、轻松，并且能够提高工作效率；

第二，幽默可以制造良好的心境，减轻心理压力，增加自己的智慧，尤其是当代人的工作压力增大，减轻压力最主要的途径就是幽默；

第三，人际关系错综复杂，幽默能化解自己的难堪、不足，在人际交往中遇到很难解开的疙瘩时，如果憨笑一下，就会把难堪变成洒脱，这就是幽默，幽默的人处处受人欢迎。

【存在问题】

第一种人，死板教条的人。处处死抱着所谓的科学、所谓的真理，这种人古板、没有生活的气息，让人感觉头疼。对于这种人来说，不要天天就是知识、工作、道理、命令、钱，应该逆反这种思维，就好像工作劳累了应该休息、放松一下一样。

第二种人，心胸狭小、斤斤计较、死要面子、怕吃亏、多变、处处维护自己的人。对于这种人，就是处处把自己的难堪亮出来，自嘲就能使自己变得幽默。例如，屋里太热，他可以说："你看，我的体积大、能量多，这屋里被弄得温度直线上升，让人感到烦躁，实在对不起，你看，我自己也坐不住了。"再比如，有的人面对坎坷、受创伤的时候，他不会相反地变，假如他得了癌症，他就想到自己要死了，如果是幽默的人，会怎么样呢？他就想：我都活了这么多年，现在才得了癌症，算什么呢？有的人一生下来就死了，你看上帝多么偏爱我。别人会说："呦！你看年纪轻轻的，就得了癌症，你不感到悲伤吗？"他说："没什么，说不定到了阴间还拿高工资、提干，或者找一个更美丽的老婆呢！"

第三种人，精明过分导致别人受不了的人。由于他对任何事都太精明了，事事要求完美，特别聪明，没有一种难得糊涂的心态，别人一到他的跟前，就感觉特别紧张，很怕一不注意就被他算计。对于这种人，就要大智若愚、呆呆傻傻的，像猪八戒一样，这样就比较幽默了，为什么？因为猪八戒傻得可爱，或者一遇到美女，就把手指头往嘴里一含，口水顺着手指头一直流到脚跟。

第四种人，地位很低、道德品质低下的人，不管自己多么幽默，别人也感觉他不幽默，瞧不起他，感觉他很恶心，这种人应该提高人品，自己要自强自立，树立起威信。

第五种人，到一个单位，只想得到利或者是占便宜的人。比如说，他在一个单位，时刻想着怎样得到好处，成果很怕被别人夺走了。在人际关系中，看到一个美女，自己只想占有，得不到就自卑，得到了就得意忘形。这种人不幽默，走到哪个单位都立不住脚，怎么办呢？到单位去，不是自己的利益，不要想着占有，得不到的时候笑一下："我现在吃亏，以后会有大福，这没什么！"如果这种人是女性的话，认为别人看上自己了，就想：哪个人能看上我呀，在一起工作嘛！对于这种人，有两个最大的弱点，一个是财，一个是色，抛去财和色，就是最幽默的人。

第六种人，思维不一样，一天到晚沉思，别人开玩笑，他也听不见；别人做什么，他也不跟大家融在一起。这种人是很难幽默的，他的注意力没有跟大家在一起，大家都感觉他怪怪的。

第七种人，极端自负、自傲的人，他高高在上，对任何人都不服；或者是极端自卑、瞧不起人、太追求完美的人，做一点儿事就要求苛刻。有的时候，丢就丢，塞翁失马，焉知非福，祸中有福，福中有祸。比如，自己刚出门，乌鸦拉屎掉到自己的头上，不要说今天晦气，永远要说自己"好、好、好"，越倒霉越好，拥有积极的心态，这种人就很幽默。

第八种人，不能原谅别人，看着别人的缺点就非常讨厌，这种人永远都幽默不起来，因为他不能原谅别人，就是不能原谅自己，把不能原谅别人的那根弦绷得紧紧的，放松不了。

第九种人，处处教训别人、教育别人的人，这种人好为人师，如果是上下级关系，就摆领导架子，高高在上，就教训员工，挑剔员工的毛病，员工自然离他远远的。如果是老师，对学生要求非常严格，学生有一点儿错他就抓住不放，一百遍、一千遍地教育，直到学生讨厌他为止。

第十种人，与别人攀比的人，这种人瞧不起比自己差的人。应该是别人再好，也不去巴结，别人再差也不蹬，这样的人心胸犹如天空一样宽阔，他自然很幽默。

第十一种人，嫉妒别人的人，他容不得别人好，别人一好他就嫉妒、打击，如果看到别人好，能亮出很可爱的眼神：哇！他那么厉害呀，我一定要向他学习。这样就很幽默。

【幽默的形式】

一是外在的幽默，如头发、眼神、仪表；二是行为的幽默；三是语言的幽默;四是气度的幽默;五是环境给人感觉幽默;六是味道幽默;七是声音幽默;八是思维幽默;九是生活阅历丰富、人品好的人说出来的话很幽默,他们说的话都有深奥的道理,用简单的语言或一个微笑,把意思表达得很清楚;十是位置幽默。

表达幽默的最主要的形式:第一种,把自己的缺点亮出来,很谦虚地引起大家开怀一笑。

第二种,抓住别人最需求的、最让人感到搞笑的,使人震撼。

第三种,抓住时间、环境这一瞬间的机遇,冒出一个浪花,比如说,大家一口气干了三个小时,都快要累死了,好不容易"哈哈"笑两声,"再笑一分钟,我就要上医院了","再过一分钟我就要憋死了","怪不得你看我的脸这么红",工作劳累用身体语言来表达,故意打个冷战,晃晃身体,拍一拍屁股,让大家高兴一下。

第四种,抓住众人对个别人的不服气,用背后的一个眼神、一个滑稽的举动,引起大家的一笑,这最需要的是社会心理学,利用人们急需的一个亮点,激起他幽默的浪花,才能爆发出这种哲理性的、智慧性的、轻松性的、艺术性的综合体。

第五种,相互配合,什么叫配合幽默?就是说,有几个人志同道合、心心相印,如果是自己一个人的话,一般幽默不起来,这需要人际关系、人际心境的衬托。

所以,幽默要练就一种机智的思维,这要求抓住大家共同的思维,还要有创新思维、逆反大家的思维,出其不意,让大家一下感到震撼,自然就笑出来了。这个机智思维的训练要在平时练,要动脑,不能懒惰,要经常关注新鲜的事物。

【幽默的误区】

一、幽默与低级、下流的区别。幽默是一种高雅的、美好的、说不出来的智慧和灵感,让人的心灵触动而表现出来的形式。

二、幽默与嘲笑人的短处、说别人坏话的区别。比如说,下雪天,有个人看到一个瘸子往山坡上走，他就对别人说："你看，那个瘸子要摔倒了，要摔倒了！""砰！"瘸子摔倒了，那人就"嘿嘿"一笑，这不叫幽默，这是一个人的人品有问题。

三、自己有优势的身份，别人来求自己，即使自己说出一个不算笑话的笑话，别人都会笑，这不叫幽默，因为自己当官、有权，或者自己有什么可以被利用的，别人故意讨好而已。

四、为了讨好别人，天天收集一些与工作无关的、与别人的利益无关的，自以为幽默至极的笑话，没想到，从他的嘴里出来就变得粗俗无比，故意装出的幽默其实一点儿都不幽默。

五、不要认为幽默只有年龄大的人、有生活阅历的人、技术精湛的人、人品高的人才具备，为什么猪八戒最幽默？人人都能拥有幽默，只要你抓住自己的特色，那怎样亮出特色呢？比如有一个人说："我天生就不幽默。"错了，人人都能成为幽默大师。第一步，要抓住特色。第二步，要精钻细研，自己哪方面不行，要尽量改掉，比如爱面子、虚伪、自卑、自傲、攀比、嫉妒、知识贫乏、书呆子，到哪里都摆着所谓领导、学者的臭架子。

六、漂亮的人不一定幽默，而往往丑的人非常幽默；知识多的人不一定幽默，为什么那些老百姓非常幽默？这就要自己放得开，要像天空的小鸟一样自由地飞翔，到哪里都很幽默。

七、幽默与滑稽不是一类，滑稽是一种搞笑，例如，又矮、又胖、长得又丑的男人，与又细、又高、又白嫩、又漂亮的女子在一起跳舞，这是滑稽。滑稽就是搞笑又故作姿态。

八、幽默与讽刺又不是一类。讽刺是对社会上的丑恶、怪的现象的一种批判和打击。例如，那个人天天不劳动、贪污钱、贪吃，得了肥胖症、心肌梗死，在床上一下子死了，"你看，那个人因为钱多，把自己整死了吧！"这就是讽刺，也就是陕西话"嚷人"。

【如何创造幽默】

苏格拉底从家里走出门外，他蛮横、凶残的老婆从阳台上用一盆水泼了他一身,寒风中的苏格拉底在心酸无奈的悲凉气氛中幽默地说:“啊！天上下了一场冰雨。”说完笑眯眯地走了,把眼前的悲切马上化为乌云,乌云化为蓝天白云,这就是幽默的魅力所在。

幽默在于通过什么样的人品、什么样的感觉、什么样的人群、什么样的时机表现出来,不同的人有不同的幽默,世界处处都是幽默。对于幽默的人来说,能把那些臭水沟变成下里巴人的音乐。

哪些人最幽默？一、心胸开阔、做事光明磊落,豪爽的人;二、谦虚的人;三、战胜自我、处处向自己开刀的人;四、知识很多,并会灵活运用的人;五、有高深的涵养的人;六、能站在他人的角度,摸清他人的心理,出其不意、创新的人;七、自己的品德、威信、业绩很好,德高望重的人;八、难得糊涂的人;九、维护大众的利益,能抓住众人感触最深点的人;十、天生长得样子很幽默的人;十、爽快、简单、轻松、为他人着想的人。

幽默是一种机智的思维,是建立在高风亮节的人品之上的一颗卫星。就是说,幽默需要有高风亮节的人品,要宽宏大量、能原谅别人、热爱别人,用自己的大度、高尚的人格来震撼别人。幽默建立在丰富的生活阅历之上,收集生活的浪花,汇集在自己小小的脑子里,变成汹涌澎湃的大海,当与人接触的时候,那汹涌的波涛从嘴里“咕噜”冒出来,就好像青鱼吐出擎天柱一样。

对于幽默,从量变到质变,抓住关键的时刻激发出的幽默,能使众人开怀一笑,得到放松,所以,必须达到那个度。

那么,怎样创造幽默呢？

第一,当自己陷入困境的时候,“呦！天降大任于斯人也,英雄开始磨难了。”这是在困境中进行自我幽默,当自己得到噩耗的时候:“呀！控制住,战胜自己胜天下,亲人死了正常,人没有不死的,没什么！”当自己失去恋人的时候,“旧的不去,新的不来,晚散还不如早散,等到自己年龄大了,那就完蛋了。”

第二,对他人的幽默。发现他人的闪光点,故意学着呆呆傻傻的样子,像小学生一样好奇地问:“你到底为什么这么厉害！请你教教我,好吗？”

第三,对众人幽默。就是抓住众人的需求,对自己的难堪进行自讽,或者对于自己的不足,挑出自己的刺,让大家笑。如大家都在唱歌,突然间自己的音调一高唱错了，或换词了，或者大家举杯的时候，突然说："不好意思，我举错了"，装着很诚恳。

第四，对领导的幽默。当自己错了，说："对不起，我做错了，为什么？因为你是我的领导，你太厉害了，我一到你跟前总是犯错，还要继续向领导学习。"

第五，对于比自己厉害的人的幽默。当别人嫌弃你的时候，你说："我确实差，怎么还能委屈你跟我在一起呢？"嫣然一笑，这是一种气度。

第六，对比自己差的人、下属的幽默。就是以关怀的口气去关心他人，体现自己的气度，以风度来震撼他人。

第七，对大自然的幽默。比如对山的幽默，学着山的稳重，把它的安静、巍峨融进心中。对风儿的幽默，学着轻风自由地飘动，在自己劳累的时候，也像风儿轻轻地飘，像轻音乐一样。对雨的幽默，下雨时，把心中痛苦的泪水变成雨水，洒向大地变成绿苗。

第八，对时间的幽默，"时光啊！你使我的头发变白了，但是，你却使我的智慧增多了。"

★【道具】

幽默有哪些道具呢？一、歌曲；二、画画；三、小品，学着伟人的行动以及礼仪，故意造新词。

幽默的色彩：过分的悲伤、过分的高兴，傻、呆，震撼、惊奇，红杏含羞，好色的、粗俗的，表现出一种正常的本能，等等，把这些恰当地运用到工作、生活中，用语言、歌曲、行动表现出来。

★【艺术实训过程】

心态幽默小品

小品一：

甲、乙两个人很幽默，甲像赵本山，乙跟范伟一样。

乙:“我得了癌症,怎样变得幽默呢?”

甲:“我要享受人生最大的悲剧——癌症。”

乙:“那我要死了,怎么办呢?”

甲:“哎呀!上帝喜欢我、接纳我,我到上帝那儿去报到。”

乙:“你作为领导,员工把那件事做错了,你要批评,员工还不想接受,怎么办呢?”

甲:“用幽默代替批评,效果更好,‘哎呀!你也能做错这个事,哈哈!’幽默一笑,反而更好。”

乙:“我们现在的青少年几乎都是看别人的好,别人的家长厉害、有关系、人长得漂亮,跟别人攀比、嫉妒别人,导致自己受不了,这怎么办呢?”

甲:“哎!嫉妒也是更好的幽默。你看,那个人有三个漂亮的女朋友,我一个都没有,哎呀!我一想:女人多,事多,那些人拖家带眷的,以后怎么办?我这个单身汉,一人快乐,全家幸福。我发现,虽然我没有拥有这些,好像失去了很多,但是我感觉自己得到的更多,你知道我有多么快乐吗?虽然晚上不能抱着三个绣花枕头,但是,我抱着星星、月亮,你说怎么样呢?”

乙:“发现别人的工作好、运气好、有关系,哎!我……”

甲:“这是自古英雄多磨难,故意给我开运气之路啊!其实,有些运气是人死活都拒绝的,就像这种英雄多磨难的运气。我在这里讲一个真实感人的故事,16岁的子尤,一个天才作家、天才诗人,在他十三岁的时候,因为患纵隔恶性肿瘤而住进医院,经历了同龄人无法想象的生死挣扎——一次手术,两次穿胸,三次骨穿,四次化疗,五次转院,六次病危……挣扎在生死边缘的子尤毫无惧怕,在他患病的两年零七个月的时间里,他一直微笑着面对病魔,他的那种快乐,即便是病魔、即便是死亡都不能打败他。正如他写道:上帝准备送一个金灿灿的肿瘤给一个人,送给谁呢?他怕胆小的人支持不住,所以接受这个肿瘤的人要性格坚强;然而,坚强挺下来的人,留下来的只有平淡的忍受,所以要送给一个乐观的人;而乐观挺下来的人,光笑却没有回味;于是他就选择送给我,因为我是超越一切的!我把这叫享受。凤凰卫视著名主持人鲁豫制作了《永远的子尤》,纪念刚刚去世的子尤。北京出版社出版集团北京电子音像出版社副总编辑、副编审在医院与子尤相识,为子尤守灵，陪伴他度过最后一夜。这个小伙子虽然只有二十六岁，但他这种伟大的精神和力量令名人都倾倒，从他的身上，我们怎样才能锻炼幽默呢？我们没有像他只有二十六岁就结束生命，哇！我们好幸福啊！只要有生命就有一切。难道你不幸福吗？所以，我们从他的身上学到：面对任何坏事、好事，都要以快乐、感恩、感激的心来接纳，这种激情就是幽默的闪现。"

（屏幕：一切不幸、倒霉都是幽默、快乐的。）

小品二：

甲："假设你的女朋友不要你了，现在迅速激发你的幽默。"

乙："女朋友不要我了，旧的不去，新的不来，来得越来越好。"

甲："你丢工作了。"

乙："对于早期的工作，失败是成功之母。"

甲："你身上仅有的生活费丢了。"

乙："这使我一身轻松，给我压力就是给我动力，让我尝一尝生活的艰辛。"

甲："你的手突然给人砍下去了。"

乙："噢！为什么那些身体残疾的人能成为英雄、名人，让世人震撼，像张海迪一样，哇！我要走上那条闪光之路了。"

甲："你的丈夫背叛了你，你怎么办呢？"

乙："哎呀！他背叛的不是国家，不是他人，幸亏是我，这算什么，我还很幸运！"

甲："你要失去了财产，怎么办？"

乙："哎呀！失去了财产，我的生命还在啊！有生命的火花，就永远拥有财富。"

甲："那你如果失去了生命，怎么办呢？"

乙："我可以轻轻松松地到上帝那里报到，我无怨无悔地活了这一生啊！"

（这种心态，不管好事、坏事都好，这种实训就要我们在平时，失去小的，拿更大的对比，来使自己的心理平衡，铸造自己快乐的心态，遇到大的挫折，用更大的不幸把自己的心理支撑起来。思维的实训：第一，心态。心态决定幽默，就是有快乐、感恩的心态。第二，思维。抓住众人的逆反思维、跳跃思维、发散思维、创新思维，也就是抓住众人的心理，在众人的心泉上冒出一朵闪光的花。)

自我幽默小品

懒人怎样才能变得勤劳呢？

乙："有一个男人，一直睡到上午十一点多，他穿鞋，鞋跟都拔不起来，身上穿着睡衣、拖着鞋，到街上买肉加馍，浑身臭臭的，睡衣也不知道多少天没有洗。"

甲："他为什么身上臭，为什么不洗衣服？"

乙："因为他懒，懒人身上有一股臭味，让人感到邋遢，大男人实在龌龊！"

甲："那怎样才能不邋遢呢？"

乙："勤劳。"

甲："难道勤劳的人就不臭了吗？"

乙："是啊！勤劳的人即使身上有狐臭味，但是他一边做着事，好像吹着微风，给人感觉洒脱，身上好像散发出香气一样，把狐臭味掩盖了。这个过程就是幽默，幽默可以使懒人变得勤劳，可以把身上的臭味变成香气。"

甲："噢！是这样。"

乙："你看那些勤劳的人，他们的身上臭吗？"

工作幽默小品

小品一：

工作中的一切都能化成幽默。比如一个人被这个事、那个事扯得头疼，累得、烦得受不了，哪有闲工夫幽默？这个人一会儿要接电话，旁边有几个人哭、闹、吵架，那边还有个猫叫，那边炉子水又开了，弄得他焦头烂额，这时怎么办？首先做事的心情要快乐，"嘣嘣嘣"像弹琴一样有节奏，"5532 5532 612……"把烦琐、累的事情化成音符，心情有节奏，做事情就利利索索的，一边接电话，一边倒水的时候，瞄一下叫的猫，你一"喵"，猫也一"喵"，它就跑了,猫也跟你一样地幽默。哇!这个人的头脑聪明了、心情也不烦了,这不幽默吗?

甲:“这个我做不来。”

乙:“做不来就要练,熟能生巧呗!”

甲:“我现在知道了,慢慢练,做任何事都能变得幽默。”

乙:“对!”

甲:“但是,我跟别人在一起,别人对我一肚子的气,我怎样幽默?我管不了别人?”

乙:“好!别人气得要打你,你说‘你把怒气都冲我来吧!就像狂风暴雨一样,谁让我刚才气你的!使劲打,往我致命的缺点上打’,你笑一笑,伸着头,他本来气得想打也不打了。”

甲:“别人发现自己的成果累累,在背后嫉妒、打击、恨你,一口想把自己吃掉,你怎么幽默呢?”

乙:“这个简单,你就说‘大家不要急,我很快就把这个成果做出来了,等我拿到奖金,马上请大家吃饭,到现在我还没有请大家,都怪我做得太慢了,大家快帮帮我’。你不是说他嫉妒你发奖金吗?嫉妒你有能力吗?你说‘我不像大家身体健康,我有心肌梗死,呀!我的生命都快要结束了,我多羡慕你们!’他们自然就化解了。”(表演自己患有心肌梗死的时候,手摸的动作要幽默)

甲:“来地震的时候,你正在床上睡着了,你怎么幽默?你管不了地震吧?”

乙:“这不是自然就幽默吗?你看,自己在梦中竟然地震了,要是震死了自己,悄悄地进入阴间,不知不觉地到了另一个世界,你说这不轻松、自然吗?不需要享受病痛的折磨,这是天葬。”

甲:“算了,算了,我说不过你。”

乙:“这不是你说不过我,而是你说不过幽默,更是你说不过自己潜在的幽默,世界上的一切都是幽默的,就在于你怎样挖掘、怎样变,不会怎么办?就要坚持练,当一个人拥有幽默的时候,你看看他的工作累吗?你看他这个人讨厌吗?不讨厌吧,还很可爱。如果你拥有了幽默,当你遇到困境、厄运或者冤枉的时候，你感觉如何呢？烦恼减轻了许多，甚至感觉是好事。”

甲：“噢！幽默原来有这么大的魅力！”

小品二：

幽默要分场合、分档次、分行业。不同的行业有不同的幽默，如果你干一个行业，就要收集这个行业的幽默；如果你跨行业，进入另一个领域，要收集他们的专业知识，挖掘其中的内容，利用里面的文化艺术来酿造幽默。当你进入不同的知识水平、道德水平和传统的环境里，你要了解他们的心理，才能适应这方面的幽默，如果你把在这边环境的幽默搬到那边去，可能就变成粗俗了，你把那边的粗俗搬到这个人群中，突然就变得神奇、幽默了，就这么怪！那就要因时、因地收集各方面的信息，挖掘各方面的材料。

幽默可以使人穿过层层的关卡，当一个人面试的时候，那么多人竞争，自己的幽默魅力往往是夺胜的先决条件。对于公关人员，无论如何都没法公关下去的时候，如果能通过自己的语言、形象的幽默，别人的心自然就被打开了，关卡的绿灯也就亮了起来。当恋爱的季节到了，见到美女幽默一笑，就把她的心勾到自己的身上来了。当你和他人沟通的时候，用幽默的魅力把自己和他人包围在一种说不出的快乐的氛围中，两个人的心就融在一起了。

甲（女）：“我很呆、很笨。”

乙：“如果你拥有了幽默力，就能变成优秀职工，就能变得有钱。”

甲：“啊！真的吗？”

乙：“幽默可以提高人的技术能力，使人际关系变得融洽，可以使人适应工作，你把工作干得好，别人又喜欢，你不就有钱了吗？”

甲：“我现在长得很丑，我想找个帅哥，人家不要我。”

乙：“那你先去找幽默，就能找到帅哥了，你一幽默，你就会变得美丽、可爱，这就是女人的魅力，人家就会追你。”

甲：“我干工作处处不会，领导一布置任务，我就怕、累、躲，不管怎么做，人家都笑话。”

乙：“这个简单，你想使工作变得没有困难、不累、轻松吗？那你把‘幽默’请到你的心中来，请到手边来，请‘幽默’吃一顿就行了。”

甲:“我请‘幽默’吃一顿?”

乙:“如果你拥有幽默,当你遇到困难的时候,幽默就会告诉你:你的运气来了;当领导布置任务给你,让你承担责任的时候,幽默就会告诉你:你的价值提升了,你得到了好运气!当领导要批评你的时候,幽默就会告诉你:领导给你重担、给你问题是想重用你,这才批评你,如果不批评你,你就要被炒鱿鱼了,这不都是好事吗?如果你懂得这些,你就想干了,你就不会自卑,就会有信心,就不会被这些难题所困扰,遇到大困难,慢慢地想点子把它化解,不就没有困难了吗?”

甲:“嗯,也是。”

乙:“这不就是幽默的魅力吗?”

甲:“我一工作就全身发软,不想干了,好像我念书的时候,一拿起书就打瞌睡。”

乙:“哦!那好办,要想在工作中有激情、有精神,那就请‘幽默’来揉揉肩、捶捶背。”

甲:“领导对我有意见,说我自负、太傲,我怎样跟领导沟通呢?”

乙:“不妨对老板幽默,浪子回头金不换,谦虚、扎扎实实地行动起来,没有解不开的疙瘩。”

人际幽默小品

甲:“大家在一起,我看有的人一幽默,大家都快乐,而我幽默一下,大家都被我吓跑了。”

乙:“这是因为思维、方法不同,要慢慢练,一开始失败,慢慢就好了。你看,你现在一幽默,把人都吓没了,慢慢地物极必反,下次你一幽默,人都来了。”

甲:“道理是这样,但是怎样才能在实际中做到呢?”

乙:“从不幽默当中找出原因来,利用反向思维,不断改变,想办法,收集材料,再加上自己拥有了宽广的胸怀,你一幽默,人就来了。”

甲:“在处理同事的人际关系当中,别人对自己吹毛求疵,这怎么办?”

乙:“这简单,把自己的心变得像天地那么大,天地之间有青山绿水,也有垃圾、臭水沟，还有小鸟拉的屎，这就是说，我们在处理同事的人际关系当中，既有春风化雨、关爱，也有一些无言的伤害，只要自己像天地一样宽广，哇！那些臭水沟、小鸟拉的屎，都是世界的点缀，甚至感觉都是那么美！”

甲：“但是我的心变不成天地那样。”

乙：“这就要求你对那些事实难得糊涂，对别人的缺点无所谓，当成优点一样去接纳、热爱，自己就变得豁达了；对于别人的冤枉或者讽刺，心胸宽广，这些冤枉、讽刺自然就会化成幽默，如果你小心眼、要面子，你越要面子，别人越不给你面子，这样的话，你无论如何都幽默不起来，是吗？”

甲：“对！对！对！”

乙：“在人际关系当中，要包容一切，宰相肚里好撑船，一幽默，不但人际好，人还爽快、开朗。”

甲：“但是我干工作不行，别人一批评，我就很自卑，我改不了自己的缺点，我感觉自己不管怎么做都不如人。”

乙：“啊！不妨喝几口幽默墨汁，吐吐自己的心事就没事了。”

甲(学呆呆的，装着听不懂)：“你怎么这样说？我听不懂。”

乙：“也就是说，当自己各方面都不行的时候，你先认为自己行，因为每个人的潜能都是无限的，然后默默地行动，熟能生巧、巧能生灵，大智若愚的人往往都是成大器的人，为什么越聪明的人一生往往做不成事呢？这就是说，先自信然后行动，只要行动，慢慢就会变得神奇。这里面的幽默是指当自己错了的时候无所谓，幽默一笑，当自己厉害的时候，这也没什么，慢慢地行动，就能超过别人，自己就会变得自信。人际关系的幽默，就是不管走到哪里，都要建立幽默的小窝，和朋友交谈以幽默代替握手，以幽默代替语言，以幽默代替表白，让幽默的小鸟飞进去，自己处处就会变得幽默，好像黑夜间有一堆篝火，人们自然都围在你的身旁，唱着歌，跳着舞，被你幽默的魅力所倾倒。”

甲：“幽默的小窝怎么建立？”

乙：“到一个单位跟人相处的时候，比如同一个寝室、同一个车间、同一个办公室，了解他们的性格、文化背景、阅历、爱好，从他们的身上看到自己有哪些不足，要进行策划、整合，策划自己的形象、语言，慢慢地在别人的心里筑建起这个幽默的小窝，这需要慢慢地去实践，时间不长就建立起来了。”

甲：“哦！是啊，说得还不错。”

★【幽默力的实训模式】

人活在紧张激烈、风风雨雨的环境中，多少苦难、多少失败、多少人际的难堪，幽默能使悲切化为温暖，困难化为动力，难堪化为体面，苦楚化为快乐。有一个又丑又矮又胖的女子，简直就像一个肉墩子，同事都笑话她，她时常穿一身黄衣服，在人们面前称自己为哈密瓜，人家笑哈哈，她的丑态全被赶跑了，同事们忽然感到她有内在的女性的魅力，和蔼可亲，风趣潇洒，不少男性追她，她的婚姻、工作、人际不比美女差。幽默在生活、工作、人际、情感中事事必要、时时需要，那么怎样才能得到呢？

第一，有丰富的知识才有幽默的口才，这样平时说话才能妙趣横生。

第二，品行似青川，人格像雪松，精神像蓝天雄鹰，气质像雨后彩虹，才能凝成幽默的内在源泉，这需要修身养性。

第三，要在自然、社会、思维中寻找有趣的东西，积累到自己的脑海中，随时用勺子舀一勺。

第四，幽默的人在本质上不窝囊、不自私，把自己的形象融于别人的形象，把自己的灵魂变成别人的灵魂陪衬，把自己的精神融于大自然、融于社会，这样才能形成幽默的树根。在树根上汲取众人的爱好，把握对方的心理，运用恰当的环境和气氛，只要一开口，就好像鲸鱼吹了一个泡泡，用自己的行为、神态渲染气泡的色彩，这样长期实践，就会从一条毛毛虫变成一条彩龙。

★【幽默力的巩固模式】

抱怨别人、嫉妒别人，对别人的冤枉感到愤怒，还不如自讽，把这一切都能化为幽默，如果受到别人的打击或者污辱，自己要自讽或反向思维。

任何人和事都有幽默的一面，先树立起这个观念，自信一切都能变成幽默→按方法找出其中幽默的一面，如果找不出来，就反向“为什么不幽默？”这样就会找出幽默→想一想那些世界大师或生活中的人民群众最幽默，把这些变到自己的身上，这样就幽默了→还要平时忘掉自己，向社会学习、向自我学习，并形成习惯→逐渐形成幽默力。

八

人文背景力

【目的】

对于当代大学生来说，刚进入单位，往往只会看表面，看不到单位人际后的背景，只顾死做事，不知道了解工作背后的人文背景的重要性，认不清自己，认不清社会，认不清单位的环境、文化背景，导致自己的工作难以干下去，甚至丢了工作。

人文背景力就是指表面上一套，背后是另一套，表面上就事论事，背后却就人论事。我国看人做事的传统习俗还影响着很多单位，即先看你这个人的出身、资历或社会关系，才跟你打交道，而不看你的做事能力、人品。每个环境、每一个人群都有它的传统习惯，尤其是不同的工作人群有不同的就业文化习惯，在表面的形式背后，具有看不见的帮派关系、情感关系，甚至故意设置的陷阱。只有认清自己，在具体的环境中工作之前，先协调好人际关系，才能适应社会，产生最好的效果。

【存在问题】

一、有人的地方就有斗争，即有人的地方就有帮派，到一个新的单位，如果看不透帮派的实质，而按照常规对一个派别客气一点儿，就会引起他方的拆台和打击，自己还蒙在鼓里。解决办法：收集各个职员之间的关系以及背后的信息，有了全面、准确的信息，再对症下药。

二、做事只凭自己的感觉，看眼前，以自我小圈子为中心，不知道走出自我，不知道融进集体的环境，事事都认为自己对，但是放到现实中、集体中，才知道错。

三、接受不了中国的传统文化、当地的风俗，以自己所谓的纯科学、纯理论，要求环境是世外桃源，导致无法处理工作中方方面面的矛盾。如我们国家的传统陋习是看人不看事，即使这个人做事再好，他看这个人不行，就认为他所做的好事也不行。如果那个人的人缘好，做的事情再差，他也认为事情做得好。很多大学生往往接受不了现实，更不会先做人、后做事，正确的应该先协调关系，先协调人文的背景，然后再去做事。

四、同事在一起合作，由于传统习惯的影响，有些人始终“自我”，即使嘴上说大家、集体，但是做事的时候，这些人总是以自我的思维、观点为中心，即只有自我、没有集体这个惯性隔阂。

五、人与人在一起竞争，部分人不是以强大自己的力量进行公平竞争，往往背后违法、违德、插黑刀，即谁比自己强，就把谁拉下来，不管集体利益，往往做一些害人不利己的事。

六、部分人言行不一致、说话不算话，还自以为正常，导致那些守信的、按照公司制度做事的人常常上当。

七、自己把工作干得出色，领导表扬，却引起众人背后的嫉妒、打击，自己不知道隐含自己、协调关系，导致工作干得再好，却遭到群众排挤，也遭到领导为了顾全大局而排挤自己，甚至丢掉工作。

八、自己始终热爱单位、创新、拼搏、埋头苦干，却不知道上司心胸狭隘，唯恐别人代替他，引起上司给自己穿小鞋、设陷阱。

九、有的人不干工作，只利用工作后的人群背景拉帮结派，搞裙带关系甚至黑社会，最终既毁掉单位也毁掉自己。

十、在某些管理和人际中，有些人当面说你好，往往背后都有阴影，当面直接批评你，都是处处对自己好；有些领导当面批评你，是保护你，表扬你是为你树敌，你不但不知道，反而弄反了，因为你只喜欢听好话，只想心里感到舒畅，导致为后来的工作、人际带来阴影。

★【艺术突破口】

一、认不清中国的具体环境跟学校学的以及国外的不一样。在中国，做事要看资历、看环境、看菜吃饭。

二、为什么我们平常的人都是看眼前而看不到未来，是因为被眼前的现象所迷惑，其实人文背景力的解决方法就是透过现象看本质，尤其是看到未来，对于那些自己不会的，要谦虚观察，细心留意，然后慢慢体会，就能抓住人文背后的背景。

★【艺术实训过程】

实训一

几个青年坐在那个地方谈论

A："现在我们大学生到单位去，不干不行，干人家又笑话，我天天拼命干，这个捣蛋、那个捣蛋，还不如人家不干的，这到底是怎么回事？"

演练师说："到一个单位，要看具体的环境，如果光凭自己猛干，会引起别人的不服，那些嫉妒、打击别人的人，看你刚来，就故意整你，你要跟他协调好关系，让他感觉你对他没有威胁，你还不能不干，要不然在单位里没有成绩，也待不住。这就是说，到一个单位，先观察，观察人的心理、各类人做事的方法及他们的心理，不仅仅是单位的规定。"

A："噢！这下我明白了。"

演练师："对！人际就是工作路啊！这就是工作背后的背景。"

实训二

甲青年："领导天天讲创新、讲科学、讲追求卓越，为什么我创新出新点子、新办法,而那些人都笑话、打击我,说我出风头呢?人家都离开我,我在单位被孤立了,这到底是怎么回事?"

演练师说:"自己的创新成果首先要让大家从心理、观念上接受,你要想办法,利用领导和他人的手腕。其次,成果出来要给大家分享,不能一个人独占、自傲。一个人在单位中必须创新,但是创新要针对具体环境,创新要适应人的心理、具体的格局,产生效率,才能起作用。"

屏幕显示:在我国某些环境中受传统的影响,领导故意让下属、同级互斗,一方做事,另一方就捣乱。由于一些人很自傲,谁都不服谁,都是以自己的情、利益为先,很少讲科学,这就是在我国"1+1<2"的原因所在,就是说,一个人是龙,而两个人就是虫。这就是各个人心理背后的背景,如果按单位的规则,直白地去做,肯定处处碰壁,这就要求收集各个人的心理、各个人的爱好、共同的传统心理,对于自己所做的事要创新,要创新在人文背后的电网中,这件事才能像电荷一样起作用。

归纳:一、每个大学生在社会中,要根据具体的人、具体的环境变化,不断地适应、不断地了解、不断地学习,谦虚、逐步地挖掘新闻背后的新闻、环境背后的环境,一些人表面上说的是一套,背后往往才是真实的心理,这边说,那边变,这些不能怪环境,自己要摸透,只有把握这些,才能逐渐地在工作中干下去,才能出成果。

二、在单位,个别人捣乱,还有的故意捣蛋,这些内耗往往是正常的,都是来自于各自站在自己的角度,所以,在背后要对他们宽容。在平时,要站在他人的角度,当这些人故意做些反的、差的事,自己要想办法跟他们协调。

切记:工作不是世外桃源!只有先协调好各种关系,再去做事才行,否则的话,自己的工作是干不下去的。

【人文背景力的巩固模式】

到任何环境,先了解具体的大环境、小环境,把自我的环境放进大环境中了解→然后把自己的事、工作的事放进环境中,逐步协调,产生效果，多次从点点滴滴的小事中总结、感悟→做任何工作要与人文背后的背景结合起来，把背景协调好，才能营造出阳光般的环境→不断地总结、摸索，形成一套人际的方式、工作的方式→不断地开拓、进取，才能创出成绩，展翅腾飞。

九

社会适应能力

★【目的】

适者生存，适应他人才能被他人接受，适应社会才能有立锥之地，适应工作才能工作快乐，实现自己的价值。

★【原因】

现在许多大学生都是以自我的观念，以所谓的高文凭、高学历而自傲，而不知道社会发展了事情就变了，如自己是重点大学的学生，认为自己是人才，岂不知，只有在单位中被接受、能产生价值、被社会承认，才是真正的人才，自己认不清社会、认不清自己。

★【存在问题及解决办法】

一、众多青年认不清自己、看不透社会，好像蒙着眼睛走路，只有通过实践，在实践中慢慢摸索，才能把自己融进社会。

二、有的人讲的适应只是消极适应，现在的人总是攀比，认为别人有关系、长得漂亮，都是拿自己的短处跟人家的长处比而自卑；有的人嫉妒别人、自傲，抱怨社会而找借口，不能适应社会。改的办法是一切都找自己的原因，只有让社会选择自己，不能是自己选择社会，只有自己适应社会，不可能社会来适应自己，那些抱怨、找借口都是可笑的，不但折磨自己，而且也影响他人。

【艺术突破口】

一、为什么那些没关系、文凭低的残疾人，竟然在社会上能创出大业，而那些高学历、才智高、各方面比较不错的却找不到工作？这就是没有适应社会的工作模式、经济模式。

二、为什么宽容别人、向比自己差的人学习，向自己痛恨、厌恶的人鞠躬的人，各方面更加闪光？

【艺术实训过程】

人人都能找到好工作

一个小伙子非常有知识，人勤劳，道德也很好，但是脸上留了一个疤，腿经常晃，走一步晃三下。无论走到哪里，别人都不要他，他只有自己打点苦工，虽然有高学历，也很难找到好工作。他问职业专家："我怎么办啊？我听说不管哪个单位都要有道德、勤劳的人，我们祖先就说'勤劳致富'，我这么勤劳，又有知识，人品又好，为什么挣不到钱，别人都不要？"

职业专家说："喂！鱼到平地里能活吗？"

小伙子说："不能活。这与我们找工作又有什么关系呢？"

职业专家问他："山羊到河里找草吃，能找到吗？"

小伙子回答："当然不能了！我现在想问你：听说在你面前，每个人都能找到好工作，只要有生命，都能慢慢地找到好工作，我的条件这么好，却找不到好工作，为什么？"

职业专家说："现在我给你设计一下。你的长处是有道德、忠诚、拼命干，你知道吗？社会上最需要的就是你这种人，诚实、信用、勤劳；你的短处是虽然走起路来像跳舞一样，但那都是正常的，但是你的内心、人格是闪光的，如果你把自己变一变，不要去找工作，可以自己去创业，自己开个店，以诚实守信的态度来经营。你看，那些农民工一个人进城，他开一个小饭店，能养活一家人，就是靠信用、诚实、勤劳。西安南郊有一个小学毕业的四十多岁的男人，他什么都不会，就是有一张诚实的脸和踏实的心，他走到哪里应聘看大门，别人一看，就愿意留他，我问他：'你不认识人，没文凭、没能力，怎么好找工作呢？'他说'哎！我什么也不会，就会坐在那儿看门，我就利用这一点，这七八年换了好几家，每家都欢迎我，一个月拿一千块钱左右，就可以了'，你这小伙子既诚实又能干，开个店肯定不错。"

小伙子："我不会。"

职业专家问："你知道'水饺皇后'这个人吗？（屏幕上显示'水饺皇后'这个人什么也不会，最后……）你有什么感想呢？"

小伙子："噢！我明白了。"

职业专家："现在我对你说，你还不清楚，你回去干就知道了。不过，我告诉你一句话：任何人都能找到好工作。你可能瞧不起这种女性，一天到晚只睡懒觉、什么都不会，一点人情味都没有，头发乱乱的，染得红红的，但是，她们在舞台上跳舞或表演，是非常洒脱的，让青年人敬佩得五体投地。她们去做广告，老板还给她们高工资，她们虽然偷懒，但是就做那一点儿时间，如果她们不想干，一到那种场合、情境下，能把她们激励起来，发挥她们的长处。这就是说，她们避开了与人交往不诚实、不讲信用这些短处，每天或几天只工作一小时，她们用自己的闪亮点产生经济效应，这叫工作适应、经济规律适应。每个人都能找到好工作，把自己的特色闪现出来，适应于社会，产生经济效益，这就好像鱼需要水，它不能在山上、平地上生存，扬长避短，这就是工作适应。"

"为什么世界上许多有才华的人是穷人？主要是因为他们不适应社会的经济规律，不能把自己的才华转化成经济，所以，他们即使有才华，非常勤劳，有道德，他们也是穷光蛋，而那些又懒、知识不多、很轻闲的人，能抓住经济规律，适应于经济规律，他们就会财源滚滚。"

小伙子："噢！这原来是经济适应。"

职业专家："爱情适应，为什么两个人都不怎么样，但是两人到一起就非常好呢？他们两人两情依依，生活像小溪潺潺，在白头到老中奏出人类幸福的爱情之曲，就因为他们两人能适应于爱情。"

"人际适应，有的人好像两面三刀，没有什么本领，但是他的人际很好，他就是难得糊涂，外圆内方，对什么人唱什么歌。而对于自我、所谓追求真理、所谓有道德的人，不站在对方的角度想，那能行吗？"

"领导适应，领导永远是对的，这就是服从命令，没有任何借口，即使当你一天领导，你也要服从命令，这是最起码的道德，如果自己拿自己的观点（自己的观点确实比领导得好一些），就违抗或不干，这样既没有道德，也不能适应于工作，而往往我们青年人只看一方面好，就不知道领导执行一个决策，要社会、人文、内部关系、市场经济实力等方方面面运筹出一个最佳方案，我们青年人只拿一点儿所谓的科学来理解，就认为领导不科学或错了，自己错了都不知道，自己认不清还强压领导，这是社会决策不能适应。"

"人啊！适应别人就是处处向自己开刀，不懂的地方就要谦虚地学习，适应需要拥有谦虚力，自己就能认真、虚心地听他人的话，在人际关系中就能得到人和，做事就能认真。第二，不断地创新就能适应变化，不停地创新就能由不行变行。第三，要把握社会的经济，实现多赢政策，这就是最好的适应，为他人的利益而找自己的原因，以他人的利益为荣，围绕这个中心，就能在人际、社会的方方面面适应。第四，处处战胜自我，哪方面不行就进攻哪方面，一切找自己的原因，就能迅速成长，就能适应社会。任何人通过战胜自己适应社会，从平凡都能到杰出，就是创办企业、单位，也能从不行、平庸到行，世界上任何英雄都是通过战胜自我而成长起来的，不行、弱小都是通过战胜自我而变得坚强、强大起来，而战胜自我是最好的适应。"

"噢！"那个小伙子恍然大悟，"我现在明白了，任何人都有生存的方法，为什么我们虽然心好、勤劳，却像山羊一样，吃一点儿草，而那些狼总是要吃我们，他们又懒又奸，还能生活得幸福。我们要学燕子，它始终寻找温暖的地方，寻找属于自己的春天，燕子不但适应社会环境，而且能获得幸福，它的这种幸福就是寻找自己的乐窝，北方不行了，就飞到南方，南方热了，又飞到北方，我们为什么不像快乐的燕子一样去适应社会呢？"

【社会适应能力的实训模式】

在任何场合、任何环境,找出其本质需要,尽可能满足其需要,天冷时身体需要棉衣,别人要面子给面子,甚至别人要你给他两巴掌,你就打他两巴掌。有的人群,你对他好,他对你坏,那你就给他坏,有人讨厌你管他,他即使跳楼你也不要管;有人喜欢安静,你即使会演奏世界上最美的音乐,也要立即停止;对于虚伪的人,就要死了,你可以对他说,你身体健康;对于善良的人,你要给予纯美的情感关怀;在嫉妒的人群里,千万不要显示出自己的任何英雄色彩;在保守的环境里,不能透露出任何开放的信息。这其中的本质就是做人要糊涂,但创业要认真。做人糊涂其本质就是做人要逆反自己的“真”,适应其环境的节拍。然而,怎样才能真正做到做人糊涂,适应其环境?

其一,必须修身养性,让自己的心到什么环境都与社会、自然、人群真正地融在一起,同患难共呼吸,这里的本质是真正地忘掉自己,另一个更重要的本质是世上的事没有对与不对,对与错总是相对的,当时的环境认为是错的,那么对就是错。例如,在小人窝里,讲究道德就挨人欺,那就不能讲究道德,就要对小人以毒攻毒。更深一层理解,世上的事没有对与不对,主要看当人、当地、当时、当环境。在有的环境中,对就是对,不对就是不对,要做到这一点,就是要抓住人的本质,真的灵活地变,忘掉自己的观点,抛开自己的想法。

其二,要经常实践,加强锻炼。

其三,要像那些灵活的人、适应社会的人学习。

其四,做任何事不要从自己看问题,要从别人、环境、事情的本质看问题。如果做到这些,就是一个适应社会的人,是一个幸福的人,更是一个成功的人。

【社会适应能力的巩固模式】

自信→找出自己的长处→在社会中不断地适应(包括观念、心态、人际、工作,处处向自己开刀,以社会为标准来改变自己)→抓住自己的长处,不断地创新,在拼搏中坚持,使自己变成行内的优秀者→形成较强的适应能力。

附：西安交通大学毕业生"社会适应能力"实景演练

（学生进场。屏幕播放"大学生就业之歌"：

世界有了我，我的青春似烈火，用熊熊烈火焚掉了心中迷茫的荒漠，用父母的渴望和民族的振兴凝成我智慧的种子，深深地埋在世界赋予我的土地里。

哇！汗水、泪水组成的雨露，在时光的琴弦上郁郁葱葱，满山红叶时，天宇响起了曲，人间唱起了歌，这就是我生命的价值！）

工作在于适应，适者才能生存

适应就是个体适合客观条件或外部需要，即符合实际情况或客观要求。

适应性就是生物体随着外界环境条件的变化而改变自身的特性或生存方式的能力。

适者生存：适应他人，就能被他人接受；适应环境，就有快乐之地；适应社会，就能被社会承认，"识时务者为俊杰"正是社会适应的价值体现。

社会适应能力包括：第一，时代（社会时势）适应；第二，领导适应；第三，习惯适应；第四，心理适应；第五，人际适应；第六，工作适应；第七，决策适应；第八，环境适应。

具体的工作经验能力包括：人际协调力、决策力、执行力、独立力、做一成一力、矛盾运作力、忠诚力、信度力、沟通力、幽默力……

一、时代适应——造就英雄

——适应时代才能实现自己的价值

★【问题】

1. 不愿低就业，有业不就，而错过时机。怎样做到先就业再择业？

2. 对自己选择考公务员、考研、出国、到国企或外资，还是到民营小单位，认识不清、定位不足，应聘目标不明确，消极等待。

★【工作实景演练】

（所实训的经验和能力：应变力、超前预测力、社会觉察力、陈旧放弃力、新事物选择力、信息力、辨别事物的能力、认识自我，认清社会）

小品一：

同一个物体或人，为什么时间不同，价值有天地之差？

老师拿一部手机，1990 年买的是一万二，到 2000 年能卖 100 块钱，到 2006 年以后只值十块钱，为什么？同样是某重点大学毕业的计算机专业本科生，1985 年分到中科院、国务院、国家统计局，但 1998 年毕业的，为什么只能当一名老师或在企业里当一个计算机人员，到 2007 年，为什么这个本科生因为没有特长，很难找到工作？

（1990 年以前，国家包分配，尤其是重点大学的，分到国务院、中央、中央办公厅等。这个时代也就是“考上大学就是中了状元，考上了清华、北大、交大就是最厉害，什么也不用愁了”。那时只要学一个专业就行了，对综合的工作能力要求不高。1990 年之后，全国出现了第一位大学生不分配了。1990—1996 年，那时是双向选择，大部分都能就业，重点大学就业还很好，到单位一开始签订合同就是正式工。1996—2002 年左右，1996 年全国工人大多下岗，开始讲究文凭、专业、能力、名牌学校等。这几年竞争更激烈了，农民工进城，复员军人的就业，各个大学的扩招，导致全国就业形势十分严峻。但是许多学生的家长还是说："考上了重点大学就进入了幸福的保险箱。"其实这个时代已经变了。

大约在两亿年以前，恐龙当时是地球的主宰者，为什么灭绝了呢？内因是最主要的，因为它不能适应环境。对于当代大学生来说，怎样才能适应环境呢？适应环境才能找到自己最好的工作。其实社会竞争越激烈，人只要找到自己的特色、路子，还是能找到很好的工作的，这是一个方法问题。）

小品二：

老师亮出一个条幅，上面写："社会竞争平缓，侥幸往往是一种机遇；社会竞争激烈，侥幸往往是一种危险。"这句话是上海浦东一个合资企业的例会上中方总裁提出来的。当时是 2003 年 7 月 21 日，我正好出席会议，是针对一名青年在信用证与海损产生失误的问题上提出来的。这名青年是一个博士，却做什么，败什么。我们都很同情他，为什么败呢？下面我指着问一排人，赞同这句话的作为甲方，认为这句话不对的作为乙方，看看谁的争辩能力强，观念对。（讨论两分钟）这个观念对我们当代侥幸找好工作的大学生有什么启发呢？

小品三：

下面请一位学生上台。

王老师："你为什么上大学？现在找工作的简单感想是什么呢？"

毕业生："我上大学的原因是，听爸妈说'好好学习，考上大学就不用在山沟里受苦了，一辈子就享清福了'，我上高三时，有一位老师也说，'考上大学什么都好了'。"

王老师："结果怎么样呢？"

毕业生："哎！事实不是这样的，我到处找工作，心里紧张、压力大，但是看到平时比我差的同学都找到好工作，我就不相信天地之大，就没有我那份工作的立锥之地！"

王老师："最后怎么样呢？"

毕业生："越找越不如前面的。"

王老师："对这位同学的经历，大家想一想，有什么启发呢？"

屏幕：在家长那个时代，他们的观念是对的，但是时代变了，那个高中老师是好心鼓励你，其实到大学里你要应变，时代不一样了，其实怎么找呢？有的人可以继续考研、有的人可以出国、有的人可以考公务员，各个人不一样，有的人可以找一个特色的低跳板，到基层去。

有的人说，低层就业，我有一种反对意见，一种赞同意见。反对的理由是：有的单位很差，学不到东西，没有前景，就不到那个单位去。赞同的理由是：好工作找不到，从低一点能找一个跳板，达到那好的，如考好一点的公务员，先到边远地方去，两年后考在职的教材比应届生考的教材简单，又加分，自然就考上了，这个我赞同。

总体上，先就业能抢到社会的就业机会，再加上职业设计。每个人要适应新时势，要适应变化，怎样看待家长的观念，自己怎样才不会跟同学攀比？就是一个总的原则：提前抓住最超前的机遇，先就业，先能适应。但是社会上基本都缺少社会适应能力，就是工作经验能力。

【解决办法】

一、我们拥有恐龙的威力和气派，但是不能像它不适应环境的变化，我们要拥有适应时代的观念，过去家长让自己“跳龙门”，分配到中央、国务院等，那都是过去的事了。现在时代变了，我们只能跟他们好好解释，经过几年的努力，一步一步地就能达到。

二、我们不能以偏概全去从众。有的人适合考研，我不一定考研；有的人不能出国，我可以出国；有的人有优越条件或者社会背景，可以考公务员，但是我不一定去考；有的人到大单位去，我说不定到边远地方找一个跳板，从低一点的铁饭碗单位跳上去。

三、认清自己、认清社会。柏拉图是西方思想的鼻祖，他跟老师苏格拉底学了八年，目的就是为了认清自己。如果我们认不清自己，可以找国内外专家或者就业办的老师，他们都是非常优秀的，给你们进行职业设计。

四、适应时代，就是说暂时找一个跳板。比如我们问有的大学生想找什么样的工作，他说想到国务院先当办事员，以后当总理、副总理或者部长，别的同学都笑了,“你看社会竞争这么激烈,你能养活自己就不错了。”他说:“那没什么”,“那你怎样才能达到呢?”“我没关系,考不上公务员,我就到边远地区工作两年。我调查到一个消息,越是边远、穷的地方,选人大代表都是选学历高的、又年轻的,而往往那些地方找不到这样的人,我就能首当其冲,如果在城里的话,即使当一个办事员,也有那些硕士、博士、博士后、外国留学等各种学历的人,我竞争不过别人,所以我找到这个跳板。”

这就是我今天给大家说的,时代适应就是要找到一个跳板,就能找到自己适合的工作,这个跳板是什么呢?比如,交大管理学院是国内一流的,里面厉害的专家、名人特别多,虽然搞工商管理不好找工作,我们可以变一个特色,搞广告策划、营销甚至极个别创业,一下就腾飞起来了。西安高新区、北京软件园等,里面那些身价几个亿的大总裁往往都是初中生、高中毕业生,而那些博士为什么给别人打工,原因在哪里?

我讲的虽然是少数,但是我们当代的大学生应该当他们总裁的总裁,执行官的总执行官才行。这就是我们当代大学生竞争激烈、有压力,时势造英雄,识时务者为俊杰,不是吗?

曾经有一位计算机博士想找一份总裁、副总裁的职位,结果接连碰壁,许多家单位都将他拒之门外。于是他收起所有的学位证明,以一种最低身份去求职,做了一名最基层的程序录入员。没过多久,领导逐步发现他出众的才华,以及在专业知识领域的广度和深度都非常人可及。领导找他谈话,他叙述了自己这样做的原因,老板恍然大悟,毫不犹豫地重用了他。从这个例子大家得到什么启示呢?能屈才能伸,万丈高楼从地起。

关于基层吃苦的,跟大学生讨论:

1. 温州康奈集团老总郑秀康,人称“鞋王”,把自家的千金小姐派到车间第一线,拎着大剪刀剪料,手上的水泡起了破,破了又起,疼得受不了,当父亲的看起来却无动于衷。为什么?

2. 全球第三大服装零售企业主、国际知名服装品牌 Zara 的创始人 Inditex 集团老板、《福布斯》富豪榜第八名、拥有 240 亿美元净资产的西班牙一富豪,为了为自己的商业帝国培养继承人,要求女儿隐姓埋名干累活、苦活,从最底层——零售店的库管员和售货员做起,为什么?

外国的富翁为什么叫孩子当乞丐？是不是害孩子？卡耐基说："一个年轻人所能继承到的最丰厚的遗产莫过于出生于贫贱之家。"在社会中学习，从学生身份到合格职工身份的转变，就是适应，最低要五年以上。

★【时代适应的模式】

认识社会、看清自己→适应变化→找出跳板→按决策方法，达到自己的好工作。

二、领导适应——乘风破浪

——紧随领头雁，鹏程万里

★【问题】

1. 怎样与领导沟通？与领导目标一致？

2. 绝对服从与自我认识的矛盾。

（领导是单位的火车头，任何一个职工都必须紧跟着这个火车头，整个单位才能运行起来，而有时候往往是后边的"车厢"认为"火车头"能力不行，或者决策不对，自己就不想干，总是有借口，导致整个火车运行不起来。服从是最基本的原则，与领导适应，就是尊重领导，站在领导的角度，经常与领导沟通，保持心态、步调、理念一致。这样，在领导这个领头雁的带领下，群雁起飞，响彻天宇。）

★【工作实景演练】

（所实训的经验和能力：无借口绝对服从、执行力、沟通力）

小品一：

有一个小伙子，领导一说布置任务，他就突然怕推，说："为什么人家拿高工资的不去做，做得轻闲，我的文凭高、专业好，叫我做这么差的？”嫌领导布置不公，最后被淘汰。

小品二：

创新力实训

领导说：“你利用创新思维把这个产品创新成国际、国内先进技术，半个月之内做出来。”

大家都知道，工作经验能力肯定都是在工作中才能得到，但是创新力，多数人十年都得不到，那能不能在短时间内得到创新能力呢？

下面我找几位学生，大家来跟我笑，各个人笑得不能一样，开始！

响起“喜刷刷”音乐。

学生发出各种各样的笑。

王老师：谁笑得最好听，就是给世界带来笑脸、幸福，这就是创新。大家都笑，全场要拼命笑，看谁创新得最好。

（全场一阵爆笑）

王老师：创新的一个公式：对于一个物体，大胆往好处想，有用，挖掘力量，然后怎么达到，这就是科技发明，也就是创新。拿一个杯子、一个板凳，慢慢地练习形成习惯，就拥有创新力了。其思维是：你旧我新，你新我好，你好我优。这个思维过程就是站在社会需求的角度挖掘最好的。

【解决办法】

“领导让我做这最差的，难住我，就是给我机遇。我们的领导是婉转、艺术地锻炼一个人，他会用一些游戏、心理训练让我成长。所以，他给我问题就是给我机遇，他给我难处就是给我成长，我应该感谢！”从心里、口头说出来，然后着手去做。在做的过程中，要经常与领导沟通，向领导学习来弥补自己的不足，婉转地向领导请教，使自己和领导的理念、意念、心灵、行动步调一致，形成一个完整的、愉快的时代列车，他是头，你是尾，在大地驰骋万里。

★【领导适应的模式】

做到领导适应的模式：领导全是对的，尊重、信任领导→绝对服从命令，没有任何借口→按照领导的命令、意思、决策，快速行动→挖掘潜能、合作→坚持下去。

三、习惯适应——娴熟自然

——良好习惯，成就人生

★【问题】

1. 身体的习惯一时调节不过来，原因是在学校学习轻松、自然，而到工作单位一天八小时，各方面压力较大，无法适应，这是每个学生所遇到的正常情况，但有的同学认为自己不适应这个工作，就想重新找，违约合同，对自己的信度和学校的声誉不利。

2. 工作单位的生物钟与在校学习的生物钟错位，影响工作。

3. 单位的文化礼仪适应，即怎样把学生的身份真正转变成单位的合格职工。

★【工作实景演练】

（所实训的经验和能力：身体适应力、习惯调节力、战胜自我力、独立能力、应变能力、时间利用力、生活礼仪）

（放屏幕，播音员解释，或选择演练）在单位里大学生的身体怎样才能达到最佳适应？怎样适应烦、劳累、繁杂、身体支撑不了的环境？在学校里轻松愉快，上上课，逛校园，吃个饭，上个网，男女朋友肩并肩，有的同学形成一种身体自然放松，不需要体力、劳力的习惯。刚上班，要求处处动脑，他想身体积极进入状态，但实在受不了，有点儿像热锅上的蚂蚁。

睡眠适应。别人每天晚上十点睡觉,你就不能像在学校唱着“桃花朵朵开”,别人正在睡觉,你让桃花朵朵开,把人气得眼睛里火花朵朵开。

生活适应。别人吃什么你吃什么,千万不要特殊,表面要适应别人。我们吃肯德基吃惯了,人家都是粗茶淡饭,我们适应不了。到南方去,只想吃肉夹馍、兰州拉面,大家吃鱼和糖,我们要学着吃。生活适应也包括礼仪适应。比如见面、打电话、穿着、座次等。如一个小伙子各方面都好,就是因为敬酒、坐座位不对,就被辞退了。在学校,同学和老师之间都是亲如一家、平等的;但是在单位,有长幼、领导与下属之分,那都非常重要,像走路、上楼梯,谁先谁后、走路的姿势怎样,都有规则。有的同学说,适应烦死了,都是一条条铁链,其实错了,这就叫社会。哪个物体都受万有引力的影响,孙悟空再厉害,也有如来佛管着。所以大家不要把它当成锁链,慢慢就习惯了。怎样把这一条条锁链当成一道道彩虹,使自己感觉生活幸福呢?

身体怎样才能适应这个环境?大学四年的轻松生活演练。(屏幕出现公园背景)有人唱着歌:“梦中的蝴蝶他在飞,阿牛,快点儿,我还没吃饭,给我买点儿好吃的……”MP3 带着,手机打着,像幸福的小鸟。突然到单位上班,怎么做也不是,怎么都受不了。其他同事看着说:“哼,现在青年人怎么这样?这还叫上班吗?”他想:“谁稀罕来这个破单位?外边好单位有的是,你看比我差的同学都找到好工作了,何况我呢?”一气之下又换了一家单位,还是这样,最后不上班,恐惧了,待在家里。

人的行为模式就是礼仪涵养的演练。如握手、走路、迎接客人、喝酒或者接电话,尤其第一次几个人穿服装,走到重要场合(用滑稽艺术表演出来,一边表演,那边有一个解说员解说,戴领带的和没戴领带的,谁的礼仪对,让学生上台陪伴现场演)。

(小品表演)设置闹钟或者手机,一到早上起床的时候就响起很优美的音乐,里面也有誓词:“你幸福吗?新的一天开始了!”使劲儿地伸伸腰,舒口气,然后做几个仰卧起坐,一边穿衣服一边瞬间回忆今天的计划、目标。然后高高兴兴地对着天空、太阳蹦蹦跳跳,大口地呼吸着新鲜的空气,到外面哈哈大笑,这样就舒展开了。过后刷牙、洗脸就去上班,时间长了就形成了良好的习惯。

上班的时候绝对不能打手机，不能听音乐，不能烦躁，不要出出进进，不能大笑，不要听 MP3，如果身体太累了可以自己按摩，到洗手间去洗洗脸，倒杯水，适时的时候对身边的人微笑一下。办公室就是战场，绝对不能松懈，下午下班后回去洗脚，最好洗一洗澡，总结完一天的工作就睡觉。一天八个小时就轻松地过去，几天形成习惯，就是把劳累、痛苦调整为最佳状态，慢慢就成为一名优秀的职工了。

★【解决办法】

适应是一个游戏期，是一个激励、新鲜的鼓励期，当你探索新鲜，把自己的快乐加进去的时候，用自己的爱对父母感恩，想到父母多少年为了自己含辛茹苦劳累的时候，就会努力去适应。适应要学着滴水穿石，一点一点地，一般七天大适应，一个月下来就可以了，这里就需要用爱的鼓励，用科学的方法调节，不知不觉就会形成良好的习惯。

★【习惯适应的模式】

单位文化、礼仪适应→身体、生活习惯调节→用爱和责任在做事中潜移默化，以致水到渠成。

四、心理适应——轻松快乐

——健康心态，工作幸福

★【问题】

工作时心理压力大，依赖心理强，怎样使自己保持积极乐观的心态，轻松、愉快地去做事？

【工作实景演练】

（所实训的经验和能力：心理平衡力、心境感应力、自制力）

屏幕解释：心理适应是自己在工作生活中所产生的各种情绪、情感、态度所要达到的良好状态。具体包括化烦为乐，做事怎样在复杂的矛盾中抓住主要的，大胆、勇敢地去做，遇到不会、难的问题能静静地思考，遇到自己不喜欢的人群或者环境，怎样变成快乐甚至热爱？适应工作中的压抑，以及各方面带来的压力，怎样自动自发地把它释放出来，怎样用好的心情开发自己的潜能、超能工作？（因为人往往都是感性的，心情好做事就好、效率高，心情不好，自己的能力就受压抑，再厉害的人也干不好工作，这就是心理适应的重要性。）

心理适应还包括要适应众人的心理，大家都高兴，唱着歌，你心里要想着音乐。

很多青年人上班，心理不适应，导致自己无法工作。如领导布置任务，自己的头脑一片空白，没做过，一做就错，多年形成都是别人做的或者做不做无所谓的毛病，形成畏惧、怕、推脱、依赖、找借口这些心理，做什么事就盼、等、拖延时间、烦躁，就只想着人家来帮，光想着一下做成。就没有那种专心、细心、精心、踏踏实实做的精神，那怎么办？轻松愉快来适应，主动，积极心态。

单位一条心实训法：

一、以单位的心为标准。（单位心：轻松愉快做事的心与大家合作）

二、前面排放各种人心烦、痛、怕，以及相应的解决途径。

三、全体职员都看单位的心以及怎样培育。

四、解决前再解说各种心，以及解决途径。

五、各个人默认对号入座，如做什么心就怕、压力大、烦、特殊解决办法，最有效的解决办法。第一，默默地做事，在做中转移心中的痛；第二，把心融进单位、绿色大地、高峰；第三，每个人都心心相连；第四，把自己的烦、压力大声说出来，“因为我是单位的心的一部分，我的烦、痛，集体会给力量。”这个力量就是快乐地做好工作，感觉自己是世界上最差的人。

小品一：

有的人刚开始上班，心理烦躁、动不动就发愣，还没有到十二点，就坚持不了，烦躁地来回往外跑，“咚咚咚”出去，“咚咚咚”进来，同事看他很可笑，别人感觉他有狂躁症或者故意逃脱工作，这种烦躁、受不了的心理，导致老板或者其他人对他白眼，他还不知道，一会儿，他又唉声叹气，打手机游戏了，心里极烦躁、难受，“哎呀！几点下班啊？受不了！”（在屏幕上闪现他在校园的生活）“校园的生活多美啊！”心里想着反正有老妈养着，就不想做事，一天下来就受不了。别人一看，说：“现在这些学生真是垃圾，什么大学生啊！”他更烦、更讨厌，说：“这些人还侮辱我，哼！我是凤凰落到鸡窝里去了！”（让学生讨论）

小品二：

而另一个人上班的时候，心理也烦躁，但是能在纸上写一首小诗或者画一幅小画，轻轻地鼓励自己，要适应环境，慢慢地适应，就稳重了，即对自己幽默，把烦躁的心理压下去，然后认真地工作。这个人第一天上班，大领导、二领导、三领导不按管理学乱管理，都来指挥他，有的指挥他打扫卫生、有的指挥他接待客户、有的指挥他打材料、有的指挥他出去买东西……他首先镇定，“没事，我先有个计划，先做什么再做什么，然后激励自己，应该先听顶头上司的，一点点扎实地做。”没想到，领导分配的工作这么多，从表面上看，把自己一下吓倒了，经过自己制订计划，鼓励自己，“啪、啪、啪”做这个，“啪、啪、啪”做那个，轻松、快乐又有条不紊，没想到这十几项工作一下做出来，别人感到惊讶，这就是把工作当成快乐，把握此刻才是最好的礼物。有的人又怕、又累，天天坚持八小时、十二个小时受不了，这生理的惯性怎么把它解破？

★【解决办法】

第一种，爱的解决，想着有远方亲人的爱，自己就好好做事，不能让他们担心。第二种，想世上还有最差的人，你看那些生不如死、在病痛中的人，我能比那些人难吗？在这儿工作，自己已经够幸福的了。第三种，头脑闪现“一只蝴蝶开始是蛹的时候，就好像他在学校很舒服，现在挣脱变成一只美丽的蝴蝶的时候很痛苦”,这个时候就是鼓励自己。可以在办公桌上画个蝴蝶或者写几个外文,鼓励自己,几天以后慢慢就行了,自己是很厉害的,心里形成一种稳定的惯性状态就行了。

当代大学生在工作环境中心静下来,专心、细心、精心、静心、用一颗爱心形成积极心态,难做的事也能做好,工作愉快,越干越想干,什么都有成效。相反,如果没有这良好的心理适应,明明能做好的事因为烦躁不安,什么事也难做成,人际关系也处不好。

怎样把烦躁、累、压力、不会、迷茫化成轻松、愉快、简单？这就是早上大笑、上洗手间的时候应该伸一伸懒腰、照一照镜子、把自己的誓言说出来听一听、或者看一看亲人的照片、感恩亲人等这些方面,用爱的激励模式。

要不停地减压、减烦,鼓励自己,要有一套自我减压的办法。因为上班压力就大,同事竞争、技术创新,远离了以前朝夕相伴的异性朋友,多少年的习惯改不了。

其实心理的问题都是自我调节的问题,退一步想一想,各方面自我鼓励,不卑不亢、诚实、谦虚,退一步海阔天空,宽人严己,容纳一切。

总之,要想有良好的心理适应,慢慢做到,第一,想着工作是神圣的使命。第二,无怨无悔,自己踏踏实实地适应时代,认清自己了,再困难的事,一步步做,世上没有做不了的。再高的山也能登上去,再深的海也能潜下去,没有走不通的路,没有过不了的坎,有这种思想就没有难住自己的事,心里就不烦了。第三,结合心理按摩、心理减压器,想想自己烦躁的时候,怎样自我解除,自我鼓励。

我们这代独生子女,都是跟着感觉走的人,在工作、人际中一点点做,在做中思考,在做中优化,就能培养出良好的心情,即稳定的健康心境,关键是在自我鼓励中不急不躁地积累,不知不觉地就会积小步成千里。

★【心理适应的模式】

收集信息→用兴趣、快乐融进问题→心理按摩→自动消除心中的烦、压力→轻松、愉快。

五、人际适应——和谐幸福

——自己的存在就会给别人带来快乐

【问题】

1. 怎样改变在校的人际模式,变为单位的外圆内方模式?

2. 能否走出自我,站在别人的角度、众人的立场,协调人际关系?人际是第一生产力,人和才有工作的路,人和才有工作的幸福,一个人的人际关系怎样,决定于多方面的因素,如人品、性格、仪表、爱好、家庭背景等。比如,一个人越小气,别人越瞧不起;越要面子,别人越不给面子;有的人越大度、越幽默,别人对他越敬佩、关系就越好;有的人越厉害、越有钱,别人越佩服;人品越好,别人就越愿意和他相处。总之,怎样抓住人际这个神秘、看不见的综合体,是大学生工作好坏的关键。

【工作实景演练】

(所实训的经验和能力:沟通力、表达力、幽默力、人际艺术协调力、换位思考)

小品:

换位思考演练

1. 准备:

一块穿衣镜,两个人(平时都相互讨厌的两个人,或者平时工作中一见面就难受的两个人)

2. 过程:

(1)甲、乙两人同时站在镜子的前面。

(2)甲看着乙的形象认为是自己;乙看着甲的形象认为是自己。

(3)甲看着镜子里的自己以乙的心态看着镜子里的甲说出平时对乙的感受,乙也同样如此。

(4)他们说过一次,相互记住对方的心态。

(5)以这种对方的心态重新说一次,即甲把乙说过的话说一遍,乙把甲说过的话说一遍。

(6)再重新说一遍的时候,一边体会自己的感受。

(7)总结、感悟(对个别感受不深的,再以小事例加深感受)。

(8)顿悟。

①别人对自己的不好,都是因为自己对别人的不好造成的。

②当自己站在对方的角度、以对方的感受看待自己时,自己就不会生气或难受,也就会懂得怎样沟通,怎样协调人际关系了。

一个重点大学的学生,到一个普通单位,第一次上班的时候拖拖拉拉,有的人瞪着他,有的人朝他笑一笑,他把头仰起来,目中无人,倒水、喝水、扫地都不懂。光顾自己倒水也不去打水(这时屏幕上出现:细节决定成败)。

他走过后,别人背后说他是某大学来的、骄傲等这些方面,这个学生应该对他们泰然处之、心胸宽广,而他的心胸很狭隘,很气愤,伺机报复,导致人际不好,最后被单位开除。

另一个职工第一次来的时候,别人瞪他,他装着看不见,自己认真做好工作,对人有礼貌,也很诚恳,不在背后说别人的坏话,对老职工尊重,对青年人关心,对自己的同伴友好,谦虚但不懦弱。(学生讨论)

人际关系是很微妙的,每个人到一处,要了解群体心理的环境、文化、信息,他有背景、有原因、有目的,并且每个人的性格都不一样,所以主要在工作当中自己把握,当自己不懂的时候就难得糊涂、宽以待人,做好自己的工作,在道德上不贪别人的便宜。通过团体的文化、团体的环境、单位的风气、社会的风气,自己的形象、仪表、人品、道德、处事方法、协调竞争的矛盾、合作等综合把握。

★【解决办法】

人际所要求的素质、能力、道德包括：第一，有博大的爱；第二，大度；第三，控制自己的情绪，含而不露；第四，口才好，幽默，会赞美别人、向别人学习；第五，谦虚而不自卑，自信而不骄傲，以大家的利益为重；第六，抓住主要矛盾，利用多数人的力量。

要想处理好人际关系，就要先掌握好自己，只要自己不贪别人的便宜、不懒惰、不傲，背后不说别人的长短，做好自己的工作，不卑不亢，婉转艺术地对待他人，人际都不错。

要塑造自己的人格，幽默、艺术、有气度，当遇到别人嫉妒时，谦虚、婉转，人人都是朋友，人人都是合作的力量，人人见到他都很愉快，就是用自己的感性、爱，用自己的气度使竞争对手遇到他也感觉很幸福，形成一个独立的特色。其实这是内在借助天、时、地、人际的力量，利用语言的幽默力、赞美力、谦虚力，站在别人的角度，融进自己来看待自己，运筹世界的应变力，还有宽人严己、不卑不亢、有一定力度的把握，到什么山上唱什么歌。

从衣着、礼仪、酒桌文化、人际交往文化、男女相处文化、客户文化，形成自己的文化，摸透传统礼仪、单位的特殊团体文化、非正式组织文化，然后把这非正式组织综合地协调，自己也放心、安心、宽心，最后拥有快乐的心，走到哪里都是众人仰慕的天上星。

★【人际适应的模式】

人际 = 换位思考 + 谦虚 + 为他人着想（以众人的利益为先）+ 机智幽默 + 大度宽容 + 糊涂 + 干好工作。

具体过程：第一步，要自信，即使是敌人也能变成“快乐的朋友”。第二步，谦虚、自信、幽默、艺术地干好工作，各种人有各种相处的方法，会轻松、潇洒地做好。第三步，人际关系需要满足对方的需要、环境的需要，站在对方的角度考虑问题。第四步，要把握人际的度，幽默、洒脱、快乐，反差为优，让自己的心中充满了爱、充满了快乐，融在工作当中，融在帮助他人当中。第五，自己的利益是大家的，用自己的威信、魄力使自己的存在给大家带来幸福。第六，逐渐形成一个快乐、高效的群体。

六、工作适应——事业腾飞

——自己的存在就会使单位增效

★【问题】

1. 做事马虎、不动脑。怎样使工作像娱乐一样轻松、简单、愉快？

2. 做事没有方法，走一步看一步，不会合作，怎样学会与人合作并且有好的工作方法模式？

（工作适应主要是态度问题、技术问题和合作问题。工作适应包括：(1)对领导命令绝对服从，无任何借口。(2)单位的规章制度、文化习惯必须遵守，不管自己是否喜欢。(3)工作任务的难点化成简单轻松完成，即独当一面、开拓进取，事事讲究计划、决策。“工作就是快乐”，对于优秀员工来说，就是怎样能把又烦、又累、又脏、又压抑的工作变成幸福的、快乐的。你会发现只要自己细心、认真做、动手，不会、难的事一下就神奇地做出来，很有趣、很新奇的，人际关系也好幽默啊！）

★【工作实景演练】

（所实训的经验和能力：决策力、做一成一力、困难化简单、合作力）

演练一：

两组辩论：爱迪生说：“我一辈子从来没有工作过，我只是在玩而已。”

古希腊神话里邪恶国王西西福斯王认为“工作就是苦役”。爱迪生认为工作可以创造出生产力、乐趣以及满足感。投身于自己所从事的工作，你将从中得到源源不断的快乐和成就感。请发表意见，并且阐述怎样像爱迪生那样工作？

演练二：

虚心学习，就是工作动力

小品：地面上放十六块砖头，两块并排放在一起，前后之间相隔一尺左右，砖头的旁边全是水，走这个路时眼睛要蒙起来，凡是走不上砖头的，只要一只脚掉进水里就算失败了，就表示不适应社会。砖头这路非常难走，人必须适应这样的环境才能做好工作，不然就失败了。如果旁边有人指点的话，适应起来就比较快。

有一位青年，做什么事一遇到困难就怕、推、懒、躲、找借口，导致工作干不下去，被淘汰。但是另一个青年，他到工作当中，就把所有的事情往最坏处想，有哪些问题，怎样挖掘自己的潜能，借助别人的力量，世上没有战胜不了的事，只有战胜不了自己的人，战胜自己胜天下，他到处找问题，等到问题找出来后说不怕，自信，然后找出方法来，勇于面对困难，热爱困难，他越干越好，不管干什么工作都干得很好。

把工作当成幽默的游戏，第一，充进歌曲；第二，充进轻松；第三，充进对亲人的爱；第四，充进那么多比自己差的人，带来对比的幸运。

【解决办法】

目标（把事写到纸上）→找方法（往最好处努力，最坏处杜绝）→合作与开拓自我潜能→做。

具体的思维模式是：一遇借口，问自己为什么要找借口？原因是什么？应该怎么办？用爱、感悟、价值来鼓励自己，怎样改掉借口→找办法→找出一个突破口，用自己的力量或借助别人的力量→做下去。反复训练，这样自己就没有借口了，做什么事就胆大、勇敢，能抓住主要矛盾，不会被次要矛盾牵制，这样就不会一做事就怕、推。

大学生一天轻松上班模式：

早上起来，今天又是新的一天，穿着衣服跳着舞，或者起来跑几分钟步，感觉生命多么珍贵！想一想那些穷苦的人，想一想对父母的爱，感觉自己很幸福，这个时候轻轻地对着镜子笑一笑，感觉自己很幽默，用行为刺激和心理刺激把自己激励起来。然后到公司上班，领导布置任务，制定目标，自己把事情先写在决策表上，好处、坏处，哪些问题怎么做，今天这几件事分几个步骤，分配当中怎么协调人际，迅速写在纸上，然后一步一步地实施。工作累了的时候，可以向同事微笑，给别人倒杯水，或者用自己的身心幽默在不影响大家工作的情况下，能营造一个很愉快、很轻松的氛围。你的存在能给同事带来快乐，这就是人际关系。

到下午了，单位总结，这个总结就是学习同事的经验，分析自己的不足，写日记"我的存在是给单位带来增值，即使今天自己是最差的一个，也是正常的，因为是新职工，没有经验，主要是不求与人相比，但求超越自己，明天要更加努力，我今天工作很好"。回去以后好好休息，准备明天新的计划。

一天上班模式，主要是先目标，后总结，当中难点决策，方法突破，融进快乐、轻松。这一天的上班模式分为三个部分：第一，感性的刺激，使自己的身体舒服、心理舒爽。第二，有计划、有总结，计划是目标管理，总结是每天高效的学习力，从他人的身上、自己的身上得到升华。第三，方法突破的艺术过程，就是难点突破，怎样使自己形成习惯，为第二天做准备，以后慢慢地形成这种思维。第四，人际关系的协调，有一个整体的爱、感觉的协调，自己慢慢地摸索。这个模式是激励学、成功学、管理学、人际关系艺术学、生理等方面的高超应用。

★【工作适应的模式】

任何事只有想不到的，没有做不到的→方法、决策→借助力量→立即快乐行动→坚持到底。

轻松做事的模式：先目标→方法（把具体的任务写到纸上，往最好处狂想、最坏处杜绝的各种问题）→借助他人的力量→轻松地做，一点点地做好手边事，形成习惯→坚持。

七、决策适应——快捷高效

——事事决策，心想事成

★【问题】

1. 做事不知“方法总比问题多”，只顾做事，不找方法，导致事情难以做好。

2. 做事不知道怎么决策，遇到困难不会找方法，更不懂借助他人的力量、学会合作。

（21世纪，事事成功在于决策，决策就是方法，就是智慧，不决策不做事，只有决策才有高效率、有成果，死干、蛮干、按自己的感觉去干，在21世纪，不管是工作还是人际往往都是失败的。）

★【工作实景演练】

（所实训的经验和能力：科学应用力、事事决策力、综合协调力、矛盾处理力、心想事成效应）

小品：

领导让A员工做事，他没有头脑、没有目标、没有主见，做事的时候感觉又苦、又累，导致处处碰壁。

B员工做事的时候先用计划表，自己有计划、有目标、有信心，遇到任何困难都不怕，自己的潜能就开发出来，做什么事自然就做成了。这是一个做事的目标管理。

第一步，有具体的目标计划决策。第二步，经常总结，21世纪比的是学习力，每个职工在单位学习是最重要的，每天总结经验、学习他人的闪光点，记在本子上，晚上回忆、升华，这是个人智慧成长的决策，慢慢地工作就能越干越好，最后实现自己的理想。

【解决办法】

首先,要相信、重视决策。方法胜于一切,方法是最主要的生产力,方法就是策划、就是点子、就是智慧,如果老实、死搬教条地去做事,而不按方法把事情解开,不适应事情本身的规律,任何事都难解决,如果做事先找事情本身的原因,再借助外界的力量,借助自己的力量,慢慢使自己的潜能开发,把事情本身的规律抓住的话,进一步形成习惯,这样任何事都能解决了,这就是适应做事的规律、习惯。工作、人际关系靠的是智慧,靠的是决策,即点子,而不是靠蛮干和自我感觉。

其次,拥有决策的途径是:第一步,做任何事,方法第一,相信任何问题都能解决;第二步,找出问题,狂想怎么解决;第三步,把问题化小;第四步,注意:在寻找方法的时候,换思维,借助别人的力量狂想,退一步,或者是等待时机,挖掘其他的力量,或者是养精蓄锐,自己冷静思考,等到时机成熟,事情都能做好。

困境中有机遇,只要人陷入困境、遭遇倒霉,首先告诉自己:机遇来了,因为越倒霉的事蕴涵的机遇越多,反过来,越幸运的事,当时幸运,却蕴涵着倒霉,一般人一遇到幸运就高兴,却不知倒霉就来了,所以,一般人一遇到困境,就恐惧,如果能沉住气,运气就来了,没有走不过去的坎,也没有爬不过去的山。

【决策适应的模式】

方法总比问题多,遇到任何事的决策模式是:拿出决策表(屏幕出示),先目标→往最好处狂想、最坏处杜绝,找出问题→借助力量→形成一个决策树(决策表),做起事来胸有成竹、马到成功。

同学们!试试看,就不会认为这胸有成竹、马到成功言过其实了。

我们大学生在工作中,任何问题都能解决的决策过程是:第一步,坚信世上没有解决不了的事,自己完全能,或者借助别人的力量就能,因为每个人有二十三组基因,其中一条基因就足够能改变一个人的一生。富翁说:人人都能当富翁;天才说:人人都能成天才;伟人说:人人都能成伟人;懒惰、胆小的人说:人人都不行。这就是一个心态问题,要有积极的心态;第二步,目标(即事情,你所做的事);第三步,要狂想,要做得最好,把做到最好的与现实的差距找出来,看一看存在哪些问题。把这些问题列出来,哪一个问题先解决,重点突破,其他都突破了。把在解决关键问题的时候,挖掘自己的潜能,借助外界的力量,把大困难化小,坚持做下去,随着时间的改变,没有做不成的,这就是人类所说的:没有做不到的,只有想不到的,用过这种决策模式的人认为:这是"心想事成效应"。

八、环境适应——单位是家

——单位有家的温馨,工作有舒适的感觉

【问题】

到新的单位,工作场所、地理位置、空气、温度与优美的校园有反差,心理难以适应,导致情绪低落,影响工作。怎样与难以适应的环境慢慢协调,以达到良好的适应?

(环境适应包括房屋的位置、结构、墙壁的颜色、办公室的摆设、空间的大小以及温度、通风、明亮度等方面。只有适应才能使自己轻松、愉快地工作。不适应环境,导致自己压抑、紧张,心理压力增大,阻碍自己的工作,使自己烦、累甚至坚持不下去。原因是以前在学校那种公园式的校园里,轻松、明亮、舒适的宿舍环境,明朗、宽敞的教室,在那里学习,空气新鲜、温度适宜;而到工作环境当中,往往大不一样,有的工作环境狭隘、拥挤、吵闹甚至脏、乱、差等,又加上人际关系紧张。那么怎样使自己从舒适、明朗、公园式的环境,去适应一个紧张、狭隘、压力大、温度高、喘不过气的环境呢?)

【工作实景演练】

(所实训的经验和能力:美感汲取力、身体适应力、心境与环境的和谐力、放弃力)

(屏幕显示)我们看到有一对外国的老年夫妇,两人骑着自行车,往秦岭的山上走,不管天气热不热,路好不好走,两人总是很快乐。没有路了,扛着车子走,走到山坡时,又扛着,他们不讲什么,就是往前走,直到目的地。这个适应环境就是千难万险都不怕,自己总会找到解决问题的办法。

(评论)他俩任何环境都能适应,这就是地理环境的适应。而我们到社会单位的环境,一定要摸透这个单位的情况,单位是什么样,自己一定要顺从这个单位。比如说,平时在家里有空调、暖气,单位没有,自己慢慢地要鼓励自己,不能说怎么没有空调,故意找扇子来扇,这样就适应不了,要自己鼓励自己,想办法慢慢地就适应了。

(小品)一个大学生到新的办公室,感觉空气不流畅,不是来回开窗户,就是往外边跑,唉声叹气地说:受不了。自己悄悄地不干了……而另一个毕业生到这里,学会自己调节,鼓励自己慢慢地适应,脸上出现笑容……

【解决办法】

社会适应力总的公式:第一步,自信,任何困难、恶劣环境都不要怕。第二步,到任何工作环境、人际环境、科技环境或者其他环境,我们一定要把握方方面面的情况,然后狂想找出所有的问题。第三步,找出突破口,怎样一点一点解决,鼓励自己,怎样借助别人的力量。随着时间的推移,形成习惯,就适应环境了。这里的关键就是一点一点地鼓励自己坚持下去,一个星期以后,慢慢巩固,就能适应了。

【环境适应的模式】

熟悉环境→找出难以适应的问题→找出适应的突破口→一点点激励→坚持下去。

结论

失去了适应,就好像地球离开了宇宙。适应只有在具体的环境、具体的人、具体的感觉、在瞬间的变化中自己灵活把握。我们以上讲的是那些在社会上的经验,同学们要想干得好,只有在工作中慢慢地摸索,今天所讲的也不能照搬照套,我们这里只是起抛砖引玉的作用,以后有什么问题,虚心向他人学习,向人民群众学习,人民群众是最伟大的力量,是最好的老师,向自己学习,向未来开拓进取学习,在学习中就是最好的适应。

拥有了适应,即使一个人什么都不会、什么都不能,只要在做中摸索,在做中优化,他就会慢慢芝麻开花节节高,那就是坚信自己,虚心地学习。即坚信+虚心学习+在做中坚持,熟能生巧,习惯成自然。这就是任何人每天从零开始的做事原则,从平凡到杰出。

闭幕

(全体起立!由王老师带领大家宣读《大学生工作誓言》)

我是大地的绿苗,母亲的爱、世界的情,让我冲锋陷阵,在竞争的环境里开拓一片蓝天,用自己的双手在时光的土地上,画出了人类绚丽的画,这就是我生命的倩影!

为了亲人,再苦、再累,会有无限的勇气开创事业,弯下腰,丢下面子,做一名普通的劳动者,一定要为祖国、为民族、为人民、为父母的爱来奉献。

蚂蚁虽小能搬山,我用自己的双手从平凡的工作中,为人类创造奇迹,把心融进大地,把信念的种子播撒在荒漠里,挥汗如雨,变成一片绿洲。回首时,过去的心高、幼稚已成幽默,往日的观念已成故事,世界既然拥有了我,我就要在变化、适应中潇洒地拼搏!

(注:本实训内容来源于62家单位的总裁或人力资源部主管培训优秀员工的经验体会,制成的小品)

十

宽人严己力

★【目的】

原谅别人是宽待自己,宽容别人显示出自己大度的气派;与别人斤斤计较,不但窝囊,而且堵了自己成长、前进的路。尤其在心理压力大的环境里,宽容别人使自己减压,心里踏实、平淡;而与别人斤斤计较,会使自己更烦,有时能把自己气疯,甚至把自己逼上绝路。

★【存在问题】

一、人与人之间的交往和沟通非常复杂,如果宽人严己,往往就能集聚别人的力量,得到别人的相助。不能原谅别人、处处讲究绝对的公平,甚至远离别人、放纵自己,遇到不公就抱怨、嫉妒,甚至报复,心里感到烦躁,在复杂的工作中、人际中如坐针毡。如果对别人说话不算话、恩将仇报也认为正常,甚至来包容他人、关爱他人,那么,在任何复杂的环境中,都能有好的人缘,宰相肚里好撑船,时势造就自己成为英雄。

二、别人千错万错,自己一点错,别人就不会原谅你,自己对人家千好万好,一旦一点不好,人家就对自己不好了,怎么办?别人千错万错,还要原谅别人、包容别人、鼓励别人，这样才能拥有海阔天空的胸怀，才能拥有良好的人际关系。反之，自己错了要设法补救，不能等着别人原谅，如果有等着别人原谅的心态，那是可笑的，更是可悲的！

三、在一个单位里，你作为领导，如果职工错了，你要原谅他、鼓励他，反过来，你要错一点，员工就认为你这个领导不行，员工是不会原谅你的，所以你要严格要求自己，尽量少犯错，才能当一个好的领导。你作为员工，如果领导错了，也要绝对服从命令，领导就好像火车头一样，火车头到哪里，后面的车皮再好，也要跟随到哪里，不然火车怎么能运转起来呢？所以，有的人说，老板永远是对的，为什么？他有他的方案，他有可能是故意讲错，也有可能确实是这方面错了，其他方面有弥补的办法，领导永远是对的，不管他是对还是错，先执行，再在背后提建议，不能当面抗，这就是对领导的原谅和包容，即使领导冤枉自己，自己要受冤、受屈，先执行再说，这是基本规律，这不仅是优秀员工必备的条件，更是一般员工必须做到的，不然，自己就会丢了工作。

四、同事之间也需要宽人严己，在工作的人际关系沟通、团队的团结中，自己错了，同事是不会原谅你的，但是人肯定会出错，只有在不断的错中才不会出错，那怎样才能协调好人际关系呢？一方面，自己错了是一个成长的过程，但是尽量少犯错，如果错了，要吸取教训，主动承担责任，下次别再错，这需要自省；另一方面，在自己大错特错的时候，不要破罐子破摔，不要心太强，要学会鼓励自己、原谅自己，让自己在鼓励中改正错误，不要等着别人鼓励。

【分析原因】

有的人一做什么事就怪这、怪那、怪别人，都是别人的错，自己一点儿错也没有，即使全怪自己，他还认为全怪别人。例如，自己骑自行车闯红灯，反过来怪“走绿灯的人”不给他让路；有的人在单位里，自己全身都是刺，却天天去挑别人的刺，别人被他挑出一根刺，他就大做文章，其实这一根刺和全身都是刺的他进行比较，真是九牛一毛；有的人一辈子无论走到哪里，处处怪别人,就是不找自己的原因,真是可悲可笑,为什么会这样呢?

一方面是观念的问题。这种人好像一生下来,什么事都怪别人,就是不怪自己,他根本就不考虑自己的原因,认为自己是对的,这种人自私、保守、愚昧,从而形成固执的个性,从来都是认为自己对,永远发现不了自己的错。还有一类人发现自己的错,也看到别人的错,但总是说自己的错是别人引起的,例如,他打了人,他就会说,因为别人瞪了他一眼,别人不瞪他,他不会打别人。还有一类人,他明知自己错了,还不承认,保护自己,指别人其他方面的错,例如,领导批评他上班迟到,他就会说:"你以前也迟到过,有什么了不起的",同事、朋友劝他不要懒惰,他就会骂:"看你勤快吗?我懒惰碍你什么事了,你勤快又比我强多少呢?"对于这种人,你好心帮他,他却往另一方面想。这几类人都是意识、观念的问题,时刻有意无意地保护自己,不管别人说什么、做什么,无意中总是认为自己是对的,即使自己做错了百分之九十九,也会认为是别人做错了百分之一引起的,别人不做错百分之一,他不会做错百分之九十九的,你可不要说这种人有毛病,这种人太多了,应该起个名字叫"宽己严人"。

另一方面,改革开放以来,个别铁饭碗单位改革得不深、不全,在帮派斗争或人际关系中,好人被欺负。如果学成无赖、流氓,别人就会不敢靠近,就自然形成始终挑别人的刺、常常欺负别人的毛病,这样才能在人际关系中生存下去。这种人万一下岗,走到社会,什么都不能做。因为总是怪别人的错、社会的错、环境的错、条件的错、天错地错,总是看不到是自己没本领,不努力的错。事实上,在这个资源匮乏、适者生存的环境中,要宽以待人,严于律已,不管做什么,要找自己的原因,即使自己错了百分之一,别人错了百分之九十九,也要勇于寻找自己的原因。例如,自己骑车走绿灯,别人闯红灯,要注意闯红灯的人,要给闯红灯的人让路,这样才不会出车祸。对自己越严格的人,人格越伟大,成就越丰硕。严于律已,其实是帮助自己,拯救自己,使自己的缺点改掉,使自己从弱小变得强大,使自己从无能力变得有能力。要做到这一点,无论做什么事要从自己入手,找自己的原因,即使都是别人的错,其实也是自己的错。例如,你是一个美丽的女孩,走在人群中,有的流氓欺负你,表面上好像都是流氓的错,其实怪自己为什么不把自己打扮得丑一点儿，或者早早发现流氓，然后保护自己呢？怪自己心理学不行，应该努力学习心理学。自己作为领导，职工素质太差，顽固不化，有的连畜牲都不如，其实还是怪自己的领导艺术不强，会领导的人，哪怕是一群疯狗，也能驯养成温顺的狗，在这种情况下，不能责怪员工不行，要怪自己不行。

另外，使自己形成一种习惯，要求自己做任何事百分之百，要求别人百分之零或者负数。例如，自己开车走自己的路，要防止别人违反交通撞你的车；再如，在领导职工时，你好心劝他，他会更加发怒，找你的缺点，这些情况司空见惯，社会上宽以待己、严于律人的人占百分之九十以上，这百分之九十的人跟不上社会的形势，做不了什么大事。那么与这些人打交道，要往最坏处想，要求自己是"神仙"，别人是"魔鬼"，自己始终与"魔鬼"打交道，这样，一方面自己不会生气了，另一方面又提高了自己，更重要的是不会出现任何岔子。

如果你是一位家长、教师、干部，在好心教育别人时，许多人不接受别人的教育，总认为自己没错，与这些人相处，要讲究教育的艺术，如果暂时艺术不佳，应该减少教育或不教育，否则会起相反的效果。

总之，处处严于律己，能使自己不断成长，不断壮大；处处宽松自己，做什么事给自己找借口，爱自己的面子，保自己的形象，就会导致越爱越爱不了，越保越保不住。朋友，你想成功吗？你想活得有意义吗？切记，严于律己，宽以待人，自己没错也有错，别人全是错很正常，这样努力地提高自己，在生活、工作的路上，你就会像骏马奔驰，快马加鞭，不管做什么，都会满山果实飘香，一片惊人的景象。

【艺术突破口】

一、自己和低水平的人计较，暴露出自己的水平更低。

二、与别人较真的人，别人就故意气你，自己更上当。

三、原谅他人，不但心胸宽广、心安理得，更能使自己的工作在难得糊涂中宏图大展。

★【艺术实训过程】

实训一

你必须原谅他人，反之，不要等着别人原谅你

有一个饭店，各方面都很优秀，隔壁有一个大工厂，工厂的总裁第一次带着人到这里吃饭，发现盘子里飞了一只苍蝇，饭店老板说给他们再换一盘，并不停地解释："请您原谅，这都是意外，这些服务员是新来的……"但是这个总裁心里想：你再好，我永远也不会再来了。这个饭店失去了最大的业务，这个工厂里的几十名职工宁愿跑到远处去吃饭，也不到这个饭店来了。

为什么外面的人对你的一点儿错都不原谅呢？一方面，人都是凭着感性，你有一点儿不好，他就被这点儿不好的面纱罩住，认为其他也不好，心里疙疙瘩瘩，尤其人又多疑，互相之间又陌生，所以，你不能等着别人原谅；另一方面，你对别人再好，他全忘了，就是凭着眼前的感性，不去动脑想那些，再加上在道德上不讲公平，导致没有原谅你的可能了。然而，你要想在这个社会上有好的人际关系，必须原谅那些非常差的人，包容一切，对他微笑，这样，你才有人缘、有财路、有思路、有宽广的胸怀，如果不能原谅别人，那你自己就没有路了。现在大多数人都不能原谅别人，一遇到困难、挫折心里就紧张，心里就难受，甚至自杀。那些不等着别人原谅的人，自己向自己开刀，没有抱怨，心里踏实。

实训二

为什么原谅别人是给自己建筑宽广的前进之路？

有两个同事吵架，甲说："你做得太过分了，你看，我原谅你多少次，我就错一点儿，你就对我这样！"

两人互相吵闹，甲气得受不了，被领导叫过去了。

领导说："你能跟乙一样吗？像乙那样的人，马上就要被开除了，而你呢，能力、人品都比较强，单位选你为优秀职工，你马上就要提干了，跟他计较，这不是降低你的身份吗？”

甲说：“我原谅了他那么多次，他不知道天多高地多厚了，太过分了！”

领导说：“耶稣说，要原谅你的敌人72次，你原谅他有72次吗？”

甲说：“没有。”

领导说：“才十几次，不到72次，他自动就毁灭了，就不需要你原谅了，当你原谅他的时候，大家对你的肚量、魄力更加敬佩，当你斤斤计较的时候，等于污辱自己，降低自己的威信，抬高他的身份。人与人之间的关系是不公的，你只有原谅他人，才能有人际，才能得到别人的支持，如果你跟别人讲所谓的公平，斤斤计较，自己的人际就枯竭了。”

甲：“这个社会为什么这样的不公呢？”

领导：“对！这就是事实，你只有把握这个事实，并且能做到，才能有良好的人际和团队，如果讲所谓的公平，想跟人家平等，那就产生抱怨和嫉妒，心里天天烦躁、难受，使自己受不了。你看，为什么那些用幽默和微笑宽容他人的人，身体健康，工作越来越好，而那些斤斤计较、在工作中小肚鸡肠的人当不了官，即使当了官，也要下台，人家感到他可笑，非要得到眼前的利益，失去的是多少呢？”

评论：原谅你的同事，鼓励他吧！你才能借助他的力量，提高自己，当你自己错的时候，要严格要求，但是如果真的错了，还要鼓励自己、审视自己，吸取教训，少犯错误，当自己改不了的时候，要鼓励自己，有坚定的信念，使自己成长起来，这样，有宽人严己的态度，才有强大的动力，人际好、心理健康，也促使自己成长得快。

★【宽人严己力的巩固模式】

别人再差，自己认为平常、合理→外界不对，自己先心安，要求自己容纳，并用内心的力量扭转→遇到受冤、发怒之事，幽默地退一步，海阔天空→平时在生活中日积月累，形成惯性→形成宽人严己力。

十一

操纵时、空、人的运筹力

每个人都活在一定的时间、空间和人群中，要发挥人生最大的价值，就必须有效利用每个瞬间的时间、空间、每个人际的支持力、情感力及社会关系。人的一生都是由每个瞬间、空间、人群的瞬时度组成的时间长河，如果操纵好了每一个瞬间，也就实现了整个人生超人的价值。那么，怎样才能掌握惊人的操纵时间、空间、人群的运筹力呢？

第一，做任何事要全面看问题。这个全面就是明察秋毫，对山的一草一木、河的一波一纹、人的一个想法和意念都要把握准、把握全，全面看问题也就是看手心还要看手面，并且穿透手心和手面看透整个手，并看透从头到脚板的脚纹。这个意思是说全面看问题不仅要看到瞬间的现在，而且要看到瞬间的过去，最重要的是从这一瞬间看到下一瞬间的全面变化。

第二，要非常机灵，高智商发挥。对任何事、物、人必须在瞬间从最差看到最好，并在瞬间选择并决定最好的情况以及最好的方案，然后用超人的胆略马上实施。这个意思就是在瞬间对事物的天、时、地、空分析，从决策、选择、计划到实施，这几个环节都必须在同一个瞬间完成，这个能力经常磨炼，就习惯成自然了。例如，你从来没遇到歹徒，突然遇见歹徒，以少胜多，以弱胜强，以有计谋战胜无计谋，这样才能治服歹徒。

第三，人要练一种性格，就是快速、高效、科学、果断、创新、预测等一系列思维习惯和行为习惯。做任何事以一片绿叶见春天，以一个人的一丝笑容见其整个人的本质及其他的整个过去和未来。这就要平时努力学习,使自己知识渊博,加强修养,优化性格,这样做任何事都会成功的。无论做什么事不能讲这个条件那个原因,都要说行,在行动、意念上操纵当时的空间,利用人群的矛盾力和作用力,利用当地时间的高效力,缺少的条件要大胆狂想,会借用,会借用就会运筹。世上有的人不管什么事只要想到了,就能做得很好,即心想事成。心想事成的本质是想到了什么,要把它实现,就肯定有困难和缺这个条件、缺那个不足,那么,要解决困难和满足条件,就要操纵世间的一切可利用的东西。这里最关键的是,如果世间没有什么可利用甚至都成为阻碍时,就需要创造,这个创造就是利用阻碍的反作用力,利用没有的对立面就是有。

第四,其实人活着的本质之一就是操纵自己眼前的空间、时间和人群。不会操纵的人没有空间的立锥之地、没有时间的效果,这种人窝囊,在人群中被人厌弃甚至遗忘。过去常说英雄无用武之地,而当今社会发展了,英雄必须有用武之地,这就需要操纵时空和人群,这个操纵就需要改变观念、逆反过去、逆反平庸、打破常规、超前社会的步伐、头脑风暴、建立人际关系网的高速路,英雄从无用武之地到有立锥之地,从立锥之地到立足之地,从立足之地一步一步到广阔天地,这就是空间的操纵。空间的操纵就是开拓,开拓就是打开自己潜能宝藏的大门,把自己有限的潜能融于当时、当地,紧紧地附着在人群的所有潜能上(要瞬间开发群体的潜能,让他们的潜能在不知不觉中被你偷偷利用),这就是把自己的一根筷子绑在群众的筷子上,想做什么力量都很强大,那就战无不胜。

第五,人活着的每一秒钟,再小的事也要学会做得最好,这就是事事都有高决策,事事都要寻找最难、最差的情况,时时处处都要把最差的、最难的首先放在眼前,借用外界的力量(人群复杂、社会关系恶劣,就要利用三十六计,声东击西,利用阻力的另一个方面——动力,用其不利因素的另一方面——有利方面)。

第六,加强身体锻炼,要有高素质的、强健的身体,还要有高素质的心理水平,最主要的是练出各方面的高超能力,更重要的是超前学习、超前创造。

总之,一只鸡只会操纵一个鸡窝和一堆土堆中的虫子,一只凤凰却能操纵无限宇宙和汲取大自然的美丽，并受到人类的仰慕和爱戴。一只青蛙只会在井底操纵，一只雄鹰能在空间操纵，而一条天龙能在海里和宇宙间轰轰烈烈、潇洒自如。朋友啊！你如果懒得动弹、自卑、保守，那只能像一个小虫子在一个可怜的小洞里蠕动，没有阳光、没有空气，只有自我排泄出的垃圾。如果你是太阳，你就会照亮人间、照亮大地，你可以操纵宇宙、运筹地球、号召人类，你就是人类的福星，就是人类的福气基地。但是操纵时、空、人时要注意，许多人往往自私自利、胆小、懦弱、坑人、害人，他们只能把时间和人群变成烈火和炸弹，引火烧身、引雷爆身，这不是可气而是可悲、可笑！

十二
接受别人的批评力

接受别人批评是寻找自己成长的机遇，寻找别人的批评是给自己发展壮大增添动力和能源。经济学家说，接受别人的批评是带给你财富。智慧者说，接受别人的批评是给你一个智能袋。艺术家说，接受别人的批评是送给你美的音符。恋爱中的人说，接受别人的批评是让你能真正抓住爱的精灵。

接受别人的批评的含义是：别人批评得正确，当然可以促进自己、发展自己、美化自己，如果别人批评错了，是不是因为其他方面引起他的不服，还是狗拿耗子，多管闲事，就是说，你是一只耗子，狗要逮你，你就要练功，不能让他逮住你。总的意思是别人故意挑你的刺或辱骂你，都要引起你的注意，即使这个方面不用提高，是不是那个方面引起他的辱骂，那么那个方面就应该改进和提高。

总之，不管是别人善意的批评还是恶意地攻击和辱骂你，都能给你带来实实在在的好处。这就是说聪明的人寻找别人的批评，接受别人的讽刺、打击、辱骂，这不仅仅是难得糊涂，更能使你发现你的事业、人际中看不见的障碍。例如，你当不了富翁，肯定存在许多缺点，别人批评或辱骂往往是你打开富翁之门的钥匙，使你发现自己的缺点，从而促使你改正缺点，走上发财之路。所以要寻找善意的批评，当你接受错误的打击和辱骂时，不仅能完美你的个性，使宰相肚里能撑船，更主要的是给你的各个方面增加动力。愚昧的人受不了别人的批评，他怕别人的批评，更受不了别人错误的辱骂，这种人好像疯狗一样，哪怕别人善意的批评，例如，让他不要往火坑里跳，他也会愤怒地猛咬你一口。

十三

自我的糊涂力

江南才子郑板桥一生总结出:“人要难得糊涂。”但是,多数人糊涂不了,一个人激励自己和别人,这个激励很重要,它好像是开发人潜能的机器,点燃希望的火种,一个无用的人经过激励能产生惊人的威力。例如,激励你当市长,其实事实上你当市长的可能性连1%都没有,但是激励你相信了,你当市长的可能性就达到90%。也就是说,你成为富翁不可能,别人鼓励、吹捧你,说你能当富翁,你真的相信,到时候你真的成了富翁,从不可能到可能这个过程就是糊涂。而世上的人万分之九千九百九十九糊涂不了,他不行,你说他行,他会感到可笑,最多认为你说了句好听话罢了,他不行果然就不行了。这里缺少的就是糊涂,糊涂是伟人的一种超级能力,硕士心理学、管理学以上的水平才能从理论上学点皮毛,在实际行动中能做到也就凤毛麟角了。

要做到糊涂,首先要会变化看问题。做任何事都会有不幸,都是曲曲折折的,但是在曲折、阴沉和悲剧中,怎样把悲剧相信成喜剧,把逆境看成是顺境,把痛苦真的相信成是运气的到来,把失败真的看成是暂时停止成功,意味着更大的成功。这就要真的糊涂,这个糊涂的要求是会变化看问题,这个“变”字就会使苦变成乐。变化看问题即运动看问题,在苦中就会运动到甜中,在悲剧中就会运动到喜剧中,在不行中就会运动到行中,在坏事中就会运动到好事中。自古英雄多磨难,只有磨难才能成为真正的英雄,不经历风雨怎能见彩虹，只有在风雨的摧残中，才能运动到彩虹的潇洒美丽中，梅花香自苦寒来，这一系列的事实告诉人们，要想成大事，务必在黑夜中相信白天马上就会到来。

其次，在对待人际和工作的现实问题上，要认为好就是不好的前兆，差就是成功的标志。这句话听起来不可思议，其实，对于眼前的东西，越差越能努力，始终向对立面发展，这就是老虎的眼皮底下最安全。

再次，对任何事不要太认真。这个不认真就是认为坏事、坏处境是假的，小事不要放在心里，有时跟小人相处要做到君子不计小人过，人与人相处，要记得别人的对，可不要记得别人的错。

最后，要修养自己的涵养，要心宽如海，大智大勇，这就要博学多才，在社会的各种实践中，把自己练得真的糊涂。

十四

识别近人的弱力

世界上最危险的敌人是最亲近的人，这个最亲近的人往往是父母、同学、朋友或者伴侣。因为只要是人就有缺点，往往这些人在教育自己、指挥自己、协调自己、影响自己时，产生巨大的错误，影响极坏，这种以爱心、情感掩盖的情和爱比毒药还毒，很多人不知不觉地被这毒药毒死。

例如，有的父母十分溺爱孩子，不让孩子受一点儿苦、一点儿挫折，天天让孩子享乐，绝对不知道孩子长大以后不适应社会，成了社会垃圾，甚至成为社会的害虫。更可悲的是这些父母是自己害自己，这种孩子长大后无情无义，不能为他们养老送终，有的甚至雇人杀了父母。还有的家长教育孩子要自私，对别人坏，岂不知这个自私、坏的孩子长大以后目光短浅、不求上进，没有大的理想、大的出息、大的志向。有的家长教育女儿对待陌生人不要理，这种女孩长大以后保守、懦弱，常常被熟人所害。还有的老师和家长让学生不要乱想，要老老实实做事，没想到压抑了孩子的潜能，孩子长大成了社会的落后人、淘汰人。还有的夫妻，一方胆小而影响对方胆小，一方贪吃、懒惰而影响对方贪吃、懒惰……这些亲人的弱点好像是身边好看的炸弹，好像放在嘴边的糖衣炮弹，影响自己的观念，影响自己的事业，甚至影响自己的一切，那么怎样识别亲人的弱力呢？

一、从意志上要认清任何人都有缺点，主要分清亲人的缺点在哪里，平时要防微杜渐，不能受其影响，要逆反其缺点。例如，亲人自私自利，自己就要大公无私，亲近的人胆小、软弱，自己就要胆大、勇敢。

二、这里的亲近的人包括工作单位的同事，做任何事时，身边的人都是最危险的敌人，一定要防止这些人奸、坏、捣蛋，往往坏事的传播、嫉妒的产生都是从这里开始的，那么平时说话、做事一定要注意讲究个度，不能太好，也不能太差，有时对不同的人要用不同的计谋。

三、识别亲近的人的弱力，包括自己的父母、领导、长辈和同学，有时他们强迫自己做事。例如，有的父母强迫女儿出嫁或者嫁给有钱人，岂不知社会变了，女儿要幸福必须独立，不独立就没有幸福，不独立就没有婚姻。这个独立必须不能依靠有钱的，不能依靠关系，更不能只顾眼前一时适应社会，就把自己的女儿推向火坑，更可悲、可笑的是，女儿明知父母不对，为了孝敬父母，不让父母伤心，就找了一个眼前还可以的出嫁了，害了女儿的一生，也害了父母自己，更有甚者，女儿一旦反对，父母就以死相逼，这怎么办呢？越是自己的父母，越想让自己的婚姻好，那么越不能听父母的，必须声东击西，利用假象，长痛不如短痛，利用矛盾强烈奋斗，化难为喜。

四、走到任何人群中，要在瞬时发现身边人的弱力，注意自己的长处和短处，要发扬自己的长处，攻击对方的弱点，躲避自己的短处，抑制对方的长处，省时度势，胆大智高，利用群体的力量，把亲近的人的弱力化为自己的支持力。

十五
亲和力

青青河边的小草，爱情的小鸟终日在河边的柳树枝上向蓝天幸福地鸣叫，一对恋人卿卿我我、和和睦睦，他们幸福浪漫、甜蜜无比，这就是恋人和夫妻间亲和力的魅力。

一个人活的不是自我，他活在人群中，人和能使一切事情得以顺利地进行，和为贵，和气生财。如果一个人在人群中，人们敬佩他、崇拜他，感到他有无穷的魅力，自卑的人见到他变得自信，烦恼的人遇到他感到幸福，悲伤的人碰见他感到欢乐，失去生活信心的人被他的形象、气质振奋，弱者变成强者，那么这个人身上就带了无限的磁力，即亲和力。一个人如果具有亲和性，每个人对他都可亲可敬，在他的面前永远是鲜花和掌声。其实，这种能力不是可望而不可即的，可以从以下几个方面来培养自己：

第一，培养崇高的品行。处处为别人着想，不损害别人的利益，有崇高的道德和纯美的心灵。

第二，培养高雅的气质和非凡的艺术个性，别人见了能被其洒气所倾倒，被他的气质、灵魂所感染。这就要求培养自己别具一格的个性，逆反平庸、粗俗，把每个人的优点慢慢地汲取到自己的身上，把大自然的美、社会的美融进自己的眼神、气质中，使人感到你是一个真正洒脱、艺术的人。

第三，具备丰富的才能。培养自己的幽默性、人和性。知识多了，就能把握人的心理，该做不该做的都能自动调节，使每个人都感到幽默、和气，并给他们带来运气，使别人看到你就会感觉吉祥如意。

第四，做到创新而不出格，灵活而不做作，强大但不自傲，使自己好像大自然的精灵，带着绿草、小雨、众多虫类、鸟类一起唱着和谐的歌。

总之，这一切需要长期锻炼，勤能补拙，勤奋出天才，天才出灵气，在灵气中学着和气，使自己在人群中即便是冬天，也使人们感到春暖花开、紫气东来。

十六

领导感召力

领导感召力是一种追逐关系，是人们心甘情愿地按照自己意图去奋斗的行为。领导感召力是一种艺术，是管理、激励的一种升华，是个人的魅力和感召力的体现。

一个人走到人群中，别人一见就感到一种说不出来的好的感觉，这个美好的感觉不仅仅使人感到具有可敬、可爱、可崇拜的魅力，而且还有一种激励人向上的无穷的魅力，总的来说称之为领导感召力。

具有感召力的人，烦恼的人见到他露出笑容，懒惰、凶残的人变得勤劳善良，愚昧的人眼前出现一棵智慧树。感召力是艺术力、科技力、创新力、激励力、领导力、情爱力、亲和力等凝成的震撼别人灵魂的光环、磁场。

如今最廉价的是劳动力，如果一个人想在事业上有所成就，必须有领导众多劳动力去实现自己的理想和愿望的能力，培养领导的能力可以通过以下几个途径：

第一，提高综合素质，磨炼人格魅力，培养较高的艺术水平。

第二，学好社会心理学、管理学、领导学，把这些理论变成行动的指南。

第三，学习古今中外名人的领导艺术，把他们的思想和能力融于一身，再结合自己的实际，锻炼出别具一格的高水平的领导方法。

第四，要想当好领导人，就必须做一个特殊的人。优化性格，和群众心连心，想群众所想，急群众所急，让群众把你当成生活的航向、思想的偶像，群众会任劳任怨、少讲经济利益、满怀热情地为你奋斗。

第五,领导也要创新,不能追求完美,学会抓主要的方面,在发展的事物中进行天、时、地、财、物、人的计划,营造好领导的环境和心理的情景,使自己的领导艺术之花越开越艳。

第六,具备大慈大悲,深受群众喜爱的超人的吸引力,具有超脱凡人、一心为群众的爱的威力。群众感到他是冬天的太阳,这种太阳的威力是坚强的人格、战胜困难的坚忍力、创造世界以及开发人类头脑的灵气凝成的一股强大的感觉力,这种感觉力要从心底深爱别人,别人才能深爱自己。从行动上具备高效的科学性、成效性,为他人谋利益,他人在利益前感恩不尽。在创造世界、改造世界,为人类创作、发明上,用惊人的成绩给人类做出贡献,在无限的赞美和颂扬中,感召力才能具有更雄伟的光辉。

十七

组织管理能力

人无论在何时何地,只要和别人打交道,就产生了组织,这就是说人活在各种组织中。组织不断变化、更新,有大组织、小组织,好组织、坏组织。组织是在共同目标的指导下协同工作的人群的社会实体单位,建立一定的机构,它又是通过分工合作而协调配合人们行为的组合活动过程。想要有较好的人际,就必须会利用组织,如果要想工作顺利,必须使组织成为自己的动力而不是阻力。组织是观念、精神、人、财、物、环境、信息、领导、艺术、管理、控制等诸多要素有机地组成的社会的技术系统。

管理就是让人们同自己一起工作,按照事物的发展规律,进行计划、组织、控制、协调、激励,从而达到某种目的。

由于社会发展的需求,人人都要会管理,这就是《我动了谁的奶酪》中,用别人的手、脑、经济、关系、形象为自己服务,做不到这一点,这种人在社会的竞争中力量单薄、不堪一击。由于每个人的能力有限,所以必须利用别人的长处来弥补自己的短处,这样才能顺利地工作,这是市场经济的要求。1978 年获诺贝尔经济学奖的西蒙说,决策就是管理,管理就是决策。而传统的管理是选择,现代的管理却是用脑子,管理要抓住事物的本质,要注意人的需要,更重要的是要重视人与人之间的合作。管理要有一个合理的决策过程:首先要有一个目标;其次收集材料,确定各种方案;最后选择一个最优方案。

现代管理是一个艺术的过程，要有高超的艺术感，不是叫别人为你服务，而是别人要为你奉献，达到这种效果，也就达到了目的。

管理的核心问题是激发被管理者的潜能，天下没有不合格的职工，只有不会管理的人。这就需要有较高的激励能力，激励要把握个人的魅力、威信、情感、经济、社会环境、传统习惯等因素，形成一种灵活的、具体的、科学的管理原则。

管理要打破常规，以心管人、以情感人、以经济满足人。这就要求努力提高自己的管理水平，学习硕士、博士的较高的管理理论，然后融进实际，学习企业家的一些管理经验，融于自己的行动中，日积月累，从而形成较高的管理水平。

要形成较强的组织管理力，有以下几点建议：

首先，有较强的组织理论。

其次，灵活运用理论，随时随地指导自己在不同的人群中形成灵活、多变的组织力，使理论化为行动的动力。

再次，处处总结自己在不同组织中的经验、教训，学习其他人的组织能力，尤其要学习大组织家、领袖、企业家等高超的组织能力，结合自己的实际，形成自己独特的组织能力。

最后，要大胆开拓自己的组织潜能，要以乐观主义精神对待一切，锻炼潇洒的气质、迷人的个性、雷厉风行的行动、志高胆大的做事能力，走到任何人群中都具有亲和力、感召力，即使残兵败将也能被你组织成精兵强将，这就需要创造自己，全面发展。

总之，人生时时有组织观念，处处用组织的行为，时时提高组织能力，处处开拓组织精神，使自己在处处是组织的社会里成为组织的主宰者。

十八

市场力

市场，传统地讲就是商品买卖的场所，而这里的市场是指一切科技、资源、情感、复杂的社会关系交换的场所，以及竞争的场所、生存的场所、争夺的场所等，统称为市场。

随着市场经济的发展，世界市场、国家市场、区域市场、家庭市场到两个人之间小的市场，从市场经济到市场文化、市场人才、市场科技、市场情感……几乎一切事物都在市场中。它好像电荷，都在电场中，一个人像电荷一样，如果失去了电场这个市场的话，他就失去了存在的基础。然而人的命运与电荷的命运又不相同，电荷是被动的，它被电场支配，而人是主动的，人能在市场中主宰市场、凌驾市场，具有较高的市场力，否则这个人就要被市场淘汰。市场力的形成要抓住以下几个方面：

其一，要形成市场观念，把工作、人际交往都纳入市场中。

其二，分析市场、把握市场、利用市场。在生活、工作中学会观察各方面的动向，分析统筹经济、文化、人际关系等的变化，使自己的每一个脚步都能在市场中留下一串串洒脱的音符。

其三，练就一套适应市场的能力，如科技开发力、经济运筹力、人际协调力等。

其四，开发市场、创造市场。时刻注意各种市场的开发、人际关系的建立，像滚雪球一样，随着时间的脚步，把雪球越滚越大，市场开发得也越来越大。

其五,要保住市场。会开发更主要的是保得住,也就是创业容易守业难,绝不能像狗熊扳玉米,扳了这个丢了那个。在人际关系中,要注意巩固,不要时间过了、人情老了、友情一老,就失去了这块人际的土地。

其六,要会更新市场。只有不断地把自己的事业、人际、科技等市场创新,输入新鲜的血液,你的小市场才能在社会的大市场中充满活力。

市场力是由观念、学识、胆魄、竞争、创造组成的绿地,要利用国家的大气候、人群的环境送来的氧气,自己才能在市场中由一个绿芽长成一棵参天大树。

十九

公关力

由商品经济进入激烈竞争的市场经济,整个世界就是一个大的经济市场、信息市场、科技市场、人才市场,每一个企业和个体要想在这个市场的烟火中成为英雄,都要建立一个关键的市场,就是公共关系市场。

公共关系是一个组织与其相关公众之间的传播管理。公共关系与人际关系是有联系又有区别的,从内容上看,公共关系包括了一部分人际关系;从方法上看,公共关系包括了人际沟通的技巧,即面对面的情感交流和说服技巧;从主体上看,公共关系的主体是组织,人际关系的主体是个人;从对象上看,公共关系的对象是与组织相关的所有公众及其舆论。而人际关系则包括许多与组织无关的私人关系,公共关系处理的是组织事物和公众事物,公共关系十分强调运用公众传播和大众传播的方式,做远距离、大范围的公众沟通,人际关系则比较局限于面对面,个体对个体的交流方式。

作为公关人员的培养原则是:第一,科学理论知识与思想品德教育相结合;第二,理论与实践相结合;第三,因材施教,因人施教;第四,专业知识和综合知识相结合。

公关需要抓住公众的基本特征,公众有五个方面的基本特征:第一,整体性;第二,共同性;第三,相关性;第四,多样性;第五,变化性。在任何场合要研究公众的特征,抓住特征,对症下药,才能找出想做的事的门道。

现在的公关是非常复杂的,一些高、难、大的公关必须需要策划。公共关系的策划流程可以用以下公式表示：

成功的策划 = 计划(Plan) + 实施(Doing) + 检查(Check) + 总结(Analysis)。简称为 PDCA 工作法。

策划的第一步是“计划”，第二步是“实施”，第三步是“检查”，第四步是“总结”(其图如下)。

在公共场合下以及在对被公关人员的策划，主要靠审时度量，利用智慧、抓住机遇。例如，在公关时，要找到一个最弱的突破口，一件事、一个人甚至一句话、一个举动、一个眼神作为突破口，进而势如破竹，使其他主要的事顺水推舟、一挥而就。在不同的群体、环境要注意公众的传播，尤其到陌生的地方，要注意自己的第一个印象，注意自己的形象特征，这是最关键的。公众熟悉你的有关情况传播，作为公关人员就会利用、会按喇叭，把自己的形象树立起来，尤其是要按照自己的公关目标，进行按喇叭操作。对于公众的心理往往要逆反其普遍性，不能让公众抓住你的心理意图。例如，有的人说你办的企业不办了，你就偏要办；别人说你的店被查封了，今晚不能开，你非开不可；如果有人嫉妒你、打击你，大家都预测你会出席，你就不能出席。

公关时不能让对方了解你企业的空底，以及你的人才的匮乏，要以虚充实、声东击西，要学会“游击战”。

另外，公共关系是主要借老虎的力量来要狐狸的威风，即借助别人的形象，借助别人的关系、实力为自己撑腰，做自己的后台。

总之，公关是一个复杂的问题，要因不同的人、不同的事、不同的环境、不同的心境、不同的传播媒体以及不同的策划采取不同的公关，使自己形成较好的公关能力。

公关谈判时首先要把握双方的信息，掌握十分丰富的材料，把材料和信息处理、归类，最好是记忆在脑中，以便谈判时随时取用。

其次，要把握对方的心理，表面是谈判，实际是心理公关，应用好心理战术再加上较好的口才，是谈判成功必备的基础。

再次，对所谈的有关专业技术和法规准备得十分完备，最好达到专家水平，这又是谈判的关键。

最后,还要讲究背景,自己和双方在社会中的地位、经济实力及力量强弱也是十分重要的。谈判主要练好口才,团体谈判时要利用好集体力量并注意个人的临场发挥,使谈判获得成功。

二十

化敌为友力

交一个朋友一条路，得罪一个人一座山，树立一个敌人一个陷阱，人是在人际中发挥经济、科技、艺术效力，大凡有成就的人，都不是陷在敌人的陷阱中成功的，而是在朋友的支持中发挥其人生价值。朋友，你要想在激烈的社会洪流中达到理想的彼岸，就要学会化阻力为动力，化陷阱为平路，化地雷为铺路石……即化敌为友，那么怎样才能做到这一点呢？

第一，做人要以诚为本，品行要好，不能坑人、害人，当你与人相处、给别人带来的是好处没有坏处时，大多数人不会伤害你，这就要求做任何事要先考虑别人的利益，然后再考虑自己的利益，一定要做到“双赢”政策。然而，对于极少数恩将仇报的人，要审时度势，以毒攻毒，绝不能心软、懦弱，对这种人攻其本性，手腕要狠，他们就畏惧你，也成不了敌人。恰当的时候，在不违反法律、道德的情况下，与奸人为友，与小人为伍。

第二，注意自己的言和行，要提高语言的艺术性，注意自己的行为，往往得罪人都是微不足道的一言一行，这里最主要的是发现自己比别人强了要隐含，不要引起嫉妒，如果发现自己低了，要坚强些，不能引起对方的歧视，这里最主要的是让对方的心理得到平衡。

第三，对于一个新的地方，他们的帮派容纳不了你、排挤你、打击你，那你就要从源头分析，从外部环境攻击内部帮派，让其帮派溃败，实在击败不了，三十六计走为上计。

第四，对具体的敌人要分析其原因，有的能以诚心、以情感化解，有的能以金钱化解，有的可以以人际化解，对于化解不了的，借助于外界的力量化解，最主要的是抓住对方的缺点，对方于死地。

第五，不是东风压倒西风，就是西风压倒东风，对于这种情况，要强大自己，练心练志，练经济练武力，卧薪尝胆，时机一到击败强敌。

第六，一般情况下，不关系到生死的敌人，一言半语的疙瘩，以幽默、婉转的人际艺术化黑夜为白天，化寒冬为暖春。

第七，真正战胜敌人最重要的途径是先战胜自己，战胜了自己这最强大的敌人，世界上就战无不胜，这就是在人群中首先要注意别人怎样看待自己，自己会引起别人怎样的态度，这是关键中的关键。

第八，有些人要冷处理，不要在这方面耽误时间，集中精力做好自己的事，当自己一切强大、美好了，敌人也就慢慢向你投降了。

二十一

消除内耗力

许多企事业单位把很多的精力、财力、科技都消耗在内部的人际斗争上,包括夫妻之间、恋人之间等,因为一点儿鸡毛蒜皮的小事互相猜疑,互相扯皮,把人生的精力、事业的竞争力消耗在这星星点点的感情纠葛中。许多人都是因为胆小、患得患失、忧虑而削弱了自己人生前进的动力,也因为爱面子、嫉妒、自卑而耗费了大量的美好时光。有时把自己陷在一个圈子里,自己对自己过意不去,恐吓自己,自己把自己的灵魂拴在垃圾桶里,浸在臭水沟里,把美好的事业、甜蜜的爱情全部用自己的双手送入别人的笑话里,放在自己的哭泣里,这都是因为一个根源——内耗,那么怎样才能消除内耗呢?

第一,做什么事要看其目的。自己的人生目的是什么,明确其目的就要善于处理矛盾,抓住主要矛盾,放弃次要矛盾。与人交往要难得糊涂,即使被人用大便撒在脸上,还要幽默地说:"哇,以后有人送金子给我!"这可能有点儿像阿Q的精神胜利法,它的本质是哄骗自己,战胜世界上最强大的敌人——自己,这不是懦弱,而是韩信受胯下之辱,集聚自己的主要力量,强大自己去战胜别人。也像越王勾践尝吴王的大便,把愤怒埋在心里,能激发起火山发的行为去实现自己的理想。有时得饶人处且饶人,原谅别人是真正地宽容自己,这些都是消除人与人之间内耗的好办法。

第二,对于消除个人、自我的内耗,如对于节俭的你,做生意赔了血本,切记，天无绝人之路，一定会柳暗花明的，失去了东方会拥有西方，失去了昨天还会拥有明天。这好像苏格兰起义，起义六次，败得心灰意冷，但看到一只蜘蛛织网，失败了六次，第七次整顿残局，从而织出了通天大道，他们学着蜘蛛星火燎原，为人类立下了伟大的创举；也像红军二万五千里长征，由几十万人减少到几万人，没有吃、没有穿，病魔缠身，顶着敌人的飞机大炮，在雪山草地上用血染成了人类的二万五千里长征。记住，失去得越多，得到的越多，困难越艰辛，成果越丰硕，价值越宏大。平时对鸡毛蒜皮的小事要看成天上的毛毛雨，化烦为乐，尤其对自己的性格弱点要逆反而为之。例如，多愁善感的人要把自己的心融于美好的大自然，要把自己的灵魂融于大地；善良、多情的人要练心狠；对于在病痛中受折磨或者是遇到毒蛇心的家人和亲人团伙，要笑对人生，忘掉自己，用自己的志气、勇气、豪气谱写出人生惊天动地的赞歌，前进、前进，随着前进的步伐，冬天的冰雪就会融化，春天的笑脸迎面而来。

第三，削弱内耗还要做到，无论做什么事，不要讲这个原因不行，那个条件不足，快刀斩乱麻，说干就干，刮起风来就要下雨，成就成，败就败，即使败了，也要和成功一样潇洒。

第四，对于单位内部的内耗的处理主要在于领导。领导身正不怕影子歪。这就是说，一个领导不要搞帮派斗争，要重科技，不要搞人际，要对事不对人，不能对人不对事，一般都能领导起来。如果领导不起来，那就要打破人员格局，全面整顿，天下没有不成的单位，只有不会管理的人。管理在于领导，而领导在于灵魂的魄力、形象的魅力、指挥和协调的艺术力，只要单位削弱了内耗，就能团结出力量，团结出科技，团结出运气，团结出财气，和为贵，贵为诚。

总之，人与人之间的内耗、个人自身的内耗及单位内部的内耗，要在长期的探索中灵活、科学地一步步摸索，从而形成削弱内耗的强大动力。

二十二

反向环境弱点的适应力

热锅上的蚂蚁怎样健康地生存？孙悟空怎样在太上老君的火炉中炼得火眼金睛？鱼怎样在离开水的时候勇敢地坚持，直到水的到来？许多人怎样在高空缺氧的环境里修建铁路、桥梁，为人类建功立业？有的人陷入煤矿下面的深洞里，无衣无食，如何勇敢地坚持，直到外界的人把他们营救？为什么有的生物学家在险恶的环境里，才能考察出自然的奇迹……

这一切都是反向环境的不足，化环境的不利为有利，以致完成自己的事业或使命，那怎么能做到这一点呢？

第一，要有战胜环境的信念。无论什么环境没有不能适应的，不会游泳的人，要敢渡水深的河；怕蛇的人敢在满是毒蛇的山上夜宿考察，这就要求在信念上有决心、信心，那么对于再差的环境的适应，就胜利了一半，这就是孙悟空在太上老君的炼丹炉中，他相信自己，越烦越乐。

第二，要分析恶劣环境的特点，利用恶劣环境的对立面即有利环境。如你是一个人品好、力量单薄的君子，在流氓、无赖的人群里，可以利用他们的奸诈、阴险挑起矛盾，利用矛盾，化不利为有利。再如你头疼，要在缺氧的环境中高效地学习，你可以逆反平常的学习方法，乐观地研究一些与环境有关的知识。

第三，可以利用困难环境里的一切有利因素，结合自己的条件大胆开拓，使自己在该环境中更好地生存。例如，人陷入无食无水的地洞里七八天,可以喝自己的小便,吃一些能吃的虫子、泥土等。再如对于无钱上学的学生来说,可以一边要饭一边上学,许多天才、大学问家就是从这条路上走出来的。

第四,学会在恶劣的环境中一点点地适应,量变积累发生质变,就能实现其目的。如穷和尚能到南海的原因是,在恶劣的天气里越艰辛、越痛苦,越让自己的身体和精神一点一点、慢慢地适应,有时要保存实力,战胜恶劣。

第五,人是一座具有无限潜能的宝藏,在不足的环境里,不断地开发潜能。如一位在牢中双手被绑住的科学工作者,他可以把脚趾头磨破,用点点的血写下他研究的科学奥秘。贝多芬就是在耳聋的情况下为人类谱写出伟大的曲子《第六交响曲》的。

第六,人在困境中可以借助困境中的长处、自身的长处以及外界的力量,使自己战胜困境。海伦又聋又哑又瞎,她能学好五种外语,就是借助了她的老师的长处,并且发明了盲文,她就是发挥了自己的潜能,创造适应了外界的环境。

第七,一生成就,瞬间打造。灵感所至往往都是从恶劣的环境中磨炼而得来的。苏格拉底就是在被妻子欺凌的家庭环境里悟出了许多哲理。唐僧在九九八十一难的取经路上,悟出了许多人生的真谛。泰戈尔是在几个骨肉苦难的情境中,写出了人类的绝代诗歌。中国二万五千里长征,是多少红军战士拖着伤残的腿在无食无衣的草地里,在枪林弹雨中用鲜血奏出的人类的华章。其实越是困境,越能磨炼人的意志,越能开发人的思维,越能使人产生惊世的灵感,这一切都是人的主动性融合客观规律迸发出的智慧火花。

二十三

汲取众人之优力

凡是人都有优点，各个人的优点都有与众不同的惊人之处。一个人如果能在人群中时时挖掘每个人的优点，汲取每个人的优点，改造每个人的优点，用到自己身上来，那么，他即使是一粒灰尘，也能变成璀璨的明星。这个能力就是借百川之水融成大海，采每丝光线成太阳，集每丝火光成火山，群众的力量是伟大的，这种力量是世界上最伟大的力量。一个人生活在每一寸时光里，在每一个人群中，如果把每个人的优点像一根根筷子一样牢牢地抱成团，它就能变成巨型的木头，世上再大的力量也折不断，再锋利的刀也砍不断。如果把每个人先天不同的灵感、不同的惊人之处集聚到自己身上，自己不仅仅是英雄、超人，更不仅仅是伟大的人，你会超过人间的一切人，甚至超过了一切“神仙”、“上帝”。那么怎样才能学到这个能力呢？其建议如下：

第一，见到人就吸取他的思想、灵魂、形象、技能上的优点。在瞬间慢慢感化，引起自己的注意，提醒自己学习，学不到时，可以激发自己奋进，激励自己去创造，在奋进创造中，就学习到了他的长处。

第二，各个人的优点不同，甚至有时水火不相容，你得到了火，就必须失去水，那么遇到这种情况就要矛盾地汲取。如这个人诚实的感人力在公关、交际中能发挥巨大作用，而另一个人的狡诈、两面三刀，在复杂的人群中如鱼得水，对于这两个人的优点怎么学呢？把诚实的感觉力融进心中，在一般人中使用能得到更好的效果，而对于狡诈、无赖的人群，能临场发挥。这就需要把水火不相容的水和火各放一旁。

第三，缺点多的人优点多。一个人有一个优点就会相应带来一个缺点，有时一个人的优点恰恰是他的缺点。在学习众人长处时，要有正确的头脑，审时度量，分清是非，绝不能把稻草当成金条来学习，或把金条当成稻草而厌弃，这就需要高度的辨别力，全面联系社会，发展地看问题，结合自己的实际，具体问题具体分析。也不能走一条路，见到乱七八糟的东西全部拴在自己的身上，把自己累死，要学会抓住重要的，最主要的是取其精华，弃其糟粕。

第四，对人要不卑不亢。即使别人骂你，也会提醒你自己存在的一些不足，即使是嫉妒你，也能使你改掉一些毛病，成为一个完美的人。例如，你是领导，一个无赖、懒惰、无能、心坏的人终日对抗你，这时千万不要只怪这个人，主要看看自己的领导艺术、说话方式、决策，哪些该改一改，哪些该提一提。这就是说，在人群中，别人对你提的一切意见、一切无聊的谩骂，都是你宝贵的财富，批评你是给你发展的动力，谩骂你是给你强大的能源，即使你百分之百的正确，别人完全错误，这种人的批评、谩骂也能给你带来财富，引起你注意，激励你完美，使你成为超人。记住，每个人对你的赞美、批评、笑话、谩骂都是在给你动力、给你智慧、给你财富、给你机遇。

第五，一个人一生虽然什么都要会，但由于精力所限，时间所限，务必在一两个领域要专，这就要求学习别人长处时，要学会选择，对于自己非专业、非领域的，再好的东西最好少学，这样会浪费时间。

第六，学别人之长时，一定要学会创造，别人盖一层楼，你要在此基础上盖五层、十层甚至更高。

第七，学别人一点儿优点，要学会从这一点看到这个人的全面，最主要的是通过这个人发现这一类人，甚至整个社会，由一个眼神看到一个世界，由一丝光线认清一个星球。

第八，学习别人之长时，要学会发散性思维，同时做好几件事，不能因为学习而耽误了做其他的事情。

第九，要学会变化地学习，现在学的可能马上过时，这就要灵活地学，有针对性地学。

总之，汲取别人之优力不是把自己变成众人的吸血鬼，而是学会“双赢”政策，你好、我好、大家好才是真的好。

第四编

平凡迅速成为卓越

一

创新力

★【目的】

人才的竞争是创新,企业的竞争是创新,社会的竞争还是创新。创新能把不好的变成好的,能使自己由不行变成行,能把别人不需要的产品变得满足他的需求。创新是最好的竞争力,创新是最佳的社会适应能力。

对于当代青年职工、大学生来说,只有创新才能使自己由不行变成行,如果自己在方方面面都能创新,如人格创新、人际创新、工作创新等,就能使自己从平凡变得杰出。

现有的产品、资源、点子、方法、观念,很难跟上时代的脚步,这就要求发明创造。陈旧的观点是社会的阻碍,创造人类前所未有的观念,能促进生产力的发展,为人类创造幸福,观念是强大的生产力,不同的时代要求有不同的观念。例如,十九世纪要求做人要中庸,二十一世纪却要求做人要有偏激的观念,只有偏执狂才能成大业。创造新观念,要逆反旧观念,逆反传统习惯,鸡不能和狗交朋友,新观念是鸡主动和狗建立统一战线,化敌为友,把狗转化为自己的卫士。

开创新方法,旧的方法论要吸取精华,增添新的血液。以前的做事方法十拿九稳,如今做事,十拿九稳跟不上形势,要求做事十拿十稳,做到完美无缺，做到世界上最好，无论大事、小事，有意义的事还是无意义的事，都要做到百分之百。其方法是，从思想上严格要求；从能力上要全能、高素质；从计谋、胆略上，要超脱常人，在行动中才能做到滴水不漏。开创方法要借助现代工具，例如，你让小鸟说人话，放在以前不可思议，放在现在，用电脑语言转换就完全能做到了。新方法要求人没有做不到，只有想不到，你是一个男人，让你生小孩，你的新方法就是“我动了你的奶酪”，自己不会生，可以请别的女人生，这种方法不是狡辩，而是借用。创造新方法，有的要求超脱客观规律，脱离实际情况，这样才能创造出新方法。例如，你不会画画，一天就想当画家，那就学习图像处理软件，如 Photoshop，掌握这个方法，你就是画家了；你饿了，抬头望一下太阳，太阳的光辉就转化为你的内能，你就不饿了。世界发明大王爱迪生发明了两千多种东西，其中的奥秘就是狂想，然后借助科学的力量，再进行实验，就会样样成功。

★【存在问题】

第一，在应试教育的环境下，许多青年这么多年都是读死书，导致不敢创新、不会创新、不懂创新。打破这一局面的方法就是先变，往好处变，慢慢形成习惯就行了。

第二，认为创新不切实际，不能满足人们的需求，再不就是违反道德。其解决办法：创新时，先挖掘人们的需求，依靠科学、依靠现有的好的方面，把它们聚集在一起，然后再变成新的，慢慢就能变得科学、实用了。

第三，头脑中有，才能想出来，如果想不到新的，让他狂想，他还是想不到。这就要求自己慢慢利用行为刺激改变，在生活中点点滴滴的事中改变。如别人正着走我倒着走。骑自行车，手上有汗，就想到拿手巾擦一擦，当然这是一种创新。更好的，手里拿一张吸水纸，然后抓在车把上，那不就没汗了吗？从生活的点点滴滴中日积月累，就能形成处处往“新”处想的习惯了，就能处处创新、时时创新，从而生活幸福、爱情幸福、人际畅通、工作高效。这在于平时在每寸时光中，往新的、好的方面转变，逐渐形成习惯。

★【艺术突破口】

一、认为自己不能创新,认为创新是一种复杂的、神奇的东西。解决办法就是先让自己自信,相信人人都能成为创新大师,然后一步一步地找出突破口,改变自己的做事方法,慢慢地改变,不要一口吃个胖子。

二、认为人际创新就是不合群、孤独,只有学中庸之道。其实越会创新的人,人际越好。创新不是怪,也不是完全跟别人不一样。人际的创新就是抓住众人的心理,在变中怎样用新的方法适合人际关系。把原来有隔阂、障碍的人际用幽默、新的心态消除,将原来好的保留,要走出“人际创新就是失败”这个误区。

★【创新的几个方面】

创造自己的思维。人的思维是无限的宝藏,古今中外无数伟人的成功,都具备特殊的思维,使自己的思维发挥神奇的力量。这就要求平常人要逆反平庸的思维习惯,开拓新的思维领域,切记做事不能始终在老的意识中,如同天天在一个臭水沟里洗澡,越洗越脏,越洗越臭,要到天上银河里去洗澡,自己不成仙女也是个美女。人的思维要开拓,有时要逆反实际,自己要到月亮上弹琴。纳米技术的出现,可以把一个大活人变得比蚊子还小,你相信吗?当然你不相信,但科学已经做到了,与你相处,感觉你一个太少,把你变成一百个,取你的耳朵的表皮细胞,就克隆出一百个你。只有思维方法不同、思维的力度不同、思维的新颖奇特,才能创造出奇迹来。

创造新的产品。世界上新的产品、新的事物的出现,几乎把世界换了个模样。麻雀在进化,它的肚脏不会换,为什么世界进步,各个方面都换呢?这是人类的要求,这个换就是创新、创造。一个企业如果没有创造新产品,就会在市场上站不住脚,创造新产品的方法是按照人类的需求,大胆融进新的科技,借助一切可以借助的力量,自然创造出新产品。

创造新的资源。世上出现了很多假牛肉、假猪肉,这些都不是假货,它是新的能源的开发,假牛肉、假猪肉是植物制造出的肉,这是创造的肉。当汽车不用加油,手机不用充电,人不用吃饭,一切的能源都来自太阳光,这种创造,人类的幸福就无法用语言来表达。新能源的创造、利用,一切在于人类的科学研究,要求人类拼搏探索,能探索出无数个新世界。

新的人际需要开拓,新家庭、新的婚姻观念、新的人际关系不断出现,几个男人组成一个美满的家庭,这不是同性恋。无数单身贵族的出现,多少人不要孩子,这不仅是时代变化的产物,而且是人际的新的发展,现在要求的后代都要是人类的精品,生出小猪、小狗还不如不要。以前那种为了生个孩子,男女身在一床、心却各在一方的虚伪、可笑的局面已被许多人打破,现在的家庭讲究实实在在,新的人际关系要求"双赢政策",并不是以前那种虚伪,人在人情在,人亡人情亡的悲凉局面。如今的人求真、求实,厌恶虚伪、消磨时光、浪费精力,以前人一般不愿跟陌生的人交往,这种人往往被熟人所害。现在随着心理学的发展,人人都是心理学的高手,不懂心理学就成不了商人,什么好人、坏人、陌生人、熟人,看一眼就能把他们的人皮扒下来,什么狼、羊、狗分得一清二楚,狼按狼待,狗有狗的相处方法,这种人际的开创,其根本还是科学的开创,是讲究高价值、高效率的开创。

★【艺术实训过程】

实训一

大家开始笑,看谁笑得跟大家不一样。要尽量笑得好听,能引起别人心里的共鸣……

实训二

走路。要走得跟别人不一样,人家走过的就不能走,一定要想办法走得好看、轻松。有的人倒着走,有的人飞着走,有的人跳着,有的人唱着歌,有的人翻跟头……

实训三

见到一个人,怎样用心中最好的语言表达出来?这种最好的语言,一定要修养好,可以借助其他的东西来表达,每个人表达一句……

实训四

拿一种产品,试着发明一种新的科技。你怎样去挖掘别人最需求的、人们心中最渴望的、各方面社会上都没有的?怎样借助社会力量去实现?比如说拿一本书,让它变,有的人说书不可能变,有的人说变成动画、缩小,有的人说变成 MP3,有的人说变成优盘,噢,这是电子书,最后有的人就说变成一点点,放在脑袋,一贴……

★【创新力的形成过程】

第一步,从信念上认为:人人都能成为创新大师;

第二步,每天都要新,就是跟别人不一样,别人这样我那样;

第三步,找出别人哪个地方不太好的,动脑子将不好的变好,好的保留;

第四步,做任何事往最好处狂想去努力,依照科学、实用,符合道德、高效这几个方面,慢慢就形成了创新能力。

★【创新力的巩固模式】

汇聚世界上关于自己的产品(事、人)所有的闪光点→找出本产品(事、人)的不足→把不足在狂想中,怎样变成理想中最好的产品(事、人)→借助他人的力量,挖掘自己的潜能,一点一点地行动下去→从任何细小的事,处处往最好、最新、最科学的方面变→逐渐形成习惯,形成创新的思维、创新的心态、创新的自动力→形成创新力。

总之,创新来源于头脑风暴,借用现有的力量,创造出没有的新观念、新思想、新智慧、新方法、新产品、新人情……开发自己的潜能,创造出一个新的世界。

附：根据每个人的思维、阅历、专业等的不同，制定出创新力巩固履行表，使其从量变到质变，由一滴水到小溪，再到大江流水……

二

心理平衡力

★【原因】

人的成功源于“心”,人的一切痛苦、烦恼、快乐也是源于自己的“心”。对于当代青年职工,尤其是当代独生子女来说,往往跟着自己的感觉走,这样就会导致他们一遇到一点儿困难就脆弱、迷茫、自我,走不出自己的圈子。只有拥有了健康的心理、良好的心态,内心才能产生强大的力量,并形成良好的自我调节能力,就好像行驶的列车一样,发动机好了,才是优秀的列车。

一个人的一生,无论事业、人际、情感的成与败、优与劣往往根源于自己的心。有的智商高、有激情的人往往比较脆弱,一遇到一点儿事就有波动,延误了事业的时光,削弱了创业的专注力,一个人的心好像火车头一样,如果左右上下摇摆,那会使整列火车都处在危险之中,随时都可能覆灭。智商高、有激情的人往往比较脆弱,一遇一点事就有波动,延误了事业的时光、削弱了创业的专注力,心像天上的浮云飘浮不定。

★【目的】

通过简短的实训,让大学生在短时间内拥有良好的心态,能自动自发地调节自己，使自己具备较强的心理素质，有一套完整的、快乐的自我心理调节的方法和能力。

【存在问题】

一、当代青年职工的心理普遍脆弱，遇到一点儿工作矛盾就烦躁（任何事都是由矛盾组成的，工作的本质就是解决矛盾）。

二、21世纪，袭击人类最大的疾病是心理疾病，这是由于工作、人际、生活、情感各方面的压力产生的，尤其是地球上的人口越来越多，竞争越来越大，青年从小到大形成了生活好、吃穿依赖的惯性，然而走上岗位要求独立、主动，并且生活越来越艰苦，这种落差使他们无法适应，导致他们产生心理问题。心理问题的解决，只有通过自我的心理化解即心理力，才是最有效的。

三、解决心理问题是用对大众的爱、社会的爱以及艰苦的劳动所形成的道德素质能力，即心理力是综合的道德、观念、能力所形成的无形力，使自己走出自私、战胜自我，把自己的心融于自然、人民群众，尤其是融于对社会的奉献，而产生的一种强大的冲击力。

【艺术突破口】

一、自己的“心”感觉怎么样，世界就怎么样，“心”有多大，天地就有多大，自己感觉幸福，生活就是幸福，自己认为自己怎样，自己的潜意识就会往那方面发展。

二、会婉转地协调自己的心态，就像掌握了飞速行驶的列车的方向盘。心态的把握在于自己的理念，在于自己自动自发的调节。

三、怎样把自己的心全都用在工作当中？例如：1. 积极心态。2. 细心，细节决定成败。3. 内心富贵，内心强有力的素质，生出强有力的爱。4. 自己消除内心的精神垃圾，甚至能把精神垃圾变成精神动力。

★【艺术表现形式】

一、通过那些思想脆弱的歌曲，触动他潜在的心理问题出现。

二、通过把心理看不见的转变成看得见的，如气球受的压力过大，就会胀破，或“心”上面放一块块小石头表演，怎样让他自动取掉。

三、利用幽默的形式，如利用卓别林式的幽默表演，让他能自动自发地调节心理，做事认真。让他在痛苦、烦恼、迷茫时，能借助别人的力量，让自己有目标，怎样把自卑、困境、绝望变成无限的希望，在挫折当中拥有无限的动力。

四、用心理的暗示、心理的催眠法，可以将人不知不觉地引入另一个境地，这是心理学最高超的艺术，就好像一个人正在走路、说话，别人暗示这个人，这个人就不知不觉地跟着人去了。

★【艺术实训过程】

（文中的男子由实训师扮演）

一个女子坐在人群中，唱着：“哎呀呀！你知道我心里多痛苦吗?”好像长天恨海、六月飞雪，悲痛的心情令路人黯然忧伤。

有一个工作认真、专心、快乐的男子看到了，问：“你的心里到底有什么痛苦呢?”

女：“你不知道，我大学里的白马王子不要我了，我在工作中，别人欺负我，我什么都不会做，家里没钱，就好像人掉进粪坑里，那些臭大便堵着我的嘴、鼻孔，使我喘不过气，我感觉像万剑穿心一样，我多痛苦啊！”

男子“嘿嘿”地笑了，说：“原来如此，你看一看我身边这位比你大几岁的人，她是我的妻子。你看她多快乐！但是你知道吗？一年多前，医生诊断她得了肿瘤，已到晚期，最多还有半年的生命，当时她也自卑、也痛苦。但是，过后一想，人何必在临死的半年内让自己更痛苦呢？所以，她就很积极地工作，感觉工作非常美好！没想到，后来到医院检查，肿瘤好了。医生说是因为她的积极心态，再加上锻炼身体，血液循环，癌细胞慢慢地转移、化解了。喂，你比将要失去生命的人还痛苦吗？”

女子说：“你说的这些我都知道，但是不管你怎么说，我的心里还是痛苦。”

男子笑了笑：“你的痛苦到底在哪里呢？”

女子说：“就在心里。”

“好，”男子拿出一个“心”的模型，一个很软的“心”状气球，指着说，“这就是你的心，你的白马王子走了，你的心就好像压了一块石头，是吗？”

女子流着泪，点着头说：“对、对、对！”

男：“你家里没钱，自己又自卑，这方面又有压力吧？”

女：“对、对！”

男：“好不容易找到工作，别人瞧不起、欺负，又加一份压力，是吗？”

女：“对。”

男：“看，现在快要爆了，马上就要爆了，受不了，好痛啊！对不对？”

女：“对、对，确实是这样。”

男：“最后什么也不想干了，也没有心工作了，就想解脱，就想自杀，是不是？”

女：“是！”

男：“又加一块石头。”男子刚说完，就听见一声巨响，“心”爆炸了，那位女子吃了一惊。

男子又说：“心承受不了就要爆炸，那怎样解除痛苦呢？”

女：“赶快把石头掀掉。”

男：“对，一掀掉心就恢复原状了，那怎么掀掉呢？白马王子走了，他已经不爱你，留恋又有什么用呢？你就认为他死了。”

女：“是啊！一开始我也这样想，对他无所谓，认为他确实死了，但是不起作用。”

男：“慢慢想，旧的不去新的不来，等于做了一场噩梦。”

女：“对、对、对！和他相识就是噩梦。”

男：“你现在是不是感觉他是个魔鬼？他在梦中昙花一现，他走了，噩梦醒了，这块石头就没了，很好。第二块，你的家里贫穷，你就想那些流落在街头的人，他们一分钱也没有……”

女：“这不行！我不是他们，我从小到大有父母养育，不缺吃、不少穿，哪能这样？你说的我感觉不到。”

男：“那你就想，如果地球、人类都处于贫瘠状态，没有吃、没有穿，那是什么感觉？”

女：“不知道！”

男：“好，你看过《上甘岭》吗？那个时候人快要饿死了，是什么样的呢？”

女：“不知道！”

男：“那个时候，有的人都要饿死了，但是他们还拥有积极的心态，唱着‘一条大河……’他们是怎么快乐地度过呢？”

女：“我们这代人跟那一代人不一样。”

男：“难道你跟他们有什么区别？有一口气，就要痛苦地活着，赶快再加块石头。”

女：“加就加呗！反正我快要完蛋了！”

男：“哎！还有这样的人。你平时为什么要唱‘我的心里好痛苦啊！’你唱的时候有什么感觉？”

女：“我唱的时候减压呗！我的心里有点儿舒畅啊！只要我一找人诉说，就感觉心里痛快一点儿。”

男：“好！那你就试着把你的心放大，融于绿色大地，感觉怎样？”

女：“哎！还真有点儿感觉。”

男：“闭上眼睛把你的心再放大，融进高远的蓝天，有山水、有小河、有土地，你感觉怎么样？”

女：“哇！心还真宽了！”

男：“你看，那些人嫉妒你、打击你，你不要当回事，把这种不公当成青山下的臭水沟，你看，那青山还是那样清秀，自己的心中有了青山绿川，多几堆垃圾和臭水沟，绿色的树苗、草木还会长得更旺盛！”

女：“噢！按你说的去做，我还真的有一些好的感觉。”

男：“人关键就是要难得糊涂嘛！在人际关系中，谁背后不挨骂呢？皇帝的背后还有人骂呢！这都正常，何必小气呢！拥有蓝色的天，心像蓝天一样，工作中的困难、人际的矛盾就像天空中的麻雀、小鸟，这就叫真正的生活浪漫，也是人们常说的苦乐年华……”

女：“喂！现在我的心里觉得有些快乐了。”

男：“这就是你经历了风雨，就见到了彩虹。你遭受爱情、家庭的挫折，就像压在你心上的石头，一旦你减了一块石头，其他自然就化解了。再看一看，你现在没有工作、也没有钱，就想着自己是老一代上甘岭的英雄，继承他们的精神，重新找工作，找低一点儿的工作，把自己忘掉，不去想那些人，也听不见别人说自己怎么样，去干实事。走！我带着你去体验一下，到街上拾一个塑料瓶，你有什么感觉？”

女子愣了一下。

男：“这个值一毛钱。”

女：“哇，没想到拾塑料瓶，这也是钱，值一毛钱！虽然有些不体面，但一想，一毛钱也能买半个馒头，动一动手，多走几步路，一顿简单的饭就能解决。”

男：“对呀，一毛钱也很好，这就是生存，积少成多，不就解决了吃饭的问题吗？你说的拾这塑料瓶子不体面，对于我们青年人来说很正常，其实你再想一想，自古中外多数的富翁，不都是从这最低、不体面的事做起而成为富翁的吗？为什么外国的富翁让孩子去当乞丐？就是这种磨难。恭喜你呀！你遭受了这么多的苦难，证明你有成为富翁的迹象了。”

女：“哎，你说的这些话，道理我都懂，但是我在做的时候，肯定还是感觉痛苦。”

男：“对，任何鲜花背后都有泪水，你看你现在正流着泪水不痛苦吗？痛苦过后，就要微笑了。”

女子对着镜子一看：“是呀！”

男：“其实，人的心好像一个平衡的仪器（拿出国家专利发明‘心理平衡仪’），当人痛苦时，你要把它向另一个方面转化，转化成快乐，从拼命地工作中得到快乐；当别人瞧不起你的时候，不要斗气，要斗志，慢慢做；当自己不会做的时候，从低一点做，自己慢慢鼓励自己，你有什么感觉呢？”

女："我感觉比较糊涂，但是感觉有一点儿道理。"

男："什么道理呢？"

女："好像有一点儿感觉，自己能一点点地消除心里的痛苦。"

男："对！人的心里每天要产生垃圾，自己就要自动自发地消除，怎样才能自动自发地消除呢？通过每天自己鼓励自己，难得糊涂，工作失败了，吸取教训，把这失败转化成成功的阶梯；做人要糊涂。你看那些太较真的人，有一点儿小事放在心里，就会给自己的心增加压力。为什么在人际关系中，别人说过都忘了，你还记在心里？不要小心眼了，较真的人啊！是自己把石头一点点积在心里，你越当真，别人就故意来欺负你，感觉你可笑。比如，别人说你小心眼，你幽默地一笑，你就说'我小心眼就小心眼啊，没有我这小心眼，哪能显得出你这大心眼呢？哪能显出你好呢？'这一幽默，心胸就广了。下回别人再说你，在你的心里就不起作用了，自己用心地工作，就不受影响了。所以，消除心理垃圾，要用糊涂法。第二，还要激励，用生命的价值自我鼓励，只要还有一口气，就相信生活是美好的，你想一想，你是不是很幸福？"

女："我没有感觉幸福。"

男："你感觉那些要上绞刑架的人、病重要死的人，他们痛苦吗？"

女："他们当然痛苦，我又不是他们。"

男："你不是他们，但你自己加上这些痛苦，自然就跟他们一样，甚至比他们还痛苦。他们为什么微笑呢？因为他们有内心的爱、内心的富贵，所以他们就没有痛苦。而一般人有一点儿事，故意把这石头变大、变多，把自己压倒，不是吗？"

女："是！"

男："那么，当自己感觉痛苦时，就想一想临死的人，他们的生命就要结束，而自己还活着，是多么美好啊！自己要珍惜这每一分钟的生命。其实，你受的这些冤枉：男朋友离开、经济打击、人人都讨厌你，就感觉自己受了很大的冤枉，再看别人爱情又好、家庭又好、工作又好、又有关系，样样都好，而你样样不好，哎呀！你确实冤！"

女："我确实冤，你说得对呀！"

男："这一冤，想起你比窦娥还冤。"

女："窦娥，噢！我没有窦娥冤。"

男："你既然没有窦娥冤，那你的冤何在呢？那冤不都是你自己产生的？窦娥那是不平的冤，被人杀掉，而你，有自己的双手，什么都能解决。自己有钱了，可以去整容，就漂亮、自信了，白马王子不就来了吗？人家不就瞧得起你、不敢欺负你了吗？"

女："你看社会竞争这么难，我又是个女的。我在学校学的是文科，什么都不会，我怎么才能找到工作呢？"

男："好，你有双手吗？"

女："当然有。"

男："你有双腿吗？"

女："当然有。"

男："我们来说一说中国第一首富张茵，你知道她是干什么的吗？"

女："噢！她是回收旧纸品，然后慢慢做起来的。"

男："对，她就是一点点做，从一开始别人都瞧不起，最后做成富翁。第二，陕西省的杨凌有一个七十多岁的老人，她坐了二十多年牢，当年因为被判了无期徒刑，她十六岁的女儿自杀了，她从牢里出来后，决定当富翁，完成她女儿的心愿。于是她承包了果园，你认为你的年龄比她大还是小？你才二十岁，你比她小这么多，难道你没有她那种精神吗？你比她缺少的是什么呢？"

她笑了……

男："噢！人有生命、有青春，只要做，就行。像马文仲，身体残疾，生活不能自理，还能养活一家人。你有双手，自己一点一点做，在做事中就能实现价值。下边，你跟我弹电子琴，你会吗？"

女："我不会！"

男："好，下边我教你，你看，比如，世上只有妈妈好，'6·5 3 5|i 6 5 6 –'，你跟我弹这个键，'6'，'5'，'3''5'，慢慢再练，哎，对！再弹！你怎么弹出来了呢？世上的事啊，每个人都是从不会到会，从会到有点儿门，确实我们什么都不会，但只要心里认为自己会，慢慢地就会熟能生巧，巧能生灵，这就是'做'能对付一切，慢慢做，生命还长着呢！自己积小步成千里，

到时候你的身体好了，自己有信心了，脸上有笑容了，生活富足了，你再唱歌，你还能唱出‘我的心里好痛苦吗？’如果别人骂你一句，你还感觉自己窝囊吗？你现在还有没有这种感觉？”

女：“我现在没有了。”

男：“那你现在想不想做？”

女：“我想做，但是这样做也不挣钱，哎！”

男：“一步一步来，自己的心理先好了，慢慢地脸上有笑容了，具备动手能力了，再去找工作，就能找到好工作了。即使以后工作单位不行了，但是你已经具备丰富的经验和较强的能力，你不就更好生存了吗？这个过程就是说，先自己有自信心，内心有无穷的富贵。我们先不要像李嘉诚说的那样，有内心富贵就是富翁，我们就认为自己是一般富贵吧！确实每个人潜能都是无限的，就像许多农民工进城一样，他们什么技术也没有，更没有文凭，但是能养活一家人，他们就是任劳任怨，心里什么都不想。你慢慢地扎实干，关键是在做的过程中，自己鼓励自己，一干身体就好了，仪表好了，人际关系好了，心态、人品好了，白马王子就来了，什么都好了。”

结论：对于青年人来说，由于心理贫瘠，导致受到一点儿委屈、一点儿压力，自己的心理就脆弱，人际就不好了，工作没法干了，经济也保障不了，爱情也难以维持，样样都不好了，这就好像一步踩了粪便，步步都是粪便。当自己的“心”站起来了，一步一步地在做中，什么都站起来了。

★【心理平衡力的培养模式】

一个人的心就是事业的火车头，那么怎样才能把握这个火车头呢？

第一，从哲理上分析，人生的本质是寻找困难、克服困难。这个困难就是令人烦、苦恼、心际渺茫的根源。所以，自己必须明白，人生就是在烦、复杂、渺茫中寻求幸福的天地，越困难、越烦躁心越平稳。这就是处处有矛盾，时时有矛盾，矛盾组成了一切，矛盾组成了人生，没有了矛盾就没有了一切，也就没有了自己的生命，矛盾就是困难，矛盾就是痛苦和纷繁。

第二，让自己明白，任何事成功的秘诀是“坚持”二字，然而在坚持的过程中焦虑、忧患、急切令自己心态不稳，使自己的心像天上的浮云。做任何事都有一个过程，这个过程的实质是苦难越大幸福越多，苦难等于幸福。任何事有机遇就有风险，这风险就是引起心不稳的根源，然而风险等于机遇，风险越大机遇越多，人没有机遇，在当今竞争激烈的社会氛围里，只有落后、被淘汰甚至失败。人要创业就要敢于冒险，冒险就不能心际渺茫、忧虑。

第三，人心平衡的重要方法是加强身体锻炼，饮食、睡眠等趋于科学化、合理化。

第四，加强良好的人际关系。

第五，遇到任何事退一万步想，一万步以后认为死了也没有什么后悔的，心态也就稳了。

第六，在领导以及管理中，对他人不可追求完美，追求越完美，往往越破烂不堪，大事认真，小事糊涂。

第七，对于节俭的人，即使丢了自己的血本也要记住，有所失必有所得；对于重情感的人，失去了最亲近的人也要记住，世上的悲剧往往要顺其自然，要把这些不幸酿化成幸福，就必须逆反过去。

第八，做任何事要有计划、有决策，不计划不做事，不决策不做事，这样就会做一成一，当心想事成、事事如意时，心态也就自然平稳了。

第九，要超前适应，事情没发生就要身临其境，这样就不会走弯路，自己才不会陷入困境。

第十，要把自己的心融于自然、社会，融于一切美好的事物中，把自己的心变成美丽的彩虹。要把自己的心融于人间一切的苦难与风雨中，化苦难、痛苦为幸福的音符，在最烦、最难中变得最美丽。

总之，心理的平衡力要把自己的观念、情感、事业、身体协调成一个完美的有机整体，要把自己的内在一切结合外部的天、时、地、空、人、社会变成一个活生生的整体，这内外所有的一切因素平衡了，心自然也就平衡了。

★【心理平衡力的巩固模式】

世上没有痛和烦，都是自己制造的，认清痛苦的根源→把一切问题、苦难融进自然，融进社会，尤其是把自己当成世界上最差的人，与最苦难的人共呼吸→怎样把烦躁变成动力，就是用科学的方法挖掘自己的潜能拼搏→内心拥有强大的爱、自信，在拼搏中自然由不行变成行→认清自己、认清社会，人活着都是幸福的，在于认知加行动，慢慢就形成良好的心理调节能力。

第一阶段，认识阶段（两个月左右）；

第二阶段，把自己放得最低并行动（三个月）；

第三阶段，把苦、烦转化成乐和动力（半年）；

第四阶段，心理力的形成（一个月）。

三

经济处处点缀力

【目的】

经济是单位腾飞的基础，是每个人生存的根本，企业不挣钱就是灭亡，每个人不为单位增值，就是“犯罪”。在经济社会中，处处都是以经济为中心，尤其是人与人之间的关系都是以经济作为纽带……

学会理财，节约增效。人人会理财，能进行经济决策，把经济运作起来，钱中生钱，利用别人的鸡给自己下蛋。

全球最大的保险经济公司 MMC 所坚持的优秀员工标准是“能为公司挣钱的人，才是公司最需要的人”。因此，每一个到单位的人，就是要为单位增添效益。

那么，怎样才能拥有经济力呢？一、青年人首先必须意识到经济力的作用；二、处处产生经济效益；三、有理财的才能，有投资合作的才能。

【分析原因】

在财富者和经济学家眼中，世间的一切都是钱，有的是现钱，有的能转化成钱，有的可以创造成钱。天上的白云可以摄成美景，转化成广告的背景;地上的垃圾可以分类,它不是臭土堆,而是钱堆;人的情感使一家一条心,一个单位一条心,黄土变成金;人的仪表的潇洒可以使人赏心悦目,增强人际关系,拓宽了线路;早起的晨步,增强了身、心、脑的康健,使人干起工作来干劲儿足、精力旺、智慧高、灵气大;一句好话可以春风化雨,政通人和,和气生财;书里堆满钱;人的胆魄中存满钱的数字……

然而,不会经济点缀的人,世间的一切都是渺茫的,看不到钱的影子,闻不到钱的气息,甚至把充满钱的美好时光变成人际斗争,自私、奸诈、自卑、胆小、懒惰、嫉妒等消耗钱的土地,在保守中挡住了钱的身影,在堕落中烧毁了钱的存折,在凶杀、战争中炸毁了钱的银行,在愚昧中把钱转化为垃圾,在享乐、自私中失去了种钱、产钱的土地。依靠父母给钱,父母总有一天会老死的,还不能依靠铁饭碗,工人靠企业,企业靠国家,国家的钱空了,企业就倒了,铁饭碗没有了,何处找铁饭碗?也不能靠天吃饭,天上下的是雨和雪,它不是现成的钱。

【存在问题】

一、一切事物和人际都能变成“钱”,而许多人不懂工作处处要以增值这个中心为杠杆,有的人只顾做事,不讲究经济的运作。

二、每个人都想拥有钱,但是钱的真正来源要走正道。一般青年人想钱,就想不劳而获,有借钱的、依赖的或者妄想天上掉大馅饼,而不知道这些都是陷阱,更不知道、也不会通过自己的工作、人际特色的突破口来转化成钱。

三、没有对钱的自信力。只要相信自己有钱,使一切都围绕着“钱”,做什么就能发现钱、转化成钱,而有的人对钱迷茫,嘴上想钱、心里想钱,但意识中就没有钱,也就看不见钱,称之为“钱盲”。

四、关于理财的道理都懂,但是不想做,也不会做。这个时候就扎扎实实地一点点练,自己在实际效果中有行为刺激、价值刺激、利益刺激了,慢慢形成思维,就能想到做到。

五、不能被钱迷住,好像小毛驴,什么都看不见。

六、到任何单位工作，虽然知道自己的目的是挣钱，但是不知道单位用人的本质是为单位增值。

【艺术突破口】

第一步，怎样了解经济的作用，以及一切围绕经济转，一切能转化成经济，人与人交往以及社会关系的建立，往往都是经济起铺垫作用；

第二步，有的人走上了钱路，就越来越有钱，路越来越宽。而现在有些青年人只看到眼前的钱，或依靠父母的钱，甚至赌博、偷、抢，妄想天上掉馅饼，导致越走越陷入苦恼的漩涡。找出自己的最长处，慢慢坚持适应社会，一点点地转化，就找到了在山涧中生钱的泉眼，找到财源的一滴水源，慢慢生成水井，水就取之不尽，钱就用不完，这是正道；

第三步，对钱的自信力，相信人人都有钱，为什么世上那么多两手空空、无依无靠的人都能变成富翁？像李嘉诚、孙正义、张茵等，就是相信自己有钱，相信一切都是钱。比如垃圾，放错了地方就是垃圾，放对了地方，垃圾也是钱；

第四步，抓住自己的特色、长处，利用现有的资源，都能转化成钱。如果有人际，利用人际转化，有某些技艺，转化，哪怕是口才，像李敖的口才……通过科学、上班或者其他，将其转化成钱；

第五步，转化的方法。就是适应社会，商业炒作，借助自己的特长，融于社会的需求、国家政策、民间传统，为了人民大众，一点点炒作、转化，如果是打工的，抓住自己的专业技术，在工作中越干越精，然后转化成钱；

第六步，聚钱，一方面是节俭，一方面是各方面聚钱，还有钱生钱，大胆地投资、理财，敢于投资，使钱变活。在对钱的决策思维、自信力都了解的情况下，如果做不到，就是通过细小的事，沉住气，慢慢地就做到了；

第七步，用人品、爱来保护钱。有了人品、有了爱、有了意志、有了为人类的爱心，才能存住钱。

★【艺术实训过程】

实训一

屏幕：两手空空、没有人支持的19岁穷大学生，能在一年内挣到100万美元吗？孙正义19岁的时候，是一个穷大学生，连上学的钱都不够，他是怎么在一年内挣到100万的？对大家有什么启发？

实训大师点评：利用自己的特色，抓住社会的需求，运用自己的自信力，就能挣到钱。

下面有一个学生就问："他们都是极少数，是碰运气的，那么多自信、有本领的人，有几个一年能挣到100万的呢？"

实训大师："这个问题问得好。"

学生问："人人都说在社会上能挣到多少钱，轮到自己，为什么怎么也挣不到那么多的钱？"

实训大师："你问的这个问题是合情合理的，我们大家都这样想，其实，一方面，我们不像孙正义那样，一年能挣100万，我们的意思是对于当代的大学生，最起码能够吃、够穿，能够自己报答父母，自己建立家庭就不错了，对于这样的目标，有很多人感觉很难达到。那么，我们下面看一个例子，陕北有一个32岁的男子，上了《陕西华商报》四次，他的身体有两个篮球那么大，确实对不起观众，他不能动、也不能做什么，但是，他有活生生的生命，到底怎么办呢？他一个月能挣到一千多块钱，就是凭着自己在街头吹着唢呐，一开始吹不响，但是凭着他的那种精神，人家都给他钱。他在山东拾到一个十岁的孤儿，把她养大了。他在文艺路市场，以每月一千块钱的雇佣金来聘保姆，我们平时能做到吗？这就是说，只要生命在，自己就能活下去，就是挖掘自己能做到的，世界总是给自己一片空间，我们大家哪像他不能动、没有人支持呢？也许有的人说，这太丢人了，但是，他能做到力所能及的事，做到一定程度，也就不丢人了。他上报纸后，很多人为之感动。"

"另一方面，现在的人说，各行各业都难，包括要饭的，做什么都难，要挖掘当地意想不到的财富进行创造。下面请看，贵州的下岗工人于贵连，她是怎么变成富翁的？她找那些毒蜘蛛，为什么慢慢成为富翁？”

有的人说：“哎！我们也找不到毒蜘蛛。”

实训大师：“好！开辟、创新的，像‘水饺皇后’，到香港卖水饺，人家都不认识她，她是怎么变成‘水饺皇后’的呢？从这里看，我们每个青年都很聪明，如果单位经济效益不行了，自己要创造发明、搞专利，使单位腾飞起来。很多打工的，像吴士宏，就包括我们西安几个民办学校的主任，有的手里都是一二百万，为什么？他们就是通过自己打工，为单位创造效益，民办学校往往都是凭着自己的实力，而不是像同学们所认为的凭社会关系等。这个创造，就是轻轻地一想，我们都聪明，把平时喜欢玩游戏、在社会上想的那些点子轻轻地往正道上一转，就会出现奇迹。西安有一个小伙子，人家都去打工了，他不去，他往各个地方送豆腐，一天送了几三轮车，轻闲、自由，一开始人家不要，过后发现他的豆腐质量好、又卫生，人又热情，慢慢地，到2005年的下半年，仅仅14天的时间，就能达到纯利七千多块钱，你们相信吗？这个道理就是说，在旧的行业里大胆地创新，挖掘财源，自己扎实地拼命干，就会财源滚滚，这里需要坚持和自信，而我们平时看不见，急、光想一下子发财，导致失去了这个大机遇。”

实训大师带着几个青年上台。

实训大师说：“也怪，在富翁的眼里，什么都是钱，我问你们，这个问题到底是怎么回事？随便拿一个东西都是钱。”

他们有的说不知道，有的说是的。

实训大师说：“比如这个纸盒子，到纸箱厂创造发明，给他科技，卖给他，给他提供建议，这是策划的点子钱。还有坏事、困难，比如说遇到凶杀，这也是钱吗？遇到歹徒，能想出一套防治的办法，或者是写成书，到电视台投稿，或者是告诉小区，慢慢形成专业的防范恶势力的能力、胆量、智慧，使一般人都能防范，这不是钱吗？这当然是钱，这就是说困难、能力也是钱。”

一个学生问：“垃圾是钱吗？垃圾谁要？”

实训大师：“把垃圾一卖就是钱，但是垃圾放错了地方，就不是钱，放对了地方就是钱，比如说，很多炭灰，没有用，放到坑坑洼洼的地方，把它填平，变成路，这不是钱吗？如果放错了地方，放到街道上，那不就成了垃圾吗？”

有的学生就问：“这与我们的经历有什么关系呢？”

实训大师：“这就是告诉人们，一切都是钱，往钱的思维上转，在生活、工作、人际中，一切以经济为中心，在慢慢转的过程中，自己逐渐就变得出神入化了，这也就是那些有才华的人总是穷人的原因。”

实训二

为什么世界上那么多有才的人都是穷人？

舞台上出现了十几个青年，实训师问：“每个人不可缺少的是什么？”

有的说是才华，有的说是生命，有的说是空气。

最后，实训师说：“答案是钱，为什么？空气是不可能没有的，生命一般都会在的，没有钱万万不行。”

实训师再问：“你从小到大学了这么多知识，目的是什么呢？”

青年甲说：“实现理想，光宗耀祖。”

实训师：“光宗耀祖体现在哪些方面？”

青年甲：“有个好工作、好单位。”

实训师：“原来，学习才华的目的是转化成经济。为什么知识不多的小学生、初中生竟然能当上大老板、富翁，而知识渊博的人是穷人？为什么有才而转化不成经济呢？就是一步之差，意识不到转化成经济。在经济社会中，要以经济作为基础，以经济作为中心。”

实训师又问几个人：“现在人与人之间的情感都是以心心相印、诚实为基础，但是，一段婚姻、一个家庭是以什么来维持呢？”

有的说：“还是以感情，有了感情就行。”

有的说：“是钱。”

有的说：“两个人的人品、生活作风。”

最后，实训师说出答案：“为什么那么多人在恋爱的时候很风光，结婚后，两人都没有工作，没房子，老的要钱，小的要钱，这样的婚姻能维持下去吗？”

青年问：“钱如此重要，那怎样才能有钱呢？”

实训师："要大胆地投资，怎样大胆投资呢？真正有钱的人，都是借助别人的力量，挖掘财源，借鸡生蛋，有胆量、有气派、有眼光。而那些小气的人，很怕失败，把钱放到手里，随着纸币贬值，导致越小气越没钱。而拼搏的人、能创新的人、能使经济增效的人，他们处处有钱，即使眼前经济失败，也认为是为丰富自己的经验而铺路，先投资失败，然后使以后的路生长出'经济'来。"

【经济力的培养模式】

第一，要用经济的眼光看待世间的一切。即在意识中、行动中认识到一切都可以转化成钱，一切都可以创造成钱，形成以经济眼光的习惯看一切。这里就需要处处动经济的脑袋、创经济的思维、用经济的科学。要学金融知识，灵活应用财务管理知识，掌握国家及世界金融动向，在纸币升值、贬值上，在物品升值、贬值上，在行业、专业升值、贬值上策划、运筹，怎样使手中的钱升值而不贬值，买一些保值的东西，不能买一些淘汰的东西（尽量少买），投资行业、专业，要预测发展前途。

第二，提高全素质、高能力，使自己变成强人、英雄，更重要的是，使自己锻炼成创造经济的超人。这就要求做什么要有计划、有决策，借助天时、地利、人和的力量，大干、特干、拼命干，化差为优，化敌为友，化荒山为经济绿洲。

第三，练好自己"变"的眼睛，看待什么都能往钱上转化，爱可以转化成钱，时间可以转化成钱，人际可以转化成钱，多动一点儿脑子也能转化成钱。有的时候要多转几个弯，看到荒山沟里的鹅卵石，就能想到是公园里的石子路或者假山，见到一个烂朽木，眼中就能出现艺术家的雕刻。

第四，要重视每一分钱，一分钱可以神奇地变化，变成一千分、一万分甚至一亿分。金钱快速增长的能力就是学会投资、做生意，运筹最佳方案投资生意，投资学习，投资人际，投资情感，甚至投资脑袋（指营养）。当然创大业者可以建厂立公司，这就是说，不是死守那点儿钱，而要把它变成活的，变成钱的母亲，生出钱的女儿，女儿又生女儿……不停地在短时间内生下去，就从平地一层一层地建起万丈高楼。把钱变成活的，就是把钱用在刀刃上，用在科学上，这也就是说，该花的千金不惜，不该花的分文不费。许多人破财的命就在这可花可不花上，他认为无所谓而花了，这就好像一个大水桶，漏了一个小洞，桶里永远聚不满水。

第五，要学会世界上各方面最先进的知识，最主要的是专一的精神。这里要经受失败，经受打击，百折不挠，坚持就是胜利，那些从乞丐、拾破烂到富翁的人无不如此。先有伟大的精神，融合超人的拼搏，借助外界一切可以借助的力量，大胆创造，把自己的智慧、能源超现实地开发，更主要的是开发了别人的脑子，然后高效利用现有的一切资源，在高科技的指引下依靠群众、依靠国家，使自己的几元钱能变成千万、亿万。

第六，向富翁学习，问他们为什么乞丐能变成富翁，为什么贫穷能变成巨富？学习他们成功的经验，并结合自己的实际进行关键创造。

第七，利用人和，敢于冒险，抓住机遇，用胆大的魄力，抓住挣钱的机会，把自己变成高超的投资者，借别人的鸡到自己家下几个蛋再送回去。

第八，要成为节俭高手、理财高手，节俭是致富的一条路，理财是把事物点化成金的点金术。浪费是烧钱的火炉子。有的人辛辛苦苦挣点儿钱，拿到家里往“火炉”里一塞，就变成一堆灰，这种人还常说，挣钱就是花的，不然挣它干什么。他们在吃饭、穿衣以及坐车等方面大手大脚，该坐公交车却坐出租车，该买一件衣服却买了好几件衣服，他们三元钱无所谓，十元钱不感到疼，几百元也就过去了，这样千元、万元甚至百万元也就没了。这就要求有一个金算盘，尤其配合家人，常开家庭理财会，大家都是铁算盘，这样资金就不会无形中流失了。

第九，对于单位的资金运筹，要建立严格的规章制度。不仅注意内部各方面的开支和浪费，更要小心个别人是单位肚子里的蛔虫。还要学会筹集资金，搞社会关系，做好信贷业务，如果能建立起信贷这条大道（还要注意管理、创新、团结、奉献、产品质量等），那么几乎没有不发财的。

第十，学会财务决策。

决策一，学会如何处理闲置、废旧物品，回收资金；

决策二，风险等于机遇，大胆创业，绝不能守着小铁算盘，小里小气，要

敢于投资,做发财梦,相信自己是大财主;这就需要智慧、胆魄,建立社会关系,联合外界人才,为自己建造金钱的水晶宫;

决策三,善于拉关系、信贷,借人家的母牛偷偷下小牛(这里指不违法的情况下),借别人的阳光来照耀自家门前的小草;

决策四,要学会“修管道”,学会做有长远利益的事业,如发明、写书、拍电视剧、建造小区、开发电站、办人体密码基因研究所等,利用国家政策,利用名人效应,抓住电台、报纸等媒体传播,利用网络开往自己金钱的高速公路。

第十一,资金的运筹力最主要的是从一点一滴做起。如世界首富比尔·盖茨在下班回家的路上,以步行代替轿车,这不是守财奴,而是培养自我节约资金的意识,这正是许多富翁让自己的孩子当乞丐,去磨难的根源。树立金钱意识,才能实现金钱的梦,正如许多富翁说:“你想有多少钱就会有多少钱。”在自己的心目中,写上你想拥有的金钱的数目,多长时间能实现,到时间你就有多少钱。这里包含了高超的资金运筹力,一方面要向这些富翁学习,另一方面要向现实学习,最主要的是要学会开拓,向自己学习。

总之,想拥有处处点缀着经济的能力,就要练习经济的神眼,全面提高高超的能力,借助别人的脑和手,把一切转化成钱。

【经济力的巩固模式】

观念(经济的自信力→一切都能转化成经济→工作就是为单位增值,为自己挣钱)→经济的来源、方法(走对经济路→用工作的干劲、智慧、爱心及创新科技转化成经济)→形成经济思维(每寸时光、每件事都转化成经济,并产生经济效益)→经济力。

四

高效学习力

★【目的】

人才比的不是知识，而是学习力，有用的才智往往不是过去的知识和经验，而是社会变化中最新的信息，人的真正本领是时时学、处处学，才能实用、高效、科学，不会出现经验过时、书呆子、知识贬值等现象。

21 世纪，随着社会飞速发展，知识不断地更新，旧的知识经验很快就会跟不上形式。据统计，每十八个月，知识就更新一次，也就是说，在大一学的知识，不到大三就被淘汰了，刚毕业的大学生进入社会不到两年，就被淘汰了，导致许多人是高学历、低能力。拥有了学习力，处处就拥有了新的知识，超前于社会的人才是真正的有知识、有能力的人。

★【存在问题】

一、有的人认为有高文凭，在大学里学的知识已经够多了，不需要再学习。

二、有些大学生为什么还不如老工人呢？为什么以前初中生、小学生能当老板，领导大学生？因为大学生在大学里学的知识往往是过时的，而初中生、小学生、老工人拥有学习力,在现实中学习。

一、在传统教育、应试教育的环境下,学的知识往往不能灵活运用,知识再多却是废的。青年大学生不理解这一点,也不知道。

二、认为书本上的知识或者学校教的知识才是知识。其实世界到处都是知识。

三、在现实中不知道怎么学,不知道什么是学习力。

★【艺术突破口】

一、世界处处都是知识,社会是一本最伟大、最神圣的书。在现实中通过任何事、任何人都能学到无穷尽的知识,关键在于自己怎么学。

二、从无字间学起,就是从生活中学、从工作中学、从与人交往的现场学,在学校里读书、学习,所读的书本往往随着时代变化已经过时了。书本从著作到出版出来的时候,已经过时,更何况在大学里传统教育下所学的知识,过时率更高。无字间学的是感悟学习,对人的刺激最深,当然学得最精也最实,也是最新、最有用的。

三、任何人和事都能把世界上的一切知识和道理融进去。通过一通百通达到事事相通,有了这种学习方法,再对事物进行深度、宽度思考,就能事事相通。各种事物形态万千、千变万化,其实道理和规律都是简单、统一的。

★【艺术实训过程】

有位大学生不平地说:"呀!我是博士后,难道给他小学生打工?小学生有什么了不起的!"

他的女朋友问:"为什么小学生在社会管理、各方面比你还精呢?你这个博士后怎么还不如他呢?"

男:"他也不过是现学的。"

女:"现学的都比你厉害,那你这博士后多年怎么学的?"

演练大师听到他们的议论,走过来说:"请问你们一个问题,你们认为在学校里学哲学的,考试过关的有多少?"

男:"基本都过关。"

演练师:"会应用的有多少?"

男:"我在网上看到,据统计不到1%。"

演练师:"很多小学生、初中生甚至农民工当老板的,他们遇事,虽然事事是矛盾,但是能处理得井井有条,而我们大学生,遇到一点儿小事就撕不开、斤斤计较,不知道怎么做,这个哲学里的'矛盾',到底谁用得好呢?"

男:"那些人用得好。"

演练师:"为什么没学过的还用得好呢?"

男:"不太清楚。"

演练师:"这就是陶铸所说的'从无字间学习',社会才是最好、最伟大、最神圣的学校。你是博士后毕业的?工作几年了?"

男:"三年。"

演练师:"到了几个单位?"

男:"到了9个单位,这个单位还是实习,我看马上又干不下去了。"

演练师:"你的知识这么多,却干不下去,而很多知识少的人却能干得非常好,还能当富翁,你知道其中的原因吗?"

男:"不知道。"

演练师:"告诉你吧,他们才是真正有才的人,表面上学历低,是初中生、高中生当总裁,实际上,他们处处从现实中学,从各个方面学。"

男:"从现实中怎么学?这木头就是木头,这个人就是这个人,工作就是工作,我能学到什么?"

演练师:"现在你随便说一个东西或者一件事,我能告诉你,这里面有无数的知识。"

男(随便从地上拿出一个凳子):"你从凳子中能学到什么?"

演练师:"一方面,别人坐在它的身上的时候,它默默无声、任劳任怨,如果我们青年人也能像它一样任劳任怨干,人们也会喜欢他、用他。所以,许多失业、跳槽或者被人撵走的人,还不如这个凳子,凳子告诉你做人的道理。另一方面,凳子是四条腿,做什么事有四根支柱,平稳,就像我们人一样,做什么要身体健康、有爱、有理想、知识渊博，还要有道德，这几条腿才能形成稳固的地基，单单有知识或者单单有爱，都是不能用的残疾‘凳子’，就会被人抛弃。”

男："对于一个人怎么学？"

演练师："任何人都有无限的长处，如果你把每个人的优点、闪光点都聚集在自己身上，虽然成不了太阳，也能成为星星。"

男："我怎么看不出来那个人的优点？"

演练师："你细心一看，自然就出来了。"

男："我看不见！"

演练师："第一，看他的优点，如果你能做到热爱他，弯下腰来仰视他，就能发现他的长处，对他的缺点可以反思。这就是为什么自傲、自负的人都是看别人的缺点，而厉害人都是看最差人的优点。比如说，路边的乞丐，他能低头向别人要饭，困难的时候能捡破烂，睡在路边，你能吗？"

男："哦，不能。"

演练师："所以，世上最差的人也有比最厉害的人强的地方，你相信吗？"

男："相信。"

演练师："所以，越厉害的人越谦虚，向人民群众学习，这就是说，看到一个人，就去汲取他的闪光点。第二，对任何事要多问为什么，事事学习。第三，你看这幅画（屏幕上）山水多美！你把这山水融进心里，陶冶情趣、净化心灵。其实，学习知识是塑造自己灵魂的一种艺术力量，把山的巍峨、水的柔情、蓝天白云的宽广和飘逸融进自己的心中，你向大地呼唤，把自己的心融于绿色的大地，汲取大地的美，这种向大自然学习的学习力，就会使你得到无穷的智慧和力量。"

男："这与我的工作有什么关系？"

演练师："在工作中，要向自己学习，向他人、老职工学习，悄悄地学习每个职工的经验能力。"

男："怎么学习？"

演练师："只有谦虚地拜他们为师，把自己的心降下来。一方面，把自己的专业技术、专业知识在实际中进行操作，哪方面遇到问题就从哪方面想办法，请教别人。另一方面，从理论上学习，在新华书店找最新的书浏览，从网上、单位的资料上到处寻找，写笔记，再升华、创造，在实践理论中创造，你就成大师了。工作就是学习，21 世纪比的不是知识而是学习力，拥有了学习力才拥有了高文凭。”

那个人一下子懂了。

演练师：“下面我随便指一个东西，你演练一下学习力，先看过来的这个人。”（对面走过来一个人）

男：“哦，这个人，以前我光看他的缺点，现在看，他勤勤恳恳、心里踏实，我确实能学到东西。”

演练师：“再过来一个调皮、心里很烦躁的人，从他身上你看到了什么？”

男：“他虽然不坏，但是做事急躁，心里烦，有点儿太急了。”

演练师：“这下你会学了，把他的缺点反过来学，使自己提高，从他人的镜子能看到自己的不足，下面做一件小事。”

男：“做这件事，我以前马马虎虎、找借口，现在才知道，做事要认认真真，把自己的心融进去才是快乐、负责的，做什么成什么。”

演练师：“对了，你是学什么专业的？”

男：“这个专业。”（男青年说出自己的专业）

演练师：“慢慢地，习惯成自然，就拥有了学习力，生活中、工作中、每个人身上、每个角落都是知识，围绕一个中心来升华自己，自己就成了一个渊博的知识大师，那时候才是真正的博士后。”

这个青年好像明白了什么……（音乐响起）

屏幕：21 世纪，为什么知识天天过时，因为在传统的教育中学到的知识在社会上不会用。在社会中学习，才会真正拥有神圣、伟大的智慧。

★【学习力的培养模式】

其一，要端正态度，不学习就落后，不学习就愚昧。要培养超前学习的意识，在学习旧的知识时要推陈出新，在学习中创新，从原来的一层楼的知识开拓创新成二层楼、三层楼。

其二,要乐观地学习,以学习为乐,切不可以学习为苦。

其三,要在百忙中培养发散性思维、创造性思维,如一边工作一边高效地学习;培养超前学习思维,创造学习思维,学会发明创造。

在生活中,同时做好几件事,必须一举两得三得甚至多得;乘公交车时要学习;与人交谈时,在不影响礼节的情况下,翻看科技书;上班时,利用时间学习,即一心必须二用三用。

其四,主要是把现实中的任何事物、情感、人际上升到知识理论,上升到社会科学,甚至自然科学,并融于文化艺术,即达到看到任何一点在瞬间获得全面的知识。

其五,要不断地到书店、大学学校去获取新的理论,并从报纸、电台、社会等各方面获取别人的理论、科技,最重要的是,在此上面加深创新,即别人已建了二楼,你在此基础上建成三楼五楼甚至更多。

其六,最重要的是要学会学一本书通十本、百本书,学一科通百科、千科,学一个专业通十个专业、百个专业。会学习的人知道知识都是相通的,其中最重要的奥秘是必须把一科学得最深、最绝、最高,那么一科水平高,科科水平高,切记不能什么都学得差不多、还可以。

其七,从现实生活中的任何一件事物都能看出很多门系统、全面的科学知识。这一点对于知识渊博的人都有深深地体会,这就是说,我们在现实中做任何事要多思多想。例如,打乒乓球,这里面有哲学、公关学、谈判、领导、物理学、心理学、时空相对论、运筹学、数学、艺术……打了二十分钟的乒乓球,就能学到这么多科的学问,这种能力必须长期锻炼。

其八,最有效的学习是在生活的每件小事中能学到无数的东西,即在生命呼吸的分分秒秒中,有的人做一件小事不多想,不变通,好像猪八戒吃人参果,咕噜一下就到肚里,什么滋味还不知道。但有的人在每分每秒中,做任何事第一步,计划、预测、决策(往最坏处想采取什么办法,往最好处努力,有哪些方法);第二步,集中自己所有的精力,借用外界尽可能借用的力量,开发自己尽可能开发的潜能,勇猛地干(高超激励,社会关系借用,利用别人的手、脑为自己服务,开发自己无限潜能的宝藏);第三步,总结、变通、升华(总结这件事的收获,变通这件事能做一千件事、一万件事,变通到做其他事的方法，一件无聊的事能升华成最有意义的事，尤其是一件坏事能升华成一件非常好的事，这一点是最有意义，也是最难做到的。升华的另一个含义是，做一件事像火星，然后能升华成火海。例如，看别人一个眼神，就能了解他的一生，知道他所处的环境的方方面面的情况；写一个字，在瞬间能深深地研究人类书法的艺术，修养自己的人性并扬长避短，一方面批评自己，另一方面激励自己。也就是说，会升华的人，做一件事能懂得一个专业，由这个专业升华到很多专业）。总之，这三步在做事中能产生高效的学习，不但事做得非常好，而且学习到很多智慧，创造很多，尤其是修养了自己的灵魂和性格，并发展了自己的思维。

其九，习惯成自然，经常这样学习，就会锻炼出高效的学习思维，自然、深邃的观察力，敏锐的创新力，高超的记忆力，时间高效的利用力，从而形成高超的学习力。

★【学习力的巩固模式】

先理解学习力的意思（就是处处是知识，只有学习新的知识才能适应社会）→学习别人的闪光点，对他的缺点反向醒悟→任何事找出它的原因、结果，为什么困难？这一类的知识就会触类旁通→在工作中，向同事学习，向专业学习，从理论到实际，找出问题，越干越精，再创新学习，自己就成专业高手、天才了→自己鼓励自己，从各个方面时时学习、事事学习，时间长了，习惯成自然，就拥有了天才的知识，学一点能用十点，会升华各种学习方法，适应社会→然后总结出各种学习方法，自然就拥有了学习力。

五

自信力

题记:“自信+行动”是当代人通向成功、幸福的高速公路。发明大王爱迪生说,自信是成功的第一秘诀。

★【目的】

自信的人事情还没有做就已经成功了一半。例如,跳高的人相信自己能跳过去,就能激发自己的潜能,明明跳不过,也能跳过去,即使跳不过去,至少也比不自信时跳得高了许多。对于自卑的人,事情还没有做,就败了一半。

一个人失去自信心,本来应该做成的事也做不成了,如果有了自信,即使做不成的事,也能自动找办法,坚持到底。自信是行动的内在路标,自信是行动的动力源。当前很多青年十分自卑,往往表现出自负,甚至有些人错误地认为,这些青年自信过分了!那什么是自信呢?怎样培养自己的自信力呢?

通过简短的实训,用行动和结果让人明白:人人都是伟大的,人人都是世间神奇的精灵。只要自己相信自己能成功,再加上坚持做,就一定能做出惊人的成绩,走上幸福的人生道路。

【原因】

为什么现在的青年人几乎都自负？因为心底里对事业、爱情、未来没有信心，而表现出来的是极端的自负和逆反，遇到一点儿矛盾就撕不开，遇到一点儿困难就会自卑、脆弱，无论做任何事都难以成功。

【存在问题】

一、为什么青年人做任何事都不成？就是转在自己自私的小圈子里，抓不住世间的本质秘密：世间的任何困难，看似庞然大物，其实都有解决的办法，没有过不去的火焰山。关键在于自己相信自己能克服这些困难，然后再动脑想办法，就能产生灵感。只要自信了，当代独生子女就不会依赖别人、不会痛恨别人，做什么事积极主动、有激情、有爱心。所以，自信是一个人生活幸福的支柱，也是其他许多能力产生的源泉。

二、自信是要用成果、价值来使自己的心里踏实，天天嘴里光喊自信，只能把自己架在空中，这种自信是假的。

三、自信最主要的是用行动来兑现，行动可以使不会变会、使难变得简单。

四、自信不是不切实际的狂吹，不是说过而不去行动，否则是自己骗自己。

五、自信不是自傲，两者天地之差，许多人认为自信就是自傲。其实，自信是自己相信自己，有坚定的信念，用激情去拼搏，实现理想的过程，这种激情好像南飞的燕子，一定要到达南方；而自负、自傲的人好像井底的蛤蟆，自以为天地都在自己的手中。

【艺术突破口】

第一，那些自信的人相信自己行，遇到问题、困难，潜意识就暗示自己一定行，心中就有一股向上的冲劲儿，坚持做，果然就行。认为自己不行，遇到困难，潜意识就会暗示自己真的不行，自己就会迷茫、脆弱，真的就倒霉了，这也就是斯宾塞·约翰逊所写的《为什么幸运的人总是幸运，倒霉的人老倒霉?》。

第二，自信可以使一个人由各方面很差腾飞到成功。有一位世界著名的演讲家，在没有成名之前，话都说不清楚，但是他有一股不服输的冲劲儿，每天对着青松，嘴里含着石子练，练得满嘴是血，最终成为世界上著名的演讲家。为什么没有腿的人能走遍地球？为什么身体三分之二残疾的张海迪能成为世界名人？为什么生活不能自理的马文仲，能开办一所学校，养活一家人？这些都源于自信的动力，让他们通过这些人物来感悟。

第三，自信是通过科学方法适应社会，加上自己的行动，一步一步来实现自己的理想。

★【艺术实训过程】

实训一

表演跳沟。有一道小沟，有些人看到这道沟，他不怕，认为自己能跳过去，自然集中精力、勇敢地跳过去。有的人认为自己跳不过去，果然就掉下去了。

实训二

在一个单位，领导让甲、乙两名职工组合机器，甲什么也不会，但是他相信自己一定会，他到处查资料、来回琢磨，并且求教于老职工，做的时候认真、细心，果然会了。

而乙一看这个烂机器上到处都是油，自己也没做过，螺丝也拧不下来，就认为自己不是干这个事的料，弄得自己的手上全都是油，事情还没有做，信心就被打倒了。

实训三

自信是用价值作铺垫的

甲、乙两个人在一起交谈，乙问："你打游戏，为什么原来很差，现在打得这么好？"

甲："我也不知道，总感觉自己肯定会打赢的。"

乙："噢！我知道了，这就是人们常说的自信吧！"

（甲笑一笑）

乙："你有了自信，那你以后做什么都很厉害。你是计算机专业的，现在计算机专业很难找工作，你是否相信自己能做出世界上最好的软件呢？"

甲："我不相信，因为做软件的人多了，光拿美国的硅谷来说，几秒钟就是一个新的软件，我怎么能跟人家比呢？就拿中国的上海、北京、西安、广州这些城市来说，搞的软件多如牛毛，都卖不出去，我有什么用呢？"

乙："你错了，你要相信自己，把世界上最好的、人们心理最需求的方面，做一个心理学软件，先收集信息，然后开发程序，借助别人的力量，你一定能开发出世界上最好的心理学软件，你相信吗？"

甲："我当然相信。"

乙："噢！这就行了。"

甲："但是问题太多了！"

乙："那你打游戏时，问题、困难不也很多吗？开发软件，需要时间、人力、技术，还有品牌，这不是和打游戏中的各方面困难一样吗？"

甲："道理是这样。"

乙："那你认为自己打游戏是怎么成功的？"

甲："我是克服了一个又一个的困难之后成功的。"

乙："那么你去克服心理学软件中的一个个困难，不就成了吗？"

甲："对。"

乙："其实，世上的道理都是一样的，只要相信自己，再加上做，肯定能做成。你既然相信自己能做成，为什么不去做呢？"

甲："人的惰性呗！看眼前利益、急功近利。"

乙:“你现在挣一点儿小钱,像小鸡刨食一样,还不如像雄鹰去鹏程万里。”

甲:“是啊!”

乙:“这就是你的第一个困难,如果你要实现目标,就要相信自己行,但是眼前的经济满足不了,那你就克服它,怎么鼓励自己,把这些困难列出来。现在社会,计算机专业很难找工作,你要实现自己的价值,必须发挥自己的长处,开发出世界上最有用的软件,你要自己教育自己、自己鼓动自己,拼了。如果教育不好,到人才市场或其他单位也是碰壁。”

甲:“噢。”

乙:“哪怕是心理学的一点点火花,也要收集起来,把那些艺术性很强的方面收集成材料。第二步再……到时间心理学软件就出来了,就会出现人类的奇迹,财富也就来了。”

甲:“通过你说的这些,我对自信力有点儿感觉了,只要做,任何事都能成,关键就在于你想不想做,怎样去做。”

乙:“用利益感觉刺激,从经济、体面、情感来刺激自己,激发自己主动去做,在搞软件的时候,你收集人们的心理,感觉有无限的快乐;另外,你在收集材料的过程中,感觉人家很敬佩你,尤其是女性,看到你洒脱的气质,对你青睐,这时你有什么感觉?”

甲:“当然很高兴了。当我开发出一个个令人意想不到的程序,所有的书上也找不到,这个时候我的心里有一种自豪感,这是我们计算机专业的人最自豪的。”

乙:“是啊!自信促使你找到自己的价值,然后一步一步地协调,有各个方面生活的支持,你自然就是最优秀的。”

实训四

甲(打电话给很厉害的心理学家、成功学家乙):“我做什么事也很自信,但是为什么就做不成呢?”

乙:“你做什么事?”

甲:“我上班刚几天,很想把那个工作做好,可是怎么也做不好。”

乙："我知道了。你有点儿急了，你刚到一个单位，做任何工作都有时间限制，先认识，摸透方法，再一步一步利用自己的激情，一下就成了。而你一播下种子就想开花、结果，那可能吗？再慢一点，你自信的花就开了。你是做什么工作的？"

甲："我是搞服装制作的，我看那些老工人操作得特别快，我也想快，但是一快就会出错。"

乙："你要一点一点慢慢来，做第一件特别慢，先试一试。第二步，总结方法，再逐步地做，不要图快，一个星期以后再给我打电话。"

这个小伙子就在舞台上表演做衣服，一开始慢、细心（旁边独白：你看你看，他要形成一种思维了，呀！他要快起来了），到第六天的时候，他做起来就非常快了，第七天遇到了不会做的，他都记下来了。

乙（打电话）："喂，怎么样？"

甲："我现在速度很快了，质量很高，几乎要赶上老职工了。"

乙："再过几个星期，你把所遇到的难点形成快乐模式，就能超过老职工，因为你有自信的激情，又是大学生，脑子聪明，你再试一试。"

到第二个星期，他按照乙所说的模式去做，做到第四周的时候，眼睛不看，哇！也做得非常好，人家一看，感觉他好像在表演艺术，做得又快又好。

★【自信力的培养模式】

纵观古今中外，无论伟人还是凡人，凡是自信的人，他们的事业宏达，人际风调雨顺，家庭和睦温馨，运气和机遇吉星高照。而对于自卑、消沉的人，财不通、人不和、家不温，倒霉晦气，好像光着屁股碰了马蜂窝。人活着要有价值，要有意义，失去了自信，这个人的灵魂是黑暗的，他的精神半身不遂，生不如死，真是晴天霹雳。那么怎样培养自信力呢？

第一，人活着的每一秒钟要肯定自己。天生我材必有用，即使是残疾，生活不能自理，在无亲、无故、无政府支持的情况下，也要感到自己生活的每一秒钟都有意义、有价值，身残志坚，身残心充实。

第二，拼命奋斗，在奋斗中提高能力，改变处境，就能逐渐从自卑、消沉的泥潭中，不知不觉地走向自信自强。自信力产生的秘密是什么都不想，拼命干。

第三，自卑的人一般源于自私。如果甩掉了自私，为了亲人活着，为了别人而活着，再苦再累也会感到自豪、满足，即使失败、悲惨也在所不惜，无怨无悔。好像黄莲树下谈情，会流出酸甜的泪，越流越有味，这里的本质是忘掉自己。

第四，做任何事发现自己"不行"、"不可能"时，要记住任何事物都在变。这个"变"字能使你的潜能不断地得到开发，使你胆大、勇猛，这个"变"字能把"不行"、"不可能"的"不"字变成"小"字，逐渐变成"大"字，最后直至"非常"，即不行变成非常行，不可能变成非常可能，甚至绝对可能。而自卑的人把眼前的"不行"、"不可能"看成静止不变的，他无论如何不相信坏会变好，无条件会变成有条件，无钱会变成有钱，这种人消沉、自卑，耽误时间，埋没潜能，导致可能办到的事都成了不可能办到的事。

第五，有能力就自信了，有人和就自信了，有钱就自信了，那么人要不停地学本领、创人和。

第六，慢慢锻炼想一做一成一，无论大事小事一想必做，一做必成，一成就必须最好、最优，养成这种习惯，才能改掉口头上自信而心里不自信的癌症。自信是在时间长河的激流中，由不会游泳淹得半死，借助别人的力量和技术拼命挣扎到淹不死，然后成为游泳的高手，如果这样，做任何事都会自信。

【自信力的巩固模式】

相信自己行→挖掘自己的潜能，无形中就是一种行动，用行动冲→拼搏，以困难来调节自己，有一种"不到长城心不死"的意识，坚持，无论做什么事都能成功。

六

整合力

题记：不起眼的砖头、木料经过建筑工人的加工，为什么能建成高楼大厦？这就是整合的魅力。

★【目的】

不管是成就大业的人还是做一般工作的人，都需要整合，与人相处，要根据各种信息、环境、心理进行整合，才能使人际和谐。对于自己的事业，要根据环境、人际关系、社会的变化、国家政策以及自身的优缺点进行整合，事业才能腾飞。一个企业更需要整合，内部的方方面面、外部社会的变化以及同行的竞争，只有把这些内外因素整合成国内最优秀的亮点，企业才能扎下根。

没有整合就没有成功，没有炒作就不会借用天、地、人的力量，没有整合就没有成功的平台，没有炒作就没有竞争的思维。

★【存在问题】

一、许多人看问题片面，拿过去的经验看未来，尤其不知道未来的变化，原因就是不会整合。

二、每个人都有长处，在某方面非常优秀，但是为什么挣不到钱、立不住脚呢？就是缺少全盘的思维，缺少整合，就好像下一盘棋，虽然某个步骤非常优秀，但是一招不慎，全盘皆输。

三、整合就是炒作，炒作就是利用社会的政策、人们的心理、社会的传统，以及过去、未来方方面面的信息为自己的目的搭建一个平台，使目标实现。

★【艺术突破口】

做任何事，任何单位、任何人都要收集各种信息，拿出全盘具体方案，才能做出效果，每一个步骤系统条理化，各种信息最优化，扬长避短，对社会未来不懂的，可以通过整合就能准确地把握。

★【艺术实训过程】

整合、炒作是成功的骨架，失去了它，再优秀也是渺茫的

有几个青年在台上。甲青年问："唉，我们这些人既没有钱又没有本领，在社会竞争中该怎么办呢？"

演练师："炒作。你看很多人白手起家，既没钱也没关系，本领也不大，为什么就能变成富翁呢？"

甲青年："不知道。"

乙青年："唉！人家有本领，人家运气好呗！"

演练师："他们就是会炒作自己，某一个知名企业家，十几年前白手起家，现成为拥有五六个亿资产的名人，他说了一句话'国家要炒作，个人要炒作，我的单位更要炒作，没有炒作就是失败，有了炒作就是成功'。"

青年问："那什么叫炒作呢？"

演练师："你看很多电影明星，都是炒作出来的。"

甲青年："这个我懂，很多明星都是通过媒体炒作、人的炒作、背后方方面面的炒作而成名的，人家有资格，人家漂亮，但有的人不漂亮，怎么能炒作起来?”

演练师:“对！当然了,炒作需要有一个特长,然后把这个特长完全露出来,如果什么都没有,那炒作当然就困难了。”

乙青年问:“那怎么炒作呢?”

演练师:“大家看这个屏幕,这个框架、这个舞台,这就是炒作、整合出来的,就是站在对方的角度,怎样让大家坐着感觉舒服、气派,我们在上面表演,怎么才能让人感觉身临其境等。”

乙青年:“这个我懂！但是我是一个穷小子,怎样白手起家呢?”

演练师:“温州人从白手起家到富甲一方,用的都是炒作,他们无论走到哪里都能生存下去,就是运用天时、地利、人文和自己的点子实干,人家说温州人很精明,这个精明就是炒作、整合。”

青年:“对！那整合的步骤是什么呢?”

演练师:“第一步,收集所有的信息,自己的内因、外因、社会,包括未来的信息,尤其是你所要做的事的信息,你所做的项目的信息,最好的信息、失败的信息。

第二步,根据你的目标,要达到国内、国际最好的,方方面面存在哪些问题？这些问题怎么解决？这一步很重要,到时候你的成果就会达到最好的。

第三步,解决办法要归纳成一个系统模式,有哪几个步骤？第一步怎么办,第二步……就好像这个成功地图,按照这个地图路线,一走就到了,容易做到。整合这个地图是最难的,也是关键的一步,这个最主要的是通过自己的摸索、实践,自己去感悟,根据自己的情况,第一步怎么办……如公关有几个步骤,管理有几个模式,一个人成为电影明星有几个模式,一个企业的品牌打出去需要借助国家、媒体各个方面,怎么利用人的心理,这个步骤就是利用自己的感受加上社会的需求,人们的心理加上人们最亮的亮点,都列上去,最差的弊端,总结成一步一步的模型,在实践中不断地优化,然后大胆地去做。

第四步,在做的过程中遇到各种问题、各种困难、各种倒霉,怎么变成自己的力量,越倒霉越能变成自己的运气、力量,这就是预防一切最坏的,把这些最坏的变成最好的,这就是手里几个亿的富翁所做的。每一个倒霉、坏的事，别人都是避开，而只有那些非常厉害的人能大胆地去面对、去接受、去想点子，找出倒霉的另一面就是运气，也就是在社会竞争中别人都做不到，唯独他能做到。

第五步，不要命地拼，拼的时候既要有宏伟的蓝图，还要做事的时候细致、认真，这里不是对细小的事都要认真，而是抓住某一个重点，找出突破口，势如破竹。

最后，一步步按照社会需求来变，找出问题，挖掘自己的潜能，汲取社会的力量，形成优秀团队，这样不仅创业成功，人际关系好，而且做什么事都能延续下去。这整合是抽象的事，好像你找女朋友，怎样才能把她追到手？根据自己的形象仪表、说话的气质，以及走路，拿钱吃饭，在哪里遇到什么问题，一步一步按照自己所想的地图去做，到时间就追到手了。

★【整合力的巩固模式】

根据自己的目标收集所有最好的信息，成功的信息和失败的信息，存在哪些问题，把这些信息汇集到一起→对于自己所要达到的目的，最好的存在哪些问题，最差的怎么预防，再加上创造→这些问题要通过哪些渠道解决，最好处有哪些问题，怎么达到，借助哪些力量→形成整合图→实践做下去，不行的变→达到目标。

七

一切从零开始

★【目的】

当代青年职工,尤其是刚步入社会的大学生,要从最低、最苦做起,才能使自己工作越来越好。青年时期最好的工作是什么?是能够锻炼自己,使自己成长地工作。中年时期的好工作是能挣到钱的工作,中年以后才是舒适、体面的工作。而我们许多人找工作存在一个误区:一开始就找"中年以后"的工作,刚毕业的大学生就像还未破蛹而出的"蝴蝶",这个时候最需要的是经过痛苦的挣扎,才能成为美丽的"蝴蝶",如果过早地想从蛹中蜕出来,只会导致"死亡"。也就是说,青年人真正的好工作,必须从零开始,自己依靠自己,如果依靠别人寻找帮助与跳板,只能导致自己的根基悬空,从而毁掉自己。

★【存在问题】

一、在工作中,总以为自己有什么资本,使自己潜意识地自傲,如果认为自己什么也没有,也就能虚心、踏实、认真地做事。

二、对于青年职工,心中拥有的不是对工作有利的德和才,而是自我的欲望、压力等道德垃圾和心理垃圾,如果能从零开始,就能自动地减少或消除这些体内的垃圾。

★【艺术突破口】

对于青年人，自己好一点，就傲上天，一点不好就自卑，落了地，这种波动的脆弱怎么改？

就是一切从零开始，每天从零开始，每天前进一点点。过去拥有的没有了，眼前拥有的没有了，从“没有”开始，就不会依赖过去所谓的各方面好而自负、自傲。怎样才能形成这种心态呢？就是达到一种平衡，当很自卑的时候想到的是自己还拥有什么，也不过是从零开始努力，每天多做一点儿，超越自己就是成功、伟大，美国最优秀的将军格兰特就是每天超越自己。

★【艺术实训过程】

实训一

一只蝴蝶如果从蛹中痛苦地挣扎出来，就很美丽，但是一个小孩感觉这样太痛苦了，就把这个蛹剪开，这只蝴蝶却死了。

点评：青年职工到一个单位，一切要依靠自己，从零开始，如果一开始直接找舒适的位置，就会发生这只蝴蝶的悲剧。

实训二

一个青年甲说：“据调查，现在80后的青年，发现别人有一点好就嫉妒，自己一点好就自傲；发现别人一点差就厌恶，发现自己一点差就特别自卑，像‘薄冰’一样，十分脆弱，世上有没有一种灵丹妙药使他们的心理平稳、扎实向前呢？”

过来一位职业设计专家乙，回答：“有啊！”拿了一个气球说，“每天从这……”

甲：“从气泡开始吗？”

乙:“对！气泡是空的,也就是从零开始,它代表什么也没有,当你从什么也没有开始的时候,对于眼前拥有的,也就不会自傲了。”

甲:“这个道理我都懂,但是做的时候就不会这样做。怎样才能真正做到从零开始?”

乙:“比如,有个人今天失去了所有的东西,但他的心态坦然,明天照样从零开始,一切都是好的。”

甲:“别人说你家失火了,所有的东西都烧毁了,你怎么办?”

乙:“好在失去的是财。”

甲:“这怎么办?”

乙:“生命在,一切都在,那些伟大的人不都是这样吗?”

甲:“有个人断了一条腿。”

乙:“好在上面的头脑还保着,没什么！独条腿成英雄的人多了,只要自己意志坚强,好像子尤似的,他得了肿瘤,说‘哇！我这辈子来到世上,能有肿瘤也好,我要享受这个肿瘤’,总是有积极的心态,自己就不会倒霉了。”

甲:“有的人处处都是以自我为中心,不知道就自傲、自负,这个问题怎么解决?”

乙:“这个也很简单。大学生有知识吧！现在社会比的不是知识而是学习力,以前拥有再多,那是过去。对于情感,时间变了,感情变了,那也是很正常的。自己征服自己,想有也是空的,就好像今天是 8 月 5 日,8 月 4 日已经过去了,何必再去想呢？经常实训从零开始,慢慢就会感到心里踏实,什么都丢了,大不了就一条命,生命在,就能扎扎实实地干,生命丢了,无怨无悔,丢就丢!”

【一切从零开始的巩固模式】

想到自己什么也没有,扎实地做好手边事→每天都是从零开始,忘掉昨日的成绩,消除自傲,能使自己每天谦虚、扎实、专心地做好工作→从点滴的事,包括人际、思想从零开始训练,使自己的道德、才学、业绩逐步地积累起来→在从零开始产生的价值激励下,慢慢地使自己形成从零开始的心态。

八

必胜的竞争力

★【目的】

地球上的人口急剧增长、资源匮乏，人类为了生存，市场竞争、科技竞争、文化竞争、经济竞争……越来越强烈，竞争的大潮冲击着每个国家、每个企业、每个人，要想生存，必须学会事事竞争、时时竞争。一个人失去了竞争力，很容易就会被淘汰。尤其是在21世纪，行行充满了竞争、人人充满了竞争、处处充满了竞争，瞬间迅速万变，昨天优秀，今天就会变得普通，甚至被淘汰。那青年职工怎样才能拥有强大的竞争力呢？

要不断地开拓、不断地学习、不断地适应社会。竞争就是开拓，竞争就是创新，竞争就是不断地提高自己、适应社会。社会竞争越激烈，对于拥有强大的竞争力的人来说，越能成就他，这也就是人们常说的：时势造英雄。

★【存在问题】

一、有些青年在强大的竞争对手面前，感到无所适从，破罐子破摔。解决办法：只要自己努力学习、勤动手，专一干下去，每个人的潜能都是无限的，永远都有强大的竞争力。

二、有些人不是利用正道竞争，而是违反法律、违反道德的恶性竞争，导致自己想好却好不了，甚至自己毁灭自己。

三、不懂得竞争是扎扎实实地做好自己的本职工作，而是这山望着那山高，追求新、奇、怪，导致自己拥有的实力慢慢失去竞争力。

四、站在自己的圈子里坐井观天、夜郎自大。

【艺术突破口】

强大自己，不停地超越社会，就形成了强大的竞争力，也就是按照社会最好的标准，自己哪方面不行，就提高哪方面，即使自己再差，只要扎扎实实地做好自己的本职工作，不断地创新、不断地学习，就能拥有强大的竞争力。

【艺术实训过程】

一群青年人在议论："现在做什么都不易，行行都充满了人！"

实训师："这就是社会竞争的结果。"

他们唉声叹气地说："哎！人这么多，工作竞争、人际竞争这么激烈，全球资源匮乏，这简直是置人于死地啊！"

实训师放了一段录像：

第一个片断：

拥有了道德，就拥有了竞争的实力

西安某地有二十多家修车的，其中有一家的生意十分红火，顾客排队洗车，而其他的几家门前冷落。笔者询问前来修车、洗车的人，他们说："这一家的人做事细致、认真，对人的态度好，又不坑人。"

实训师问："这个人的竞争力在哪里？他也不是形象、气质比人家好，大家都在一条街上，为什么顾客都到他家去呢？"

总结：竞争是道德的竞争，人在社会上都是厚德立世，做事让别人放心，回头客就多。

第二个片断：

专一自己的特色就能行行出状元

有个小伙子甲，头脑聪明，不管什么事都能干，但他干干这、干干那，什么都没干成，最后流浪。一个老实巴交的小伙子乙，比甲的文凭低，人也比较呆，手里也没什么钱，但是，他扎实地做防盗网，没想到，他的收入由一个月几十块钱，到几千块钱，为什么呢？

总结：人就是扎扎实实地做好一件事，把自己的特色做出品牌，熟能生巧，巧能生灵，就能拥有强大的竞争力。

第三个片断：

学习就是竞争

演练师："一个中专生为什么能当上软件的总工程师？"

甲问："几年前你是中专生，为什么现在能当上总工程师？你家有关系后台吧？"

中专生："没有，我哪有关系？如果我有关系，这些电脑的高级程序我能会吗？我在学校里学的只是单纯的一门技术。"

甲："那你的这些本领是从哪里来的呢？"

中专生："自己学呗！"

甲："为什么想学？"

中专生："我看中专学的那些技术跟不上社会了，就不停地学，一开始到处找人修电脑，最后自己学着修。慢慢地再学电脑软件程序开发，开发网站，又发现网站搞的人太多，也不挣钱，最后干脆搞游戏开发。"

甲："你对英语不懂，数据理论也不会，一个中专生怎么能学到这么高的水平？你的脑子太聪明了。"

中专生："我不聪明，我只是一点点开始做，慢慢地就懂了。在这个社会，只有不停地学习才能跟上社会，不然就被社会淘汰了，我开始也不想学，但是不停地观察社会，别人有的我有，别人没有的我也有，就是学习最先进的经验，在社会中才不会被淘汰。"

甲："那你是怎么学的？"

中专生："在工作中学，在生活中学，处处学，学习就是竞争力。"

演练师说："这是创新，不断地创新就是最强的竞争力。对于各行各业来说，只有创新，才能超过别人，创新就是把未来社会最急需的东西、人家没有的，自己能创新出来，这样，产品新、技术新、服务新、价格低、效能高，当然能满足人们的需求，所以说，拥有了创新力就拥有了竞争力。"

几个青年看过之后，感慨地说："我们青年人要不断地学习、不断地更新技术，才能有竞争力。"

乙青年："但是现在社会上，有些人发现谁比自己强，就把谁诋毁，搞歪门邪道来陷害。"

演练师："这种恶意的竞争不是毁别人，真正毁灭的是自己，社会上有些人有一个陋习，看别人比自己好就不服、就嫉妒，就毁掉别人，这样能满足他一时的好强心理，对于这种毁掉别人的人，最后都是搬石头砸自己的脚，总有一天会自食其果。"

总结：竞争力是综合素质能力的体现，竞争力需要道德、学习力、创新，要不停地提升综合能力。竞争力在创新力、学习力、谦虚力等各方面能力的形成过程中自然就形成了。自己再差、各方面再不行，只要扎扎实实地拥有一点特色，就拥有了强大的竞争力。竞争力不在于基础的好与坏、家庭关系的好与坏、经济的多与少、支持的多与少，而在于自己的德行，抓住一点特色，用自己的道德、用创新去适应社会。

【竞争力的培养模式】

第一有强烈的竞争欲。不仅树立竞争观念、竞争思想，更主要的是形成强烈的竞争心志。即使自身再差、再弱，环境再恶劣，也要敢于竞争、勇于竞争，真正做到活着就是竞争，竞争必然胜利，形成一个坚固的思想意识，融于自己的每一言、每一行，融于生活的每一分钟里。

第二要做到家事、国事、天下事，事事关心。把握社会的动态，超前社会的步伐，事情还没发生，自己心里早有计划，早已做好行动的准备，竞争洪流到来时，就会像巨龙一样驾着波浪游刃有余。

第三即使在事业、人际中失败得惨不忍睹，也不能泄气，要分析情况、总结经验、积聚力量，东山再起。世上没有竞争的失败，只有暂时打不过对方。无论什么情况，必胜的信心不能倒，坚忍的精神不可弱，只要有一口气，在竞争的洪流中，打败不了第一个对手，也能击败第二个、第三个对手。

第四在强烈的竞争中，首先要把生活调理好，不但有“坚不可摧”的心志，而且要有精力旺盛的身体。学会联系他人，建立统一战线，在建立统一战线时，防止别人的坑蒙拐骗，要学会在刀山上走路如平地，在火海中行走如顺水。要灵活机智，踩着这个人的肩膀，拽着那个人的头发，步步高升(当然把别人的肩膀踩脏了，头拽伤了，要给予加倍的补偿)。

第五要掌握超前的科技手段，如网络、通信，在信息社会里收集信息，利用信息，使信息为自己增添强大的生产力。

第六要学会利用平凡人的手为自己建长城，但小心孟姜女的眼泪。这就要求不仅要开发自己的头脑，更重要的是会开发人民群众的智慧、能源为自己的火炉增柴加炭。

第七分析国际形势，利用国家政策，把国家的上层建筑当成自己遮风挡雨的大厦。这就要求一个人不仅要研究经济、科技、信息市场，而且要研究政治，把政治、文化、科技、经济、人际融成一个活生生的体系，利用现代管理的权变论大胆决策，开拓进取。

总之，要学会把老虎斗倒，就要先从斗倒猫开始，然后随着力量的增大、技能的提高，就会骑在老虎身上，使老虎变成温顺的猫。

【竞争力的巩固模式】

认清自己的特色和目标→分清社会的主流、优点→认真学习先进经验→不断地提高自己，自己哪方面不行就提高哪方面，扎实地做好手边事，步步为营→用创新的精神开拓，激发自己的潜能→从小事做起，融于自己的工作当中→拥有竞争力。

九

一点决定力
——一点决定成败，一点决定全盘

★【目的】

世间的任何事物往往都是差一点或多一点，这一点决定整个事物发展，这就要求职工做事把握量变到质变，因为差一点就发生不了质变，任何事抓住重点，就能全盘突破，每件事多做一点，就能由失败变成功……抓住了一点，不但从烦琐中解脱出来，而且还能轻松、愉快、简单地做成事。

★【存在问题及解决办法】

为什么泰山难移、本性难改，但只要变换那一点思维和方法，就会发生神奇的变化？每个人都有一个最大的不足，傲的人只要谦虚一点儿，这个人就神奇了，否则就是废人。急的人只要慢一点儿，就厉害了，就是抓住一点点看不见的思维方法和一个实体的行动。

为什么倒霉的人总是倒霉，运气的人总是运气？就是运气的人抓住了一点思维，所有的倒霉全都变成了运气。例如，有些人呆呆傻傻的，靠着别人就被别人欺负，只需要变化那一点点思维：沉默，脸绷着。其实，势利人都胆小,面对强大的敌人,只要你不要命,先镇住自己,就抓住这一点,任何敌人都吓跑了。这就是说,人三分怕老虎,老虎七分怕人,别看它是一只老虎,其实见到人就吓跑了,如果人一被它吓倒了,就这一点点,这个人就完蛋了。

为什么那些厉害的人聪明绝顶、有无限的潜能?就是被逼到绝境,一想拼了,就是那一点点。人啊!只要抓住那一点变换思维和那一点决定力度,即使再差的人也会变得神奇无比!

为什么几乎所有的人天天想钱,却没有钱?就抓住一点点,财富就源源不断。很多勤劳、智慧的人,他们两手空空,一会儿逮鱼卖,一会儿割草卖,一会儿拾破烂卖,一会儿捡石头卖,一天到晚想点子问自己要钱,到处是钱。很多有钱的人,就是大胆投资这一点,借用银行的大钱使自己富足起来。

为什么多数人一失败就认为自己完蛋了,而有的人故意找失败、找困难、找倒霉的事?一般人一遇到失败,就躲、怕、看眼前;而那些聪明的人就去找倒霉的事、别人不愿意干的事、恶心人的事,他知道眼前倒霉,背后都是大运气,所以,别人越不干的事他越干,就像黑夜黑到一定程度,拼了命冲下去,美好的黎明就会到来。他能坚持到底,而别人就退到白天去了。自古以来,那些英雄越遇挫折心越勇,越失败越高兴,越倒霉越能看到光明、越能活下去,越困境越成功。越聪明的人故意找失败,他就越有大的成就,而多数人只想成功,越想成功就越成功不了。比如,有些帅哥光想找美女说话,美女根本就不理他,但是只要抓住一点点,美女就自动找他了,那一点是什么?就是树立起男人的气派,女人一有感觉,就会自动地追了。

为什么有的人觉得世间处处都是烦恼、痛苦?而有的人不管再苦、再烦,他也感觉不到,反而感觉甜蜜、幸福?其实就是抓住一点点,世间就没有痛苦和烦恼,一切都是快乐和幸福的。即使拿刀在身上割肉,痛苦死了,嘴上还说"呀,我幸福无比!"任何事就抓住关键的一点,人永远幸福。

为什么世上难事、烦事、急事、乱事,多数人不管怎么做都做不成,想快反而越慢,但是有的人一做事就最快、最好?就差那一点点。就是做任何事拼命去找问题想办法,冲下去,精益求精,各方面都很厉害。

为什么多数人总是走不出痛苦、总是自我呢?自己把自己害得好苦呀!还怪天、怪地、怪别人,找这个原因那个借口,而有的人始终快乐,哪怕人家把他整死了,像程咬金,即使在牢里也很厉害,不管走到哪里都是爽快人、幸福人,因为他不按常规去找外界的原因,就是一点:让自己死去吧!而使自己强大起来,比平常人多想一点就变成杰出的人。

为什么任何事多想一点、多做一点、多努力一点,就成为奇迹,少那一点就是平凡呢?世界的秘密是任何事都有一个度,达到那个度就是成功,超过那个度,或者达不到就是失败,往往就是一点。所以,任何事往往就是差一点导致失败,多那一点,达到那个度,就是成功,不管是人际、事业或者爱情都是这样。怎样抓住那一点就抓住事物的本质?例如,人在困境中,抓住一点就是成功,就能把失败的事、倒霉的事转化成运气,这就是事物的本质,人抓住这一点就能操纵事物发展的趋向。

为什么很多厉害的人,不管做什么,尤其在创业中没有钱、国家政策不容、精力不容、自己的智慧不容、人际关系不容、社会条件不容,处处都不可能的困境中,只要做,任何事必成,他必富?就是一个公式:置自己于死地(即把自己放在世界上最差、最臭的位置,把自己的潜能激发出来)+抓住一个目标+炒作(哪方面不行进攻哪方面)+拼到底(无论如何,只要还有一口气就拼到底,找困难、找倒霉、找人家逆反的时候拼到底,创业必成)。

在人际中,遇到别人光找自己的事,如果自己越生气、越找别人的不对,把别人当成可恶的"敌人",别人就越会整自己,自己更让人瞧不起,如果你能在瞬间抓住那一点,就是自己整自己,即自己是自己最大的敌人,整自己的愤怒、要面子,这些坏事就能使自己腾飞起来,别人就会被自己甩到千里之外;如果自己有丢人的方面,只要抓住一点婉转的思维,幽默地向自己笑,化干戈为玉帛,化丢人为体面。人际的沟通就多那一点或少那一点,如果没有把握这个度,就弄糟了,要掌握火候,就是掌握那一点。在战争失败中,只要前进那一点,再坚持那一点,大败就变成了大的成功。为什么抓住一点就能抓住全面?因为只要抓住问题的灵魂、实质,全力地攻破那一点,大胆狂想最好,然后轻松地一转,不懂的学习社会上有关厉害的人,比如说,自己失败了,找厉害的人借用,变成自己的力量,这样就抓住了全局。

千里之堤,毁于蚁穴,世上的事往往就是抓住那一点,就能决定全盘,只要破开一点,就能打败敌人的千军万马。一点是指突破口,一点是指重点,一点是指本质的东西，一点是最难的，一点是关键，一点是思维方法，对于当代独生子女来说，怎样抓住这“一点”呢？

★【艺术突破口】

一、用加加法、减减法。加加法就是把自己想做的事用自己的智慧、借助别人的力量，一步一步地在努力中增添，就能把自己心里的想法变成现实，心想事成。减减法，遇到可怕的、不会的、难的、恐惧的、不可能的事，好像剥洋葱一样，一层一层地剥，困难一点一点地化小，慢慢地就被减没了，人生什么都好。

二、任何事抓住要害，即关键点、重点，甚至难点，怎么全力以赴突破。

三、做人、做事学会多一点（多努力一点、多坚持一点），简单一点（省去次要矛盾，不追求完美）。

★【艺术实训过程】

实训一

怎样把烦、苦、累、难的工作变得轻松、愉快、简单呢？

几个青年对实训师说：“我们现在什么都不会做，领导布置的任务太多、太繁、太难了，我们怎样解决这个问题？”

大师端来一条鱼，身上滑滑的，问大家：“谁能把它提起来？”

鱼的身上太滑，谁都提不起来。

只见大师抓住鱼嘴，顺手提起来了，说：“其实，多、繁、难的工作就像这条鱼，让人摸不着头绪，不知道怎么办？遇到问题就是抓住那一点，找方法，先有目标，把困难化小，然后融进快乐，借助其他力量，慢慢地做，抓住工作的突破口，任何工作都是轻松、愉快、简单的。”

总结：尤其在当今激烈竞争的社会环境中，烦、累、精力不够，但只要抓住一点本质，即重点、难点，全力达到那个度，世上没有解决不了的事，人人都快乐幸福，人人都能由不行变行，这就是一点决定力。

实训二

创业就是抓住一点

几个大学生在一起讨论："到处找工作，给别人打工不可靠，还不如自己当老板。"

几个青年说："哎！创业更难，方方面面的事太多，哪一方面做得不好就败了。"

另一个青年甲说："为什么那些厉害的人没有讲这个条件、那个原因呢？自古创业成富翁的人，一开始都是没有关系、没有钱，也没有本领，国家政策、社会环境各方面都不容许，为什么最后能当成富翁呢？"

旁边有人说："可能人家就有那一点点拼到底的信心和勇气，头脑不停地变着拼下去！"

实训师过来说："在厉害人的眼里，不管做什么都是成功的，就抓住那一点，他们搞企业，就是抓住自己特色的一点，亮出世界；而许多人想抓这个，又想抓那个，浪费了人力、精力、财力、时间，最后还败下去，为什么不亮那一点呢？如果抓住那一点，小小的蚊子能斗倒庞大的狮子，蚊子就是直叮狮子的脸，刺得狮子痛，最后斗倒了大狮子。"

这一群青年感慨道："噢！创业那么难、头绪那么多、令人精力疲惫、缺这、缺那，只要抓住灵魂的一点，攻破那一点，坚持到底，事业就会大成！"

实训三

有个青年上班时，这边要打电话，那边有人喊，做饭的锅又开了，有几个人又要找他说话，还有几个人在吵闹，他还要想着怎么迎接马上到来的客人，还要完成一个重大的项目，这六七件事同时出现，他竟然在瞬间做得很好，尤其创新神奇的效果，他是怎么做的呢？

他做事的思维过程：抓住突破口的一点，先动手有条理地做，接电话的时候想着怎么回答，回答的时候想着怎么接待客人，接待客人的时候，想着怎么用肢体语言暗示那些人不要吵架，最后在瞬间冒出一个重大成果，集中精力、潜能开发，一下创新出重大成果来。这在一般人看来是不可思议的事，但是这个厉害的青年平时做事都是这样，别人认为他是发散性思维、知识多、脑子灵，其实，在平时的生活中，一方面他是发散性思维，另一方面是有条不紊地抓住一点，这一点就是按顺序，有条理，各种事情都有共同的一点，找出捷径，一下全都做出来了。

其实，接电话、谈判以及发明，这些思维的实质是一样的，同时打破，好像一枪打三只鸟这么神奇。

第一方面，他平时就练思维的敏捷度，训练发散性思维，同时做几件事情，比如弹琴，又要唱歌，这需要耳朵听，又要眼睛看谱子，既要用脚打拍子，手还要按琴键。

第二方面，就是练动脑，一般人不想动脑、懒，经常怎么练动脑的思维？通过各种方式，从各方面的小事练头脑敏捷、思维快、聪明。

第三方面，怎样同时把多种事情做得有条不紊，而且出现奇迹？这个最难，就是找出事情一点的突破口，抓住共同的一点，做那些事感到劳累的时候，瞬间利用重大发明来调节自己，那些劳累一下就转向自己的发明，神奇就出现了。就好像在自己劳累的时候，一下创造出乐谱，把自己的劳累一下转化成乐谱，既能休息好，乐谱又谱得好。做任何事都是抓住一点，重大的事、难的事都化解了，如果遇到不会的事，就是抓住一点去做，这就是某科学家说的：给我一个支点，我就能撬动地球。

★【一点决定力的巩固模式】

一、任何事抓住关键→集中力量突破一点→形成做事简单、效率高、结果好的行动习惯。

二、任何事多努力一点→就能转败为胜（逆反常人不愿做的事，逆反常人的思维，大胆前进一点，就能出现奇迹）。

十

心理信息地图破译
——怎样才能心想事成?

题记:

※世界上的一切问题,只要自己听说过,不知不觉就神奇地解决了。

※为什么越困难、越繁杂的事,自己越能做得最卓越?

※为什么有的人说什么时候得到多少财富就肯定能得到?说过的话不知怎么回事就做到了?

【存在问题】

为什么有许多神奇的人,只要别人在他身边提到什么问题,或者他想做什么事,不管事情再多、再烦、再不可能,他不知不觉地就把所有的问题全都化解了。他最神奇的地方就是许多问题不需要费事,自动化解,这些事是常人费事、费力都不可能化解的问题,多、杂、烦的事,你看他忙不过来,但是他能潜意识地记住,悄悄地一件一件全都做出来。

现在职工存在的问题:A. 做了这件事就忘了那件事,B. 同时做几件事就乱了,C. 做了这个月的事就忘了上个月的事,D. 一遇事就被问题吓倒了,不知道去解决这些问题。怎样使他们不管是千件事、万件事都能自动地化解、自动地做出来?尤其是在社会不断变化的今天,有的时候在工作中,其他人没有事故意给你找事，到处捣乱你，你怎样在各种捣乱、各种问题出现的情况下能把事情做得最好、最优秀？这就是心里有了一张神奇的地图，就好像骑上了一匹神圣的骏马，不管千难万险都能冲过去。

★【原因】

对于那些厉害的人，他再忙、再乱、再烦，只要是他遇到的问题或别人提到的问题，他把好事记在心里，差事也记在心里，大大小小的事排成地图，他不需要刻意去想怎样解决，也不需要怎样努力，随着做其他事，一遇到相应问题的解决办法，问题自动就化解了。这就好像打台球一样，要打这个球，无意中把其他球一碰，几个球都进了。解决这些问题对常人来说是费劲费力解决不了的，对他来说是给他增添效率，增添快乐，更增添智慧。这个自动化解的秘密图，是怎么形成的呢？

例如，某个有成就的人回忆，他小时候听别人说外语好、法律好，他自己当时也不知道什么是外语、法律，不知不觉长大后外语、法律真成高手了。有的时候听别人吹笛子，那么好听，竟然后来他吹的笛子好似高山流水。别人说他说话不婉转，以后他说话好似山间的清泉围绕青山转，那么婉转。对他好的问题，他不知不觉随着时光就得到，对他不利的或者其他问题，自然就解决了。别人说他是个天才。

他说："其实我很笨，但是别人说过的问题，就长在我的心里，心里就好像一张大白纸，问题都排在上面，需要什么机遇，当时就动脑，把问题要求的解决办法记忆在潜意识里，等到做其他事的时候，一遇到合适的机遇，那些问题自动就化解了，难的问题解决了，想得到的得到了，这就是秘密。"

别人一听，说太神了。他说这没什么，把世间不管千个、万个、亿个问题都放到心里，好像打鱼的人的渔网一样，拽一下所有的鱼都捞上来了，所有的问题就像程序，就是说人牵着事情走，不管多少事、多乱、多难、多不可能，时时刻刻用头脑、用心把事情抓在手里，有条理、有顺序，还又简单轻松。

那我们一般人为什么做不成事呢？

一般人把与自己无关的事不放在心上，不热爱事，对自己有利的事他记着，当时做就做，做不成就算了，不想用心记，解决不了就怕，怕就扔了，以后也就想不起来。所以他事情一多，就感觉眼前到处都是苍蝇，或者身上到处都是痒痒疙瘩，感觉头痛、心烦，别人一说，他就气得更乱，事牵着人走，心里杂乱无章，头脑好像痴呆一般，遇到事情又怕，不去潜意识地积极主动解决，导致眼前的事做不好就扔了，以后再提起这件事，他一听就怕，怕的原因是对于好的事得不到就自卑，差的事就恐惧，所以他心里也就没有这样的大地图。

自古以来，凡是做成事、有成就的人，都有这个有心理破译大地图。凡是劳累、痛苦、没有成就的人，其实心里早就失去了这张地图。

地图的实质秘密就是各种能力的综合体现。第一，热爱力，当你遇到任何问题，潜意识地热爱它，在心里落下深深的印，也就是符号。第二，超强的记忆力，能把事情记在心里。第三，组织思维协调力，把所有问题有条不紊地排在心里。第四，积极自动自发解决。第五，一览众山小，重点突破，其他化解，也就是自动解决问题的能力，所有问题能抓住主要矛盾，其他问题全部化解。第六，把世界上难、烦、累的事，能化成轻松、简单、愉快，所有又像一团乱麻，又乱又烦，自己能理出头绪，像呼风唤雨的人一样，在天地之间两手一挥，所有天地风雨都随着自己变。第七，热爱困难力，别人说一个问题或自己遇到的问题，能倾心听、接受甚至热爱，接受别人的批评，这个问题就潜意识地印在心里，潜意识地寻找方法。而一般人一听别人的批评，头就痛，这个问题也不想往心里去；另一方面，因为讨厌别人的批评，也不想办法解决，所以导致怕困难、躲困难。而厉害的人是虚心接受，主动寻找困难、热爱困难、热爱别人的批评，别人一批评就找出问题，以后潜意识中就把问题解决了。第八，有责任心，不关自己的事也能热爱别人，热爱世界，热爱人类，他有同情心，导致他有同理心，因为世界的道理都是相通的，他帮助别人其实在帮助自己，他关心别人，其实事事在关心自己。

当自己的知识多了，经验多了，自己的方法都实践过了，他什么都会做了，在他面前原来那些化解不了的问题现在都化解了。当知识、阅历达到一定程度的时候，世界所有不相通的事都通了，他做一件事，其他事自动都会做了，也就是以前解决不了的问题，现在那些问题自动就化解了，心里所想的愿望就实现了，所不理解的困惑自动就烟消云散了。也就是说，当所有问题相通的时候，都有一个相似的解决办法，当相似的解决办法在头脑中形成以后，自动问题就解决了。在21世纪，没有这种心理的人，是难以在社会上生存的，而一般人遇到事怕、恐惧、躲、没有热爱力，只顾做眼前，其他事不管，被事牵着走，心里压力大、恐惧，自己累得好可怜，好像陷到事情的旋涡中，别人帮他拔，他死活往下陷，在竞争的环境中，自己把自己折磨、摧残甚至把自己害死。

【目的】

21世纪，全球一体化，人口越来越多，在各行各业竞争非常激烈的环境下，每个人都要成为英雄，成不了英雄就是废人。那怎样成为英雄？在烦、杂、难的竞争环境里，自己能把所有的问题、不可能、难的、怕的势如破竹，一挥而就。针对当前青年职工，遇到问题只看眼前，问题一多自己就怕、推，心里所想的得不到，自己身上的不足又改不掉，导致自己在劳累、痛苦中做不成事。如果有了心理地图，潜意识地把所遇到的问题、方方面面的困难、未来的不可能都安在心里，不知不觉中不用费时、不用费脑，自动化解。有这样的本领，才能在社会中生存得幸福，也就是说在当今社会中，按常人的思维做事，什么事都难做成，只有人控制客观规律，把握世界的方方面面，困难，痛苦，不可想、难、坏、差的事才能自动化解，才能在社会上鹏程万里，幸福无比。

在当今竞争的社会中，当自己眼前正做事的时候，突然其他的事像暴风雨一样袭来，怎样面对这些不断袭来的各种问题和矛盾？要想迅速化解，这就需要心里掌握神秘的大地图，自动有程序地按方法把所有眼前的问题、过去的问题以及未来不断出现的问题自动、简单、轻松地化解。

【艺术突破口】

一、哪方面怕就进攻哪方面，怕做哪方面的事就偏偏要热爱，要积极主动化解，就好像一个人不愿吃那种药，但那药能治身上的很多病，他就要喜欢去吃，身上的疾病自然就化解了。也就是说对于这种人，在他面前没有困难、没有痛苦、没有可怕的事，因为他积极主动寻找困难，别人不愿做的，他偏偏强迫自己做。这个能力要从小的不愿做的事慢慢磨炼，再磨炼大的不愿做的事或者恐惧的事，时间长了，自然就去找困难，找可怕的事勇敢面对。

二、处处是矛盾，同时几件烦事怎样化解。甲、乙、丙三件事，做甲就毁了乙，做乙就毁了丙，总是有一个做不成，但是这三件事怎样同时做成？尤其是两件事本身就互相矛盾，有甲就无乙，成甲就败乙，怎样两件都成呢？这种不可能的事怎样同时化解呢？

这个问题往往出在一个人身上。例如公关，你对一个人好了，他多疑，怀疑你对他有目的，离你远远的；你对他一般、冷淡了，事情又办不成，时机马上错过。就是那个瞬间，你怎样把这两个矛盾同时化解呢？这就是利用他的自身的矛盾化解矛盾，这些事的一个程序、顺序问题，一个借助外界力量的问题，最主要的本身解决的问题。例如公关，就是利用他多疑的心理，当时再利用另一个陌生人，拿他的矛戳他的盾，如“今天这个事确实很仓促，但是就这个时机，你看对你最坏处是什么？”消除他的多疑和陌生，他保守，鼓励他“你这么开明，社会都什么程度了”，借助社会的形势发展让他知道社会形势，让他醒悟自己过去的错，这样公关就成了，这几个问题都解决了。公关的时候，你和他近他就跑，你和他远，时机又错过，对这种又保守又胆小的人怎么公关？就是利用他的自身矛盾，按照程序、顺序，对他行为刺激，借助各种力量，问题自动就化解了。

在社会中很多问题千头万绪，互相矛盾，错综复杂。而对于厉害的人，往往是损失一件事其他事都能做得很好，损失了这件事，马上回过来再弥补，就好像五个人进攻敌人，故意把一个人的腿剁下来吸引敌人，把敌人消灭后，用资金把这个人养起来，也就是这个道理。

三、只要能形成心理地图问题自动化解的人，对世间任何关不关于自己的事、喜不喜欢的事都追根到底，问个水落石出，一开始可能追究感觉比较繁杂，慢慢就能潜意识地追根到底，这个思维导致对许多事追根到底，水落石出了，其他事不用看就知道根源，因为世界的道理都是相通的，事物的规律也是相通的。

怎样对任何事都能追根到底、水落石出呢？就是对于平时生活中细节的小事，别人说的那句话自己不理解，一定要想办法，在生活中悄悄地琢磨，自己琢磨不出来，求教别人、查资料、上网查，当时这个问题解决不了，就留在心里潜意识地实践体会，突然在某一个瞬间这个问题就解决了。这就是心理问题图自动化解的关键所在，对世间任何问题，一定要弄个水落石出，自动想办法问题就化解了。

四、逆反常人的思维，逆反世界的规律，狂想幻想，就好像把地球变成一个小球，放到自己嘴里。虽然这个问题想得可笑，但是潜意识给自己一些力量，积极主动想，地球怎么变成小球，自己虽然眼前做不到，但是以后就能飞到太空上，看这个地球就是一颗小球，或者把地球变成一块月饼，放到自己嘴里，做成一幅漫画。这些虽然不能实现，但是拓宽了自己的思维，扩大了自己的心胸。自古那些成就大业的、做出非凡奇迹的人，无不是狂想，逆反常人的思维，打破自己，打破世界，使自己成功的，这就是科学家创新的头脑风暴思维。

五、对于任何事，都要有一种拼劲，拿命拼，做不成誓不罢休，不管千难万险，上，这就是力度，有了这种火山爆发的力度，什么事情都能做成。

青年人："那这个怎么实训呢？我们青年人小事瞧不起，认为无所谓、不值得做，大事想去做，但总是做不成功。"

实训师："要做到这一点，就要拿自己的同类人来比，想着别人的优点，为什么自己不如他？尤其是拿比自己差的人来比，他很多方面比我差，但这方面比我强，我能服输吗？这种内在不服气的潜能就爆发出来，自己就把别人的优点学来了，慢慢把世界上最好的本专业的信息学来。最好的人的优点怎样偷偷学来？自己潜意识中一定要超过他，夜里想着怎么超过，白天也想着做事怎么超过，做事的时候就有一股冲天的干劲，时机一成熟，自己就成第一了。这就是有目标，心里有不服气的激情。自古以来那些英雄人物都是被逼出来的，他没有退路，感觉自己不拼就是窝囊死，拼了是爽快死，或许拼了还有一丝希望，他这一拼就成功。这就是拼的力度，就是火热般的行动，把自己的潜能都爆发出来，所有的力量就好像集中到剑尖上，所有的阻碍都能打破。有的时候，想着自己在社会竞争中没有退路，自己再不拼就是死路一条，就被人踩在脚底窝囊死，人活一口气，这口气爆发出来就是拼。对于那些懒、怕的人，越想那些可怕的事就越害怕，破罐子破摔，像泄了气的皮球就不敢做了，那怎么办呢？

这种人别人说自己不行，或者在社会上碰壁了，自己就如泄了气的皮球，怎么都不行。对这种人实训他的勇气拼劲，从他最喜欢的小事入手。比如，他喜欢打游戏，把打游戏那种成功的拼劲，转化到吃西瓜跟别人争、拼一下，然后再练练加一点难度的，这里面主要是自己给自己鼓励。但是另一方面，如果自己太傲了，就进行碰壁刺激。”

【艺术实训过程】

实训一

多种烦、杂、乱的困难和问题怎样轻松、快速地解决

某办公室一位姑娘说：“烦死了这么多事，一会儿让我做这个事，一会儿做那个，我怎么做？”她磨磨蹭蹭，一天也没做出什么成绩。另一个女职工，领导给她布置很多任务，她不吱声，就是笑眯眯地扎扎实实一点一点把这些事做得非常优秀。你问她累吗？她肯定说不累而且还感觉快乐，而那位姑娘什么事都没做出来，你问她累吗？她肯定说累死了，心里好难受。

实训师过来，让他们做一件事。

目的：烧水泡茶喝。

存在的问题：买茶叶，洗茶壶，洗茶杯，放茶叶，烧水。

过程：甲先买茶叶，然后回来洗茶壶，洗茶杯，把茶叶放到杯子里，最后把水放到炉子上烧，坐在那里等，水开了，然后泡茶喝，统计整个过程所用的时间。

乙先洗茶壶，放到炉子上烧水，然后买茶叶，回来洗茶杯，洗完之后，放茶叶，刚好水开了，直接泡茶喝。他这个过程用了多长时间。

对比这两个人做事的过程、做事的时间，教你一种统筹的方法，用最短

的时间把事情做得最好。

（演示告诉你）第一步，同时多种问题存在，头脑动一动，先做什么，怎样用一种方法快速、高效地都轻松做出来，也就是先想一想顺序或者分析哪些问题是主要的。第二步，大胆着手去做，什么不想一点一点做，自然就快速成功了。

总结：对于乙，他很多问题都快乐地放到心里，自己扎实做好手边事，解决也就是卡耐基所说的成功的秘诀就是做好手边事。解决问题像剥洋葱一样，一层一层地剥，问题就解决了，时间长了形成了这种思维，问题就一点一点解决了。对于一般青年，一遇到杂、乱、矛盾多的事，感觉时间紧，任务重，自己做不出来，自己就乱了；而对于那些厉害的人，想着世上再难的事都有解决办法，一万件难的事总有一万零一个解决办法，然后把这些问题列在心里，用决策表想想怎么做，最后扎实拼。

实训二

每个人心中都有一张解决世界一切难题的神奇地图

一群青年说："人活着这么难，好累、好苦呀！从小到大有父母养着，什么都不用愁。而现在爱情难、事业难、人际难，做什么难上难，到底怎么办呢？你看我一到单位，事情这么多，我实在受不了，就好像一做事身边到处都是苍蝇围着自己，蚊子来叮，老鼠在身上爬，弄得自己全身恶心。"

实训师过来笑了笑说："真是这么难吗？"

（请看屏幕）：自古以来无数成就大业的人，都是困难、逆境成就了他们，他们遇到的都是常人遇不到的困难，遇不到的烦、杂、压力。

请看一名民办学校的大企业家：在20世纪80年代他说要办大学，别人都感觉可笑，那是异想天开。他要钱没钱，要人没人，走到哪里别人都笑话他，而如今为什么他成功了？就是因为他心里有一股冲劲。第一，哪方面不行就偏偏往哪方面上；第二，他想到任何事，他就一干到底，天不怕，地不怕，只要自己找到问题拼下去就行，在错综复杂的社会中，处处都是阻拦，处处都好像苍蝇、蚊子、老鼠甚至恶狼、猛虎来咬自己，他就开始整合，千难万难的难事排列成心里的地图，自然一步一步解决，借助别人的力量，借助社会的力量,在做的时候势如破竹,他两手空空在千难万险中为国家创造了几个亿,创造的几个亿的原因是什么呢？就是心理地图的神奇化解。

自古以来无数的元帅将军,他们做任何事都是这样的。而对于常人来说,一遇到困难就是怕、推,一遇到问题就是躲,遇到什么事只看眼前,不知道难事背后蕴涵着更大的运气,导致做了这件事,忘了那件事,自己一个人被千万件难事牵着走,好像被五马分尸,心碎了,身体疲惫了,这样好可怜、好悲惨的人能做成事吗？

而对于那些心里有大地图的人,不管千件、万件难事,都掌握在他的手中,手一挥,天地都听他的,他潜意识中不知不觉凭他的拼劲,所有的问题就化解了。尤其他想什么就能做成什么,在他面前没有困难,坏事是更好的事,倒霉是更大的运气。

实训师:“看过以后,你有什么想法呢？”

小伙子:“我们有什么想法？那些人天生就是这样,他们是厉害的人,我们普通的人只要能挣口饭吃,能养活父母就很好了。”

实训师:“在这个社会能挣口饭,能保住事业和爱情,自己也必须是英雄。就是做平凡人,也要有各方面的本领,心里还要有这个能神奇化解困难的地图。”

小伙子:“那怎样才能有呢？”

实训师:“这是一个人的综合能力的体现。第一步,哪方面怕的事就故意攻哪方面,故意找困难,故意和自己过不去。那些厉害的人见到一件难事,“啪”手一挥就做成了,那种气度气壮山河,只要拼干,拿下！”

小伙子:“我们没有这个力度。”

实训师:“从小事开始,就好像让你倒杯水。”

小伙子:“这个简单。”

实训师:“对,把这个当成大问题,不管怎么样手一挥,拿下。这就是世上没有大的难事,大难事都是由细小的难事组成的,如果把大难事化解成小的碎事,世上就没有难事了。”

小伙子:“噢！懂了。”

实训师:“第二步,做任何事要问为什么,要追根求源,水落石出,这样无意之中把世界上的所有问题就安在心里，急切渴求解决方法。”

小伙子：“那不就烦死了，累死了！问问为什么公鸡不下蛋？为什么草在春天发芽？那人不就疯了。”

实训师：“这就需要长期锻炼，慢慢从小的问题，想着自己喜欢的事，尤其想和自己工作、生活、爱情三方面有关的。为什么工作做不好？为什么他批评我，这个问题出在哪里？为什么领导对自己生气？为什么女朋友最近对自己不太好？追根求源，慢慢这些方面自己就通了。并不是要求你去想月球上面为什么没有空气？喜马拉雅山为什么原来是深海而现在是高山？等到你慢慢注意身边的事、喜欢身边的事，也想注意这些问题了，自然在干中、学习中问题就化解了。

第三步，做任何事就是一干到底，无论如何，拿命拼到底，不管怎么样没有任何借口。”

小伙子：“我遇到问题，怎么做都做不出来。”

实训师：“做不了，退一步想想，从其他方面找原因，问题先放到那里，总有一天自动就化解了。真正会做事的人，当时就找出很多问题，马上解决这些问题，事情就做出来了，当然有些大的、难的事，当时做不出来就放到心里，等到知识多了、经历多了，其他事一感悟，自然就知道了。

最后一步，世界上的道理都是相通的，千难万难的事都是同一个病根，只要把一个做精了，其他都通了。”

实训师：“你看成功的人，为什么做什么成什么？有些青年却做什么败什么，你知道是什么原因吗？”

小伙子：“不知道。”

实训师：“做什么成什么，是要先做好一件事，这一件事哪怕是刷牙，怎样刷得干净，怎样省牙膏，怎样艺术，给别人看起来又爽又节省时间。把这方方面面用到打电脑上，怎样排版，怎样艺术，再用到人际关系中。所以世界的事，只要先做好一件事，解决方法、难点都通了，再用到其他事上，其他慢慢就都通了。”

小伙子：“那么多难的事，风牛马不相及的事，怎么通呢？”

实训师：“先做好一件事，其他相似的事潜移默化自然就会了，不相似的事再学习其他新的知识或者借助他人的力量，自然就化解了。”

★【后期巩固模式】

第一步，热爱世间的一切事（热爱生命的价值，热爱世界，就对世界处处关心，世界上的道理自然就到心里，好的吸取，不懂的已经在心中画了地图）。第二步，哪方面困难、哪方面可怕，就偏偏攻哪方面（只要是哪方面不行就攻哪方面，就好像一个水桶的底子，把漏洞补上去了，人成长最快、最神奇）。第三步，解决任何问题抓住程序、运筹的方法（任何事总会有解决办法，抓住主要矛盾或者是矛盾中的矛盾，这样能同时化解很多事，这就需要一种决策，不会的时候，最好拿出决策表，一步步怎么解决）。第四步，拿命拼到底（做任何事，拿命拼出个子丑寅卯来，慢慢从小事、生活中所关心的事练起，自然心里的大地图就形成了，自动也就化解了世界上的困难和问题）。

十一

超前观念的实施力

拿破仑·希尔说，观念决定命运。观念是每个人的导向，是做任何事的指挥棒，人的观念不同，做事方法不同，导致结果也不同。如今大多数人的观念陈旧、落后，不仅跟不上形势，往往与社会背道而驰，有的人再努力、再奋斗，能力再强，素质再强，为什么命运还那么惨呢？都是观念起作用，观念是人的灵魂，什么样的灵魂决定什么样的人。

对于一个单位来说，观念是生产力，观念决定这个单位的发展方向，决定它的领导方式、管理艺术、人际相处的方式。许多企业、单位利用人际分派斗争来平衡，就因为这一点点落后的观念，导致无数的企业失败。

每个人要生存，必须有超前的观念，每个单位要生存，必须有适应社会的观念，这就要求每个人都要具备新观念，打破旧传统，把超前的观念融于自己的工作中。

第一，从意识上重视观念，观念是人生的灵魂。如今社会要求的人才是:工作 = 观念 + 全能高素质 + 技能 + 文凭。文凭只是一个敲门砖、通行证，空洞的文凭越来越不起作用，技能是行业的要求，全能高素质是根本，观念就是活生生的灵魂，失去了灵魂还有工作吗？

第二，要逆反传统，逆反平常人的想法，打破常规。做任何事不能本本主义、经验主义，要以新科学、新思想、新方法创造、创新出新事物。

第三，要学习超前的意识。学习当代成功人士的观念，把这些融于自己的思想、灵魂中，使自己的领导方式、管理方式、人际方式都走在社会的前列。

第四，要把单位的观念彻底革命，不能按老一套的领导方式、人际方式、生产方式做事。要打破那种任人唯亲、以干部为后台、干工作靠关系、人浮于事的思想意识，要脚踏实地，实事求是，真正团结一心，拧成一股绳，使个人的潜能开发，集体的潜能爆发，使企业腾飞。

第五，每个人改变观念要从行动中一步一步地实施，长此以往，形成一种状态，在这种状态中使自己做任何事都有科学的明灯指引。

十二

逆反平庸力

科技时代，产品技术更新换代的速度加快，短时间内太多的事物都变成陈旧的，终将被淘汰。信息社会，更新速度快，一切的观念、心态、思维都要及时，否则你落后时代，甚至不能在这个时代很好地活下去。知识时代，一切知识又随着换代。在这个飞速发展的社会里，一切的一切都要随着社会快速旋转的轮子更新变换，而一般平庸的人观点落后，知识陈旧，捕捉不到新的信息，运用不了新的信息，他们中的一大批都将被淘汰，如果你在平庸的队伍中生存，就自然被社会遗弃。

平庸的人都是因为保守，保守是保护自己的旧思想、旧意识、旧观念，固守在一个井底里，使自己永远见不到外面的世界，在这个信息革新的时代，保守使自己隔离了世界。保守有多种方式：

第一种，无论做什么事，自己想怎么干就怎么干，不考虑科学，不考虑事物的发展，不考虑信息的传播，我行我素。好像闭门造车，如今出现了电脑车，他还造远古时代的木车，就是演电影也用不上这样的道具，他不但不知道自己的错，还叫骂世界不识他的货。这种人一辈子不相信科学，不相信他人，只是相信自己，使自己在一个阴暗的小窝里孤立无援，见不到外界的光芒，没有新思想，吃着窝里的米，呼吸自己喘出来的气，对任何人两眼无光，充满怀疑的彷徨，对谁都不相信，在时光的长河里，只能收获渺茫。改掉这种保守的办法是打破自己的小窝，把自己推向世界，烧毁自己的自私、胆小、多疑的观念，勇于学习新事物、新科学，逆反过去才能顺从未来，放弃过去才能拥有未来。

第二种是“痴呆症”。这里的痴呆症不是脑子有问题，而是思想有问题，做什么都以自我为中心，尤其以自我的感情为中心，不管做什么，都是别人的错，自己没有错。对待工作、人际，以自我的自私感情为指导，处处怕人侵犯他的利益，处处怕人害他，不敢跟陌生人说话，把自己变成了惊弓之鸟，这样哪有时间去搞事业呢？这种人在经济上穷困潦倒，还时常骂“开放”的人可笑，他们认为开放只是男女的性开放，岂不知自己因为保守而胆小，胆子越小别人越欺，越自私越得不到私，越想跟别人交往，别人越拆他的台。这种人形成了一种嫉妒病，处处发坏，以别人倒霉为幸福，以别人倒霉引来快感，天天笑话别人，打击别人，以此从中取乐。改掉这种毛病的方法是忘掉自己成就一切，取人之长补自己之短，每天要把自己当成强大的敌人狠狠地刺几刀。

第三种，人浮于事、虚伪、从众。这种人处处以大家为标准，人家怎么办他就怎么办，却不知社会每天前进一步，他还是原地踏步，别人落后完蛋，他也随之完蛋，这种人改掉保守的毛病就是逆反平常人。

第四种，怕变，认为一旦变了自己就有很多危险，从而产生恐惧的心理。为了维护眼前的状态，这种人怕新事物、新观念，不但自己处处打击、反对新事物、新科学，还要联合亲朋以及自己的同事、关系网团结抗新，以死相拼，改掉这种人保守的毛病就是创新、创造。

第五种是因为懒惰、要面子而引起的保守。这种人饭都吃不上，还要打肿脸充胖子，下岗了不愿做差、脏、累的活，心中天天想着上天会送金元宝，终日关起门来睡在床上，张着嘴等着天上掉馅饼，天上掉不下来馅饼，掉下来的是灰泥块。这种人懒得动弹，还想吃好的，出门还要坐出租车，有时还想吸大烟，今朝有酒今朝醉，花得一文钱都不剩，逼父母、坑亲朋、害兄弟、骗外人，导致度日如年，每时都有牢狱之灾。可笑的是有的人不怕坐牢，为了眼前的满足，等会儿死了也不顾，这种人要改掉保守，改掉犯罪，必须重新做人，勤劳拼搏，以艰苦为乐，学一门高超的技术，浪子回头。

其实每个人多多少少都有保守病，要打破保守，开放自己，就必须把自己融于世界，融于社会，在拼搏的创造中才能使自己存在，在大公无私的思想光辉中才有自己的倩影。可惜的是，如今99%的人多多少少都自私，自私是保守的根源，要消除保守，就要消除自私，为别人活才是真正的活，才有意义，越是固守自己，越是宰杀自己，越是固守过去，越难拥有现在。那怎样才能适应社会、超前社会呢？

第一，要逆反平庸人的一切观念、思维、想法、做法。如平庸的人自私、势利，你就要无私、超前。平庸人自卑消沉，你就要奋起向前。平庸人怕困难、躲困难，你就要寻找困难、寻找痛苦。平庸人感情用事，做任何事坚持不到底，你就要科学用事，做任何事选定目标，大胆策划，只要有一口气，也要坚持到底……

第二，加强学习，抓住社会的每分每秒。处处是知识，处处是科学，处处是艺术，处处是经济，在现实中学，汲取大自然的美、社会的美和自我创造的美。

第三，学习平庸人的某些超前、适应社会的优点。把每个人的优点集于自己的身上，自己就成为光辉的人、亮丽的人、适应时代的新人，把大胆、创新融于自己的一切言行中，做到不决策不做事，不创造不做事，不创新不做事，最主要的是头脑风暴，大胆狂想，一想就有困难，一有困难就运筹天、时、地、空，借助别人的脑和手为自己服务，即把人家的鸡借来下几个金蛋。

第四，要挖掘社会前沿的信息，汲取人类超前的意识，聚集人类最新的科技融于自己的观念、思想、行动中，慢慢养成习惯。

第五，最重要的是逆反平庸人的思维，逆反平庸人的做法。这个思维的锻炼是按照平庸人的做法的相反方面去努力，重在这相反方面。如一般人做事向东，你就向西，一般人吃鱼，你就去吃肉。

第六，逆反平庸的最终目的是价值、效果，而不是一味追求相反，这就要求掌握度，掌握标准。这个度和标准就是科学、效率、适应社会，实现其最大的经济价值、艺术价值及社会价值。

第七，最主要的是学会放弃。放弃过去，未来才有落脚的地方，抛弃旧事物，才能让新事物在脑中、行动中立下根，放弃就要消灭自己的小气、啰唆。

第八，学习名人的偏执狂、英雄人物的超人激励、伟人的胆识，如要想有钱就必须胆有多大，钱就有多少、智就有多大，钱有多少、智高能力强，经济兴旺。

总之，自己逐渐磨炼，当逐步练成英雄时，自然也就形成了逆反平庸力。

十三

逆反性格弱点力

只要是人就有缺点，有一个优点就会相应带来一个缺点，有时，一个人的优点在某种场合下会成为这个人的缺点，那么，怎样才能逆反自己的性格弱点呢？

第一，要掌握自己的性格。把适应其环境所产生的科学性、价值性、艺术性、人际性作为衡量标准，这就是说，自己性格的弱点可能在某些环境中逆反当成优点。例如，直性子的人在某些狡猾的地方比谁都要委婉。反过来说，自己性格的优点也要在恶劣的环境中转化为对立面使其保持其优点。例如，心好的人在好的环境中当然得好报，在差的环境中要变成心狠甚至心坏，继续使其产生优越性。

第二，要有丰富的知识和阅历。

第三，要有高超的观察力，透过现象看本质。

第四，要时刻挑战自我，战胜自我。

第五，要学会与小人为伍。

总之，性格的弱点和优点要不断地在实践中磨炼和学习。

十四

矛盾的运作力

世界的本质是:事事是矛盾,时时是矛盾,矛盾组成了一切,没有矛盾,就没有一切,那么根本就不存在人。可许多人烦矛盾,怕矛盾,躲着矛盾,岂不知他是躲了一切,离开了世界,甚至没了自己。

例如,你现在没有感冒,可能已经包含感冒的肯定方面和没感冒的否定方面。稍不注意,当感冒的肯定方面占主导地位时,你就感冒了。所以,在你没感冒时,一定要小心自己会感冒。再如,你发现两个人在一起处得很好,其实处好的里面包含处好的肯定方面和处不好的否定方面,如果稍不注意,当不好的方面占据主导地位时,两个人就处不好了。这个意思是两个人相处时,千万不要抱怨这好那不好,因为有好的方面就会带来不好的方面,即有所得必有所失,有所失必有所得。这句话的意思是,两人在一起谈恋爱或合伙创业时,好的时候,就是因为这好,才带来不好的方面,那么对不好的方面就不能抱怨这抱怨那,和任何人相处都是这样,这就是事物内部都包含肯定方面和否定方面。由相应的肯定方面会带来相应的否定方面。这是任何人都不能改变的客观事实。然而,否定这种事实的人,就是这山望那山高,无论做什么事,抱怨这抱怨那。创业时,这一行走不行就想走那一行,那一行发现否定方面又走另一行。一生的时光都是在肯定和否定的矛盾中啰唆没了、麻烦没了。这种人一生忙忙碌碌,却无所收获。其根源就是干一行绝不能抱怨这一行,坚持到底就是胜利。

矛盾还有更深的意思,就是你这个人对别人再好,他还会有些不满意的地方,这是一个客观规律。但是许多人与别人相处时,要求对方百分之百,鸡蛋里总是挑出骨头来。总是说外面有很多人比他好多了(但是要注意,看一个人,主要是看这个人的主要方面的肯定方面是大于否定方面,还是否定方面大于肯定方面。当肯定方面大于否定方面时就能处,当否定方面大于肯定方面就不能处,但是不能看眼前一时,要看全面、看长远),他就喜新厌旧,到头来一个朋友或一个对象都找不到。这就是当今社会那么多男的找不到女朋友,那么多女的找不到男朋友的原因之一。

总之,做任何事有苦就有乐,有好就有坏,千万不可在创业的路上一遇到暂时的曲折、失败就悲观失望、意志动摇、偃旗息鼓,好像一辆快车,一遇到一个小坑发动机就停了,那车永远到不了目的地。社会上那么多人谈恋爱不成功、创业不成功,就好像这车一样,一遇到小坑,发动机就停了,也就分手了。所以有的人说,在创业的路上、在人际交往的路上,无论遇到什么风风雨雨,一定要坚持到底,这就是万事万物都是由肯定方面和否定方面组成的一个体现。矛盾是事物内部既斗争又统一的关系,这种斗争又统一致使任何事都不可能是那么绝对和一帆风顺的,再好的事也有小啰唆、小麻烦。懂得生活的人确认矛盾,确认人只要活着,就活在矛盾的氛围中,敢于面对矛盾,解决矛盾,最重要的是寻找矛盾和战胜矛盾,他们无忧无虑,矛盾越大,他们的信心就越大。矛盾即困难,他们是战难为乐,越难越乐,以寻找困难为生活之路,为幸福之本。而有的人躲着困难,绕着困难,岂不知就是躲避了幸福,切断了生活之路,甚至扼住了生命喘气的喉咙,那么怎样才能把握矛盾、利用矛盾、挑战矛盾、寻找矛盾呢?

第一,从观念上确信,人活着的每一秒钟就是解决矛盾。停止寻找矛盾、解决矛盾就是停止呼吸,也就停止了生命,这个观念一旦确定,就会使人不怕矛盾,敢于面对矛盾。

第二,用矛盾的观念处理一切。如你的最亲近的人再好也不可能百分之百的好,因为他也是由矛盾组成的,你再爱他(她),也有烦他(她)的地方。在创业时,要知道舍不得孩子套不住狼,要想取之,必先予之。

第三,做任何事要全面、联系、发展地看问题。对任何事情都要运筹、策划怎样才能达到最优、最佳，不计划不做事，不决策不做事。

第四，做任何事都要快刀斩乱麻，切记不要患得患失，更不可委曲求全，也不能追求完美。如果你找了一个漂亮的老婆，就不要嫌她被这个人追被那个人追。你找了一个潇洒的帅哥，就不要讨厌他无能无才，只会寻欢作乐。你既然端着铁饭碗，就不要看着人家鼓鼓的钱袋子，摸着自己空空的薄肚皮。你既然抛开铁饭碗，就要受苦、受难、闯风险，可不能看着人家平平稳稳的铁饭碗里的一块肉，流着口水往肚子里咽。得了熊掌，不要闻鱼的香味；吃了熊掌，不要嫌弃熊掌又脏又带毛；既然走了这条路，就不要想着那条路；逮着狼时就不要为失去的孩子而流泪。人间的事啊！条条大路通罗马，得到的多会失去的更多，失去的多会获得惊人的收获。无论做什么事，不要斤斤计较，切记做任何事后不后悔。

第五，在工作、生活、学习、人际中，要向邓小平所说的，一切向前看，可不要向后看噢！当你看到好处时要想到还有坏处，看问题要看对立面，也就是反差为优。在成功时要预测失败，在失败的困境里，要看到离成功很近。

总之，只要潇潇洒洒地活着，浪漫地做事，那么无论做什么都飘动着洒脱的音符，即使当乞丐，也有小鸟在头上快乐地飞，那你就把一切不利的都化成有利的，灰暗的变成多彩的，悲伤的哭声就会被你矛盾地运作成爽朗的笑声。

十五
头脑风暴力

21世纪是创新的世纪，是革新的世纪，每个单位都必须创新，如观念新、技术新、知识新，即使人际关系也不能墨守成规，爱情观也要新，这一切新都需要创造。

自古以来，众多的科学家、政治家、企业家没有一个不会头脑风暴，头脑风暴即大胆狂想，不仅仅是梦想、幻想，而且想得越离奇越好，把离奇的事物按照客观规律、按照一定的科学知识、按照一定的逻辑思维，就能创造出新的东西。例如，飞机上天，开发其他星球，机器人、克隆人的出现，推翻三座大山建立新中国等，无一不是大胆的梦想而来。亚历克斯·奥斯本是“头脑风暴法之父”，他认为任何时候都不能批评别人的想法，思想越偏激越好，强调产生想法的数量，鼓励别人改进想法，这种创造方法的目的是通过找到新的、异想天开的、非凡的解决问题的方法来改进问题的解决。

其实头脑风暴的过程是，凡是问题，找到它的难处，然后大胆狂想，狂想得越离奇越好，困难的解决也就是找出办法来，这个办法涉及哪些科学、哪些内容、需要哪些条件……这一切也就创造出新科技、新产品、新事物，要形成头脑风暴法必须做到以下几点：

第一，要形成独特的发散性思维、创造性思维，做任何事不按老一套，遇到问题、困难就幻想解决的办法。

第二，要有丰富、渊博的知识。只有知识面广，对天下事无所不知，才能创造出别人不知道的事物来。

第三，要学习科学家的发明创造，研究科学家的心理，把科学家、企业家、政治家等的一些思想、观念、方法融入自己的行动中去。

第四，要学会梦想，脱离现实地想，把想出的事物再融进现实中去。21世纪是梦想的世纪，只有梦想才能前进，才能赶在时代的潮流前面。

第五，要汲取、学习世界上最新的科学、最新的事物，把所学的知识都融入社会的前沿。

第六，锻炼超人的胆识、超人的能力，练成自己超人的思维，就能在丰富的知识、全能的素质中想成为什么人就能成为什么人，即梦想成真。

十六

想一做一成一力

做任何事，最主要的是事事注意效果，这才有真正的意义，这就是说做任何事都要成功，成功的关键就是做。要想做好，就必须有目的、有计划、有决策即想，这样就使自己的人生对自我、对社会创造更高的效率、更大的价值，这样的人生其价值大于十个、百个、千个、万个人的人生价值，这样的幸福和快乐也是超脱群雄，正所谓的心想事成、万事如意，也就是想一做一成一。那么怎样形成想一做一成一的习惯呢？

第一步，根据自己所需要的、社会所需要的，大胆地往最好处想（最好好到什么程度）。

第二步，根据现有的天时、地利、人和，对现实中的经济、政治、社会、环境、人文及自然条件进行综合地运筹、合理地策划、高智慧地借用，然后根据现实没有的进行大胆创造、创新，开发自己的潜能，开发自然、社会的资源，开发其他人群的潜能，把这些融为活生生的一体，建立在现有的基础上，然后就是大胆地做一成一。那么怎样才能做一成一呢？要遵循以下一些做法：

（1）确信自己成功，这是一做就成的秘诀。头脑中只有成功，没有任何其他想法（这个时候，事情还没做，已经成功了一半）。

（2）利用决策，往最坏处想，往最好处努力，主要是考虑全。

（3）要做得最好，往最好处努力。借助人际关系，没有人际关系要创造，创造办法是拿自己的长处跟人家换。

(4)做任何事的时候,往最坏处想,找出最难点,即做任何事寻找它的最大的难处及最大的困难。要攻这个难处就要大胆狂想,找出办法,找不出时沉着冷静,灵感马上就会出来。

(5)这种人做一成一主要是创造和学习。自己不行创造行,自己不能创造能,条件不够创造条件,能力不行学能力,不断地创造学习,借用别人的力量,肯定做什么成什么。

(6)做任何事做一成一的另一主要因素是计划和预测。很多人不预测,也不计划,当然做一个败一个。

(7)做事成功的人有无穷的胆量,胆有多大,成功的量数就有多大(胆量的练法:拿自己的命当成一根草,不仅不怕死,往往要用生命来换取想成的事,即死都不怕,还怕什么)。

(8)做一成一的人遇到倒霉或失败的事,不是抱怨陷入困境,而是总结原因,越不幸胆量越大,成功的决心越大,此时计谋更高一筹(即失败是成功之母),自己就迅速从无能到有能,从无知到有知,从胆小到胆大……在他面前没有坏事,遇到坏事就变成更好的事。而一般的人做事不成功,因为一遇到困难、坏事或倒霉的事就心灰意乱,甚至悲叹自己运气不好,自己把自己的智力、信心、胆量融进一个烦恼、苦闷的铁桶里,延误了时间。这种人事情还没有做就失败了一半,以后做其他事,就把以前这些事放在头脑中,害怕做不成(加拿大一位十二岁的总裁说,成功的秘诀是对未来不要怕),这一怕,做什么事胆子更小,脑子就变成痴呆,更不会借用其他力量,老是把过去放在脑子里,把自己困死,就是看不到未来会变好,这种人做一件事败,以后事事败,导致一生失败。

(9)做事成功的人是不择手段的,不管什么手段,只要能成功,但是要在道德和法律范围之内。

(10)要想成功的人是蛛丝马迹都不能忽视,十分胆大又心细,心细的不能再细,滴水不漏。

十七

风险力

风险等于机遇，人要想抓住机遇，就必须敢于探险、敢于冒险，风险是运气的母亲。一个人在运气和机遇中才能获得巨大的成功，如果一个人一生没有机遇和运气，即使拼死拼活地奋斗，也只能导致一生茫然，这种人往往会遇上晦气。如果遇上一两次晦气，一生穷困潦倒、惨不忍睹。人们都渴望运气，运气是培养和积累而来的，运气的培养和积累的途径就是冒险。

21 世纪，在人口众多的地方，温饱成了主要问题，如果一个人按过去的观点循规蹈矩，是难以在这个社会中生存下去的。要想在这种复杂的环境中活下去，就必须要有超人的本领，而这种超人的本领的掌握往往都要胆大、寻找困难，只有敢于想常人不敢想的事，才能得到常人得不到的收获，只有做常人不敢做的事，才能得到常人得不到的成果。然而这种敢想敢做就要冒险，就要承担风险，风险力的训练注意以下几点：

第一，敢在老虎嘴里拔牙，才能制服老虎，或与老虎交友，才能在动物世界里狐假虎威。如果拔不掉老虎的牙，就会被老虎吃掉，只有抱着被老虎吃掉就吃掉的无所谓的念头，才敢去拔老虎的牙。

有的人感到斗不过老虎，又想得到财宝，他就去拔大象的牙，他被大象的鼻子卷得紧紧的，几乎要勒死了，然后又被大象甩得老远，摔得半死。如果胆子小了，不敢去拔大象的牙了，他会更加悲惨，之前的这个风险也就成了晦气。如果他总结教训、锻炼力气，身上隐藏许多暗刀，带着能使大象瞬时昏过去的药，再去拔大象的牙，那就会手到擒来，不但能得到一头大象的牙，甚至十头、百头、千头都能得到。从这里得出结论，风险等于智慧，风险等于财富，风险的获得要敢想，最主要的是敢做加敢想。

第二，自古以来，中外的大企业家、大富翁没有一个不会理财的。理财的最大机遇就是投资的风险，敢在悬崖的雪峰上播种，就会收获灵芝；敢在世界上最深的海里捕捞，就会获得人类最急需的珍贵的药（许多治疗疑难疾病的药都是从鱼类的体内提取的）；敢在美女的眼里播种，就会收获美女相思的泪。肉包子只能逮到一条狗，很难逮到一只狼，只有拿自己心爱的孩子才能捕着凶残的狼。这就是说，冒风险要不怕失去，要舍得花费。对于创业的人来说，越小气越打不开创业的门，要想打开创业的门，必须拿命拼搏，不是成功就是死亡。这就是乞丐能成为富翁的秘诀，也是许多无关系、无能力、穷困潦倒的人在拿命投资而拼搏的过程中，潜能不断开发，运气接踵而来，最终成为巨人的原因。

第三，风险需要策划，不能盲目无头脑地把自己往老虎的嘴里送，要有计划，从目标、手段到结果预测一下，然后分析各种因素，有利的、不利的。这里最忌讳的是啰唆、患得患失。如果有这种心理，不是决策，而是胆小、懦弱、静止看问题。要改掉这种毛病，就必须是"认为自己不行，也要拿刀往老虎面前冲"，因为这一冲，智慧就有了，能力就来了。不是老虎在睡觉时被你一刀砍死，而是老虎正张着血口，你用刀戳进它的嘴里，它就没法吃了你，它嘴里含着刀，在剧痛中狂奔，被山石碰死，这时你就骑在老虎的头上，慢慢地拔老虎的牙，要几个有几个。这就是说，不可能的事通过冒险就变成有可能，人在冒险中运气马上就来，这就需要超人的胆识加上超人的智慧。

第四，大胆狂想，然后去做，风险自然而来。把幻想和现实联系起来，借助社会的力量，让别人去冒险，指挥别人去打虎，别人把老虎打死了你再去拔牙，这就是领导人、关系人常用的一种手段。作为每个人，力量单薄，如果你是一只羊，要想在没有孩子的情况下捕住狼，你如何去冒险，只能作为狼的一顿美餐，这种风险就是送死，那怎样捕住狼呢？就是利用计谋，挑起狼和狗之间的矛盾，用几条狗去捕一只狼，你隔岸观火，等狼捕到了，你再挑起狗和人之间的矛盾，利用别人的手把狗打死，这时就可以满带笑容地把狼背回家，不但捕到了一只狼，又捕到了几条狗，你就会喝到新鲜的狼肉汤，吃着香喷喷的狗肉。这一点风险能力的获得就是学会人际斗争，借别人的枪为自己打鸟，你在吃鸟肉的时候，打鸟的人竟不知道这鸟是他打的，只有达到这种水平，你冒险什么，就能成功什么。

第五，风险不但需要心狠，更主要的是为了得到某种利益，不惜一切代价，什么刀山火海，不但不怕，而且走在刀尖上钻入火海中，还以此为豪。只要自己想的，越难越上，越苦越乐，越失败越勇猛，越险恶越敢闯，自己即使是一个胆小、懦弱的人，也会变成勇敢、智慧的人。

风险能力形成的秘密还在于，加拿大十二岁的总裁说的，成功的秘诀是对未来不要怕。什么也不要怕，这个“不怕”就是不怕失去亲人，不怕失去爱情，不怕失去所有的资本，以至不怕失去自己，哪怕只剩下最后一口气，也要从这个意识一步一步地练，风险能力自然在脚下形成了，那你的脚下步步都是运气。

十八

以毒攻毒力

随着自然界的变化发展，生物圈也不断变化发展，在食物链中，有一个生物变得非常强大、恶毒，那么其他的生物都会慢慢地相应变得强大恶毒，否则，就会被自然界淘汰。如原来的蚊子身体小、咬人轻、毒素少，而如今变得又大又黑又恶毒，一咬人就向人体注入毒素。再如老鼠，原来老鼠冬天怕冷不出来，如今老鼠在冬天的冰夜中川流不息，忙得不可开交。几十年前的人，大多数比较憨厚，如今几岁的小孩都比原来的中年人的社会阅历多。如今人几乎都变成了精灵，有些人非常恶毒，如果一个人要在这个社会的生物圈中活下去，必须要像蚊子一样，变得强大，像老鼠一样，适应以前不能适应的恶劣环境，对有些恶毒的人，要防止侵犯，其中最好的途径就是以毒攻毒。

第一，在思想、意识以及人际的计谋上，必须像弹簧一样，此时春暖花开，彼时寒冬腊月。对坏人、坏事不仅要心狠，而且必须恶毒，绝不能讲情面，若有一丝心软，你就会被恶毒的人毒死，要深深明白这是生物圈里食物链的自然要求，否则就要被社会淘汰。这就要求要强化心志，练出钢刀锋刃的特殊本领，见到毒蛇、恶狼像猛虎下山、狂狮咆哮，一鼓作气消灭敌人。

第二，要炼出一双火眼金睛的眼睛，明察秋毫，分析事物，脑子多转几个圈，识别真伪。善有善报，恶有恶报，对君子以恩报恩，防止小人恩将仇报，以“对好心人心好、坏人心坏”的原则来对待生活。

第三，要学会以牙还牙，血债要用血来还，找出恶毒事物的一面，利用更恶毒的计谋攻之。这就要求利用人际关系的威力，拿起法律的武器，找出自然界、生物圈里的天敌。如老鼠，必须利用它的天敌猫来吃掉它；遇到恶狼，必须找英雄的猎手，利用现代的高级猎枪，把恶狼打死。

第四，以毒攻毒的另一个含义是顺其自然。对于不可理喻的人，你对他越好，他对你越坏，你就让他顺其自然，当他碰得头破血流，在血的教训面前，才明白你的教育方式、领导方式、管理方法。

第五，每个人要在生物圈中生存，身体必须能适应恶劣的环境。对于饮食要注意卫生，一些食品、蔬菜（原来是美味，现在吃起来可能对身体有害）必须要变换菜谱，变换饮食方法，以适应生物圈的要求。否则，身体所需的各种微量元素一旦缺少的话，就会引起身体素质的下降，智力低下，这就是以毒攻毒的以防为攻。对待有些恶人，要预先防范，先下手为强，这不仅仅是杀鸡儆猴，而是打蛇先打头，如果杀鸡儆不了猴，人就要在社会的生物圈中被淘汰。

第六，人不仅要强大自己的智力、体力、关系力，最主要的是强大自己的科技力、经济力，这样利用经济、科技、人际转化为强大的力量。

第七，以毒攻毒往往是要攻自己，对自己要"阴险恶毒"。尤其对自己的懒惰、胆小、爱面子、自私、静止看问题、自卑、保守等缺点要刀光剑影，要心狠，快刀斩乱麻，不然，就要被社会的洪流淘汰。尤其在这非铁饭碗的时代，你不战胜自己，就会被别人欺负。

第八，以毒攻毒要学会发现毒。对于恶毒的动物，要发现它的天敌，对于歹毒的人，要找到他恶毒的对手，挑起事端，发生内乱，让他们的枪对准自己人的胸膛。还要利用现代科技的发展，寻找新的力量去战胜自己、战胜敌人，使自己在自然界的生物圈中、在社会的洪流中生活得越来越坚强。

十九

预测力

凡事预则立，不预则废。世界纷繁复杂、飞速变化，要想在这个社会中活出个子丑寅卯来，做什么事都要预测，否则就会被社会的狂浪牵着鼻子走，好像盲人一样，骑着毛驴在茫茫的夜空中，和毛驴一起呐喊，喊了一辈子，回首人生走过的路，只有一串串驴屎蛋而已。然而，事事能预测的人，就如眼前始终有指路明灯，驾驶着时代的风帆所向无敌。这样的人生，时光为他唱着赞美曲，大海为他拍着爵士鼓，日月的风为他吹着和谐的乐，使他在潇洒的浪漫中，到达旭日升起的青山。

预测即对未来的估计、计划、运筹、决策，做大事的人，无不是预测高手，这种高手的形成，是经历风雨，才在彩虹下流着激动的泪雨。

首先，养成做任何事都要计划、运筹、策划的好习惯。这种习惯养成于平时做任何事的过程中。无论再小的事都预测一下，好像行军打仗，走几步就拿望远镜望一望，随着时间的推移就成自然。

其次，努力探索各种事物的规律，把哲学、心理学、运筹学等诸多科学理论灵活地融于实践中，达到实践到认识，再实践再认识，积累丰富的经验、渊博的知识，那么预测事物也就准确了。

再次，预测要学会大胆开拓，要求人具备以知之知不知，以不知知不知的能力，这种能力的形成要挖掘自己智慧的潜能，使自己的智慧、灵气超脱常人，超脱世界地发挥，使自己成为预测大师。

最后，事事学会策划，事事学会决策，把策划和决策融于人生的每个脚步，这样，你的预测力就神了。

总之，要使自己成为预测高手，必须在预测的风浪中磨炼。

二十

异性的利用力

每一个成功的男人背后都有伟大的女人,每一个成功的女人背后都有伟大的男人。例如,诸葛亮在他夫人的支持下成为足智多谋的人。居里夫妇互相激励,为人类发现了镭。这不仅限于夫妻一条心,黄土变成金,许多创业者成就辉煌,无不有形式上的异性或隐含的异性激励着自己,支撑着自己,使自己一鸣惊人。更重要的是人群中一半是女人,一半是男人,男人少不了女人,女人少不了男人。男人少了女人不成家,女人少了男人不成人(许多恋人和伴侣情不投意不合,虚虚伪伪,同床异梦,同没有恋人和伴侣没什么两样,甚至还不如没有)。

每一个单位都少不了异性,否则就少了半边天,这半边天是白,那半边天就是黑。常言道:男女搭配,干活不累。这句话不仅包含了医学上生理的刺激、激励作用,更重要的是,男人在女人面前表现出勇敢、潇洒,女人在男人面前表现得温柔、美丽。他们都不想在异性面前暴露出自己的缺点,不是改掉弱点、不足就是隐含起来,甚至有个别人还会打肿脸充胖子,即使不怎么样,还要往猪鼻子里插上一根葱装成像,这“装成像”从心理学角度看,自己和别人的潜能都开发了,集体的潜能也不断开发,更能和睦地相处。引人注目的是英雄(指男人)能育美人,美人能育英雄,丑女在英雄面前也会被熏陶成美女,平庸、无能的懦夫在美女的绣花鞋的光环的照耀下也能成为英雄。人类的脸一半是男人的微笑融进了另一半女人的羞涩,那么有男人的地方就有女人，有女人的地方就有男人。为了创造幸福，男人必须会利用女人为自己增添豪气、壮气，女人必须会利用男人为自己增添贤惠和美丽。怎样做到这一点呢？以下几点仅供参考：

第一，协调好亲人中的异性，时常激励他们，使他们能促进自己，用亲人的爱激起自己的奋进，这里的亲人往往是指父母或子女。

第二，妻贤夫祸少。这就要求什么都可以错，找伴侣不能错，许多人只顾眼前，只顾经济利益或当时的潇洒浪漫，找了对象却成了一个累赘的包袱，甚至是炸弹，使自己一生惨不忍睹。恋爱的本质是志同道合，长期磨合，越磨越合。

第三，单位同事利用其异性促进人际，促进工作，利用异性出人际，利用人际出事业，事业创功绩。

第四，在陌生的人面前，主要通过自己的智气、酒气产生男性的特殊魅力，使异性敬佩。这需要加强德性的修养，智气的熏陶，才气的培养，使自己大胆创业，创新科技，培养出特殊的个性，使自己产生异性的磁力，在这种磁场中处处被异性青睐，使异性的灵魂时刻向你的心田靠拢，这样利用异性来挥洒自如。

第五，利用异性力主要是培养自己的艺术力、亲和力、口才力、交际力、幽默力。家有梧桐树，不怕招不来金凤凰。用自己的气质迷住人，以心灵吸引人，以言行感召人，这需要长期的磨炼，一方面汲取同性这方面的长处，另一方面大胆创造，主要从苦难中炼出英雄，并在才学知识中塑造自己，在品行道德中修正自己，从而使自己具有异性的利用力。

二十一

击败对手的高超计谋力

商场如战场，官场如战场，情场如战场，在各种战场中，不是东风压倒西风，就是西风压倒东风，不是你死就是我亡，根本没有选择的余地。这就好像西游记中猪八戒抢绣球，不是他得到就是你得到，然而只有一个绣球，如官场中只有一个部长的位置，情场上只有那一个特定的美女，商场中只有那一种特殊的商品，这些往往大家不能共享，要么你有我就无，要么我胜你就败。要在这个世上有立锥之地，就必须击败对手，必须有击败对手的高超计谋，这个能力的形成大体注意以下几点：

第一，无论大事小事，都要做到不用计谋不做事。尤其在人际、商场、战场、官场、情场中，不仅三十六计运用如神，而且会用七十二计、三百六十计，以致灵活地创造出无穷的计谋。

第二，要深入细致地分析对方和自己的各种因素，即双方有利的因素和不利的因素。用自己的长来击败对方的短，保护自己的短发挥自己的长，这里最主要的是会运筹势态的发展，抓住“变”，以不变应万变，以变击败亿变，别人没变你先变，该出手时先出手，别人还没有举枪，你已用枪把他打倒。

第三，切记“正面对敌，不战而屈人之兵”乃为上策。要学会借刀杀人，隔岸纵火，学会依靠法律来惩治对手，利用他们内部的矛盾和自身的弱点略施小计，使其自生自灭。用自我宏大的形象灭对方的威风，用自我刚强的意志来削弱对方的信心，用自己强大的科技创新力来拖垮对方。

第四,在敌人强大、自己弱小的时候,要鼓起自己必胜的信心。要真的相信自己肯定胜利,分析自己现有的有利、不利因素,激发潜能,利用科技、人际,借助天时、地利,一点一滴,像蜗牛一步一步向前爬,苦其心志劳其筋骨,越难志越坚,越悲越勇猛,好似红军二万五千里长征,小米加步枪,击败敌人八百万军队,以少胜多,以弱胜强,转败为胜,在黑夜出太阳。

第五,不要轻易树敌,与对方竞争时要学会隐身法,让对方不知不见。这就要求在交际中要把决心和志气埋在心底,切不能让自己的大炮走火,乱放空炮,让敌人有可乘之机。自己在操作行为的过程中,要利用挡箭牌和替死鬼。

第六,在复杂的人际、激烈的市场竞争、枪林弹雨的官场中,要学会制造矛盾。在对方的要害处、心窝里安一些秘密炸弹,学会声东击西、游击战、麻雀战。不管是地道战还是空间战,都在无声无息中打得对方遍体鳞伤,有时借用别人的石榴裙,让对方的灵魂在石榴裙飞洒的桃花中猝死。

第七,要熟读兵书,创造高超的计谋力。要把古今中外的领袖、富翁的宝贵经验,融进自己平凡的小脑袋,创造出超人的巨型的大脑袋,形成自己万能的智囊袋,在实践中,不停地磨炼和积累,使自己成为当代的诸葛亮。

第八,要击败对方,最主要的是强大自己。要清除外界一切的干扰,一家一条心,一个单位一条心,一个国家一条心,黄土变成金,金子出神灵。